大樂文化

大樂文化

主力操作的多空訊號

用94張K線圖
辨別股市30個假形態，輕鬆賺千萬

25年操盤常勝軍 麻道明◎著

大樂文化

Contents

前　言　不只教你拒當韭菜，還能搶回被主力吸走的錢　　007

第1章　看破8招K線誘多計謀，避免落入圈套　009

1-1　【大陽線】突破高點後持續不到3天，可能是主力拉抬　　010
形態分析精華／常見假訊號／辨別與操作方法

1-2　【錘子線】低位錘子線的虛假看漲訊號，該如何辨識？　　026
形態分析精華／常見假訊號／辨別與操作方法

1-3　【倒錘子線】若出現在一字線跌停後，後市仍有一跌　　032
形態分析精華／常見假訊號／辨別與操作方法

1-4　【曙光初現】分辨真假時，留意大陽線深入陰線幅度　　039
形態分析精華／常見假訊號／辨別與操作方法

1-5　【晨星】關注第四天走勢，若繼續拉出陽線會更可靠　　044
形態分析精華／常見假訊號／辨別與操作方法

1-6　【紅三兵】剖析6個多頭和空頭陷阱，抓對買賣時機　　050
形態分析精華／前進紅三兵假訊號／受阻紅三兵假訊號／
停頓紅三兵假訊號／辨別與操作方法

1-7　【兩陽夾一陰】除了高位和反彈的假突破，
還得注意什麼？　　061
形態分析精華／常見假訊號／辨別與操作方法

1-8　【上升三法】觀察5根陰陽K線，釐清高位、
無量等假象　　067
形態分析精華／常見假訊號／辨別與操作方法

第2章 揭穿8招K線誘空手法，散戶也能翻身當贏家 *073*

2-1 【大陰線】主力的空頭陷阱，有低位、利空等5個特徵　　*074*
形態分析精華／常見假訊號／辨別與操作方法

2-2 【吊頸線】2種洗盤手段，導致吊頸線變成騙人工具　　*086*
形態分析精華／常見假訊號／辨別與操作方法

2-3 【流星線】衝高回落背後的甩轎伎倆，該怎麼防範？　　*092*
形態分析精華／常見假訊號／辨別與操作方法

2-4 【烏雲蓋頂】主力邊拉邊洗推高股價，
你評估5點再行動　*098*
形態分析精華／常見假訊號／辨別與操作方法

2-5 【夜星】從底部上漲一倍以上，夜星的可信度較高　　*104*
形態分析精華／常見假訊號／辨別與操作方法

2-6 【黑三鴉】透過3個盤面條件，規避底部空頭陷阱　　*110*
形態分析精華／常見假訊號／辨別與操作方法

2-7 【兩陰夾一陽】真形態出現後，股價會迅速脫離頭部　　*118*
形態分析精華／常見假訊號／辨別與操作方法

2-8 【下降三法】3個原因造成形態失敗，股價不跌反漲　　*123*
形態分析精華／常見假訊號／辨別與操作方法

Contents

第3章 技術形態看漲時，當心是主力的做多陷阱 *129*

3-1 【V形底】掌握重點區分真假V形底，不追高就不被套 *131*
常見虛假形態和訊號／辨別與操作方法

3-2 【雙重底】主力試盤或出貨造成的假突破，該怎麼判斷？ *138*
常見虛假形態和訊號／辨別與操作方法

3-3 【三重底】比雙重底更扎實，但當心演變成箱形整理 *146*
常見虛假形態和訊號／辨別與操作方法

3-4 【頭肩底】小型頭肩底是主力常用的誘騙手法，因為…… *151*
常見虛假形態和訊號／辨別與操作方法

3-5 【潛伏底】切記別做3件事，才能成功抄底賺飽波段 *159*
常見虛假形態和訊號／辨別與操作方法

3-6 【對稱三角形】分析常見的3個失敗形態＋3個假突破 *165*
常見虛假形態和訊號／辨別與操作方法

3-7 【上升三角形】收盤價超過上邊線3%且維持3天，才是真突破 *175*
常見虛假形態和訊號／辨別與操作方法

第4章 形態看跌和缺口出現時，你如何跟莊致勝？ *181*

4-1 【倒V形】遇到哪些支撐，能連續拉9個漲停板？ *182*
常見虛假形態和訊號／辨別與操作方法

4-2 【雙重頂】當股價位於主力成本區，慎防向下假突破 *190*
常見虛假形態和訊號／辨別與操作方法

4-3 【三重頂】只要最終無法跌破頸線，仍存在許多變數 *198*
常見虛假形態和訊號／辨別與操作方法

4-4 【頭肩頂】實戰中注意3個要點，才能遠離重大傷害 *203*
常見虛假形態和訊號／辨別與操作方法

4-5 【潛伏頂】股價滑落卻沒有明顯賣盤，你應保持觀望 *211*
常見虛假形態和訊號／辨別與操作方法

4-6 【下降三角形】出現放量向下突破，會加強突破的有效性 *215*
常見虛假形態和訊號／辨別與操作方法

4-7 【跳空缺口】這樣透視13個假缺口，能正確把握行情 *221*
缺口識別偏差／假普通缺口／假突破缺口／
假逃逸缺口／假竭盡缺口／辨別與操作方法

後　記　學會技巧累積經驗，殺出技術陷阱的重圍　*247*

前言
不只教你拒當韭菜，
還能搶回被主力吸走的錢

「股市有風險，入市須謹慎」，這句話說出股票投資不可忽視的兩件事：風險與謹慎。風險關係到預測未來趨勢的準確程度，有些是市場本身造成的，有些是人為造成的。謹慎關係到對買賣時機做出適當決策的把握程度，是投資心態和技巧的綜合結果。

風險與利益是一體兩面，買賣時機的恰當與否，會直接影響投資報酬。由此可見，風險與謹慎常常構成障礙，困擾投資決策。若過於謹慎，則易失良機，若放鬆風險，則缺乏理性。

在風險與謹慎之間，市場生出各種失敗形態或假訊號。這些技術陷阱經常是主力精心布局而成，目的是引誘散戶蠢蠢欲動，貿然而入，從而卷走散戶的錢財；或是恐嚇散戶，使之望而生畏，折倉離場，從而劫取散戶的廉價籌碼；或是故弄玄虛，製造撲朔迷離的市場假像。

一幅幅圖表形態，一個個買賣訊號，一次次真假漲跌，都隱藏巨大的玄機，宛如五彩水晶球令散戶頓生迷惑，甚至束手無策。

資本市場存在幕後主力，是不爭的事實，他們製造出真真假假、若隱若現的訊號，使股價起伏跌宕，誘導散戶追漲殺跌，最終深受其害。比如說，主力在吸貨時，會製造「難看」的技術圖形，恐嚇散戶交出籌碼；主力在出貨時，會製造「好看」的技術圖形，引誘散戶接走籌碼。

五花八門的失敗形態或假訊號，彰顯出主力的狡猾、奸詐與險惡，卻很少為人所知，更未能為人所破。在處處布滿圈套的市場中，散戶拿什麼保護自己？只有掌握常見技術陷阱的破解方法，才能刺中主力要害，立足於股市。

主力操作的多空訊號

　　為此，我基於股市的運行規律、主力的意圖和操作邏輯、散戶的特點和心理習性，潛心研究、追蹤觀察、檢驗盤面，總結出本書內容，詳盡揭露主力設置技術陷阱的秘密。

　　本書將最隱秘的主力絕技袒露於眾，並用通俗易懂的語言，讓散戶找到識破陷阱的方法和技巧，幫助股民走出技術謎團，進而提供有用的提醒，使其將計就計，讓主力搬石頭砸自己的腳，最終鑽進自己設置的技術陷阱中。

　　具體上，本書分析常見的技術陷阱，講解這些技術陷阱的破解方法，教大家透過盤中細節，分析當前的市場特徵和主力意圖，推測未來股價的變化趨勢，從而掌握主力的操盤規律，找出其中破綻。

　　書中關於陷阱的識別和技術辨別方法，都經過多年的市場追蹤、實盤檢驗、反覆印證，其破陣效果很好。可以這樣說，主力能設置各種技術陷阱，散戶則有識別和破解陷阱的方法。

　　本書以理論為基礎，事實為準繩，實例為依據，圖文並茂，言簡意賅，通俗易懂。對於新舊股民、中小散戶、專業操盤手和專業股評人來說，都是不能不讀的參考書。

第 1 章

看破 8 招 K 線誘多計謀，
避免落入圈套

1-1 【大陽線】突破高點後持續不到3天,可能是主力拉抬

▋形態分析精華

應用法則

在長期低迷的市場,久被壓抑的做多能量一旦爆發,會造成十分驚人的場面。大陽線就是這種情形,其收盤價遠遠高出開盤價,是強烈的底部單日反轉或強勢持續訊號,但需要進一步確認形態有效。

大陽線的應用法則如下:
1. 收盤價大大高於開盤價,一般漲幅在5%以上。
2. 實體部分較長,股價實際漲幅大。
3. 沒有或僅有很短的上下影線。
4. 通常伴隨底部放量,放量越明顯,則訊號越強烈。

技術意義 ▶ 股價經過長期下跌或充分調整後,多方累積大量能量。長長的陽線代表多方發揮最大力量,以壓倒性優勢戰勝空方,取得決定性勝利,因此上漲勢頭迅猛,引發市場轟動,具有強烈的看漲意義。

效力和操作要點

- 出現在市場底部的大陽線具備強烈衝擊力,能突破長期壓制股價的壓力位(線)。股價將迅速脫離底部,此時應及時跟進,甚至追高買進。
- 洗盤結束後出現大陽線,可以逢低跟進。橫盤整理後發生的大陽線突破,是很好的買點,突破後股價回測箱形上邊線時,是再次介入的機會。
- 在低位,大陽線吞噬前期日K線的數量越多,則上攻力量越大。也就是說,後市上漲的力道與陽線長度成正比。
- 伴隨成交量的大陽線,代表市場上漲能量巨大,看漲意義強烈。沒有成交量配合的大陽線,應謹慎看多。
- 大陽線可能會出現軋空行情,短期漲幅大,速度快。
- 大陽線同時向上突破5日、10日、30日均線,使短期均線形成多頭排列時,後市看漲,股價小幅度回測即可買進。
- 光頭光腳的大陽線更有意義。
- 在反彈高點出現大陽線,應及時逢高離場。
- 有過一段漲升後形成的大陽線,應慎防階段頭部。
- 在幾波上漲後的高位出現大陽線,應及時了結。

▎常見假訊號

①低位大陽線陷阱

股價經過長期下跌或深幅調整,在低位出現大陽線時,通常預示空方能量釋放殆盡,多方發起有力攻勢,股價即將見底反轉,因此具有強烈的看漲意義,是買進機會。可是,投資者買進股票後,並未出現預期的上漲行情,只有小幅衝高,很快就回落並再現跌勢,形成低位大陽線多頭陷阱。

圖1-1(見12頁)的濟南高新:該股反彈結束後再次盤跌,當股價回

主力操作的多空訊號

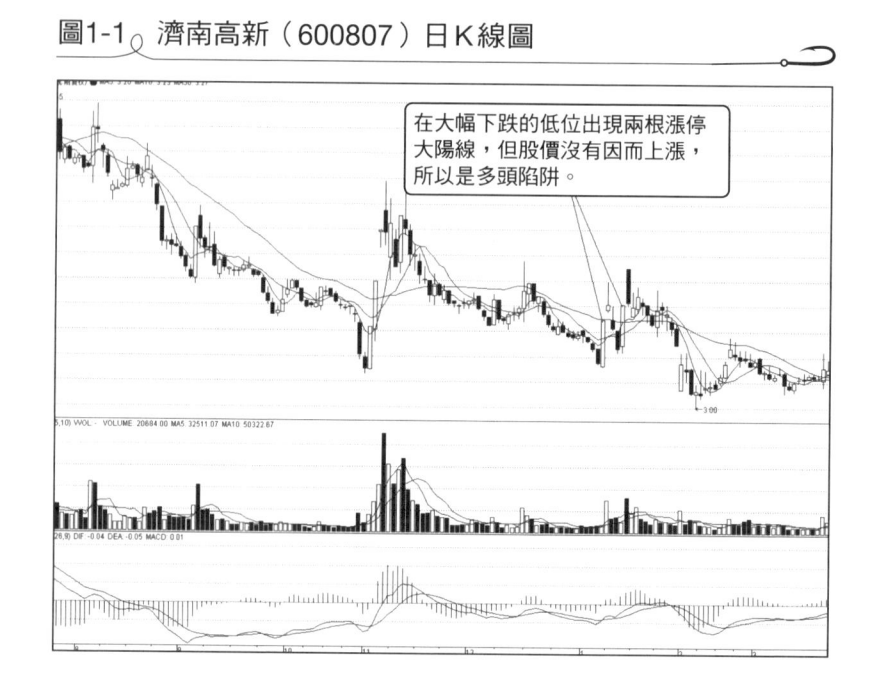

圖1-1 濟南高新（600807）日K線圖

> 在大幅下跌的低位出現兩根漲停大陽線，但股價沒有因而上漲，所以是多頭陷阱。

落到前期低點附近，受到支撐而出現反彈，似乎已經跌不下去。2021年1月8日和1月14日，分別拉出兩根漲停大陽線，可視為短線看漲訊號，後市應有一波像樣的反彈。可是，隨後股價沒有上漲，短暫震盪後又轉入下跌，再次創出新低，套牢在大陽線附近買進的散戶。

技術解盤 ▶ 該股為什麼在底部出現大陽線後，股價不漲呢？主要原因有以下幾點：

1. 在漲停大陽線的第二天，股價衝高回落，開高走低，沒有繼續鞏固大陽線的成果。也就是說，大陽線得不到有效確認。
2. 成交量沒有持續放大，說明主力做多意願不強，也反映市場跟風不足，只是股價在前低附近出現修復性反彈。
3. 股價受長期的下降趨勢線壓制，對股價上漲構成極大壓力，兩根漲停大陽線並未形成突破，而且30日均線依然下行。
4. 股價受到前期成交密集區的壓力作用，無法持續上漲。

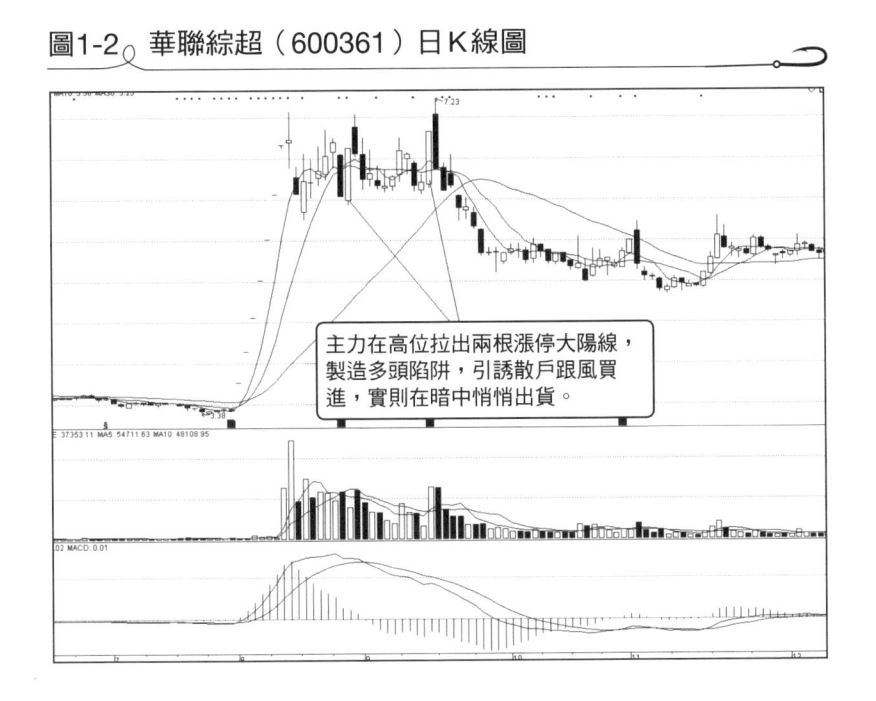

圖1-2。華聯綜超（600361）日K線圖

> 主力在高位拉出兩根漲停大陽線，製造多頭陷阱，引誘散戶跟風買進，實則在暗中悄悄出貨。

②高位大陽線陷阱

　　股價經過持續上漲或反彈行情後，主力為了出貨而刻意拉高股價，收出大陽線製造多頭陷阱，引誘散戶進場接單。

　　在高位出現大陽線，表示中短期漲幅過大，市場過度投機或炒作，股價需要回檔。同時也預示股價快要見頂，投資者應逢高賣出，獲利了結。

　　圖1-2的華聯綜超：該股主力在低位完成建倉後，展開一波快速拉升，股價連拉7個一字線，短期漲幅大，主力獲利非常豐厚。為了兌現手中獲利籌碼，股價在高位出現震盪，於2021年8月30日、9月14日收出兩根漲停大陽線。

　　從形態上來看，這兩根大陽線的多頭氣勢非常強勁，大有再來一波快速拉升的意思，從而吸引不少散戶進場接單。可是，該股偏偏不給散戶機會，次日股價都是開高走低，從此盤面漸漸走弱，股價進入弱勢盤整。此

主力操作的多空訊號

時散戶才恍然大悟，原來這兩根漲停大陽線，是典型的主力拉抬出貨。

技術解盤 ▶ 這兩根大陽線的判斷關鍵是股價位置。當時股價處於快速上漲後的高位震盪，投資者應有所警覺，每次上漲都可能是主力拉抬，或是多頭漲後餘波所致。在大陽線出現的前幾天，已有明顯的滯漲現象，說明主力有暗中出貨的嫌疑。

綜合盤面現象，這兩根漲停大陽線是主力的誘多行為。投資者只能逢高離場，即使當日沒能退出，隨後盤面出現疲軟時也應該離場。由此可見，分析大陽線的背景非常重要，切不可掉進主力設置的多頭陷阱。

③主升段後的大陽線陷阱

股價經過大幅炒作後，完成主升段上漲行情。此後，主力為了出貨，需將股價維持在較高價位，因而不時拉出大陽線，吸引投資者關注參與，同時在暗中不斷出貨。由此可見，主升段之後出現的大陽線，往往是主力製造的多頭陷阱，應謹慎對待。

圖1-3的華東數控：該股主力成功構築底部後，2021年8月20日開始拉升，在8個交易日中拉出7個漲停，股價漲幅達到一倍。這時主力的首要任務是出貨，但對於大幅炒作後的個股，主力出貨並非易事，運用大陽線誘多是最好的出貨手法之一。

股價小幅回落後，9月14日在高位收出漲停大陽線，盤面保持相對活躍狀態，形成新一輪上攻形勢。這時，有些人以為第二波行情啟動，紛紛跟風做多，誰知道這是多頭陷阱，次日股價衝高回落，之後幾日快速下跌，套牢高位買進的投資者。

技術解盤 ▶ 從該股走勢圖分析，高位出現的幾根大陽線明顯是多頭陷阱，因為：

1. 股價已經完成主升段炒作，後市即使上漲也只是漲後餘波，上漲空間十分有限，介入的風險極大。
2. 大陽線之後股價衝高回落，沒有形成持續上漲走勢，而且很快收回大陽線的全部漲幅，所以是假訊號的可能性更大。

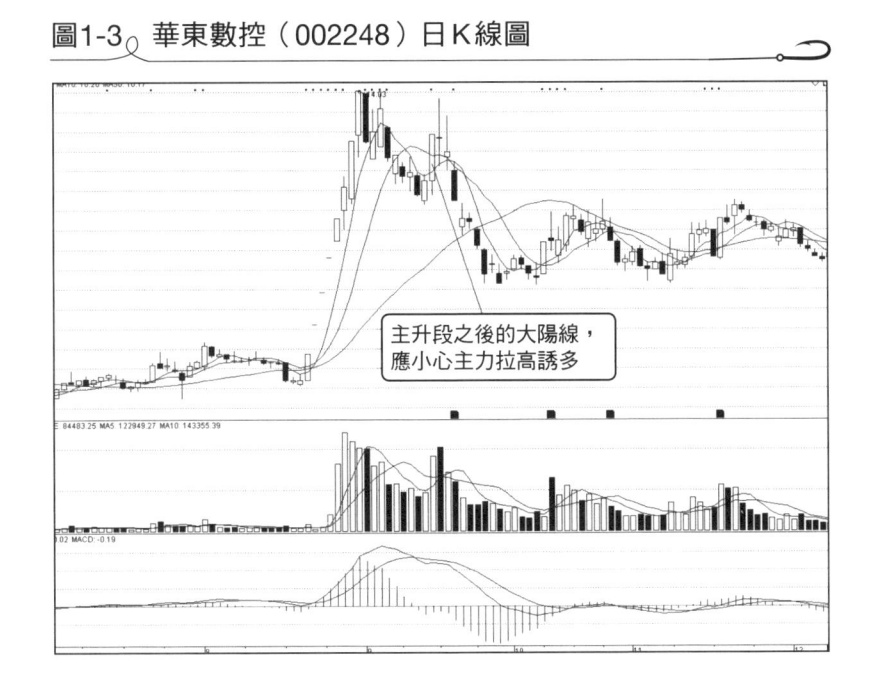

圖1-3 華東數控（002248）日K線圖

> 主升段之後的大陽線，應小心主力拉高誘多

3. 成交量漸漸萎縮，說明跟風者不多，股價無法突破前高壓力。
4. MACD、RSI、KDJ、W%R等技術指標呈現頂背離或鈍化狀態，不支持股價進一步走高。

在實盤操作中，經過主升段炒作之後的個股，無論出現多麼誘人的看漲訊號，也不要輕易介入，以免落入主力設置的多頭陷阱。夕陽餘暉雖美麗，但已是落幕前的殘波。

④一字線或T字線後的大陽線陷阱

主力完成建倉並成功構築底部後，股價進入快速拉升行情，常常以一字線或T字線連續拉高。這種走勢在短期內累積大量獲利籌碼，一旦打開漲停板，可能引發巨大的賣盤。

主力操作的多空訊號

圖1-4 迪生力（603335）日K線圖

連續一字線之後，在高位收出3根大陽線，往往是主力的誘多行為，應謹慎進場

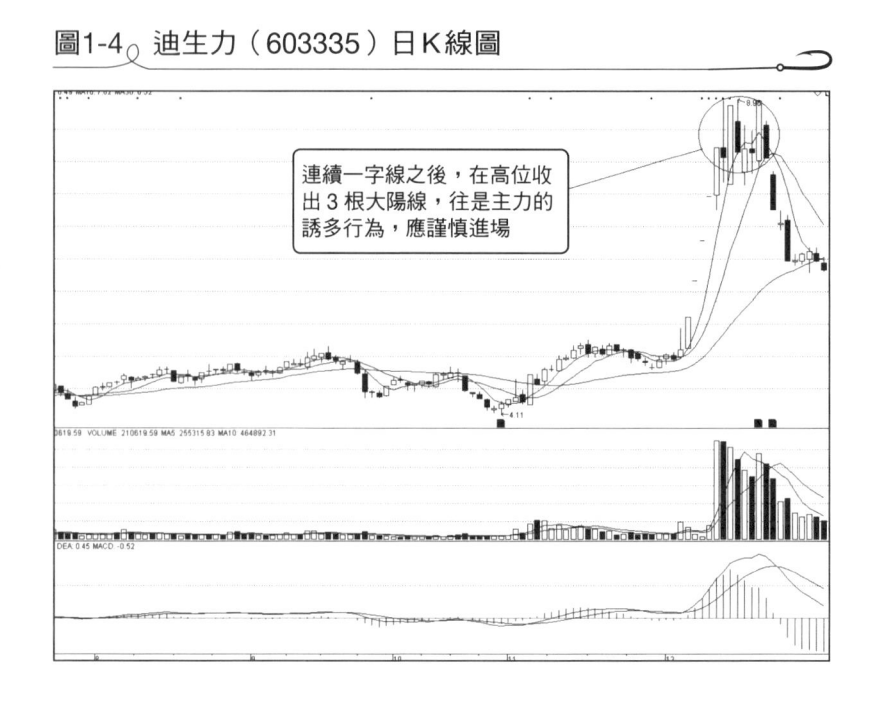

　　但是，主力往往竭力護盤，希望投資者積極參與，因為他們還沒完成出貨。為了在高位築巢引鳳，主力繼續拉出大陽線。那些「初生之犢不畏虎」的投資者介入後，股價卻迅速下跌，形成高位大陽線陷阱。

　　圖1-4的迪生力：主力在底部震盪過程中吸收大量低價籌碼，2021年12月6日形成突破走勢，然後是連續3個一字線，12月10日繼續拉出漲停大陽線，短期漲幅非常驚人。接著，主力將股價維持在高位震盪，再次於12月14日和20日拉出兩根放量漲停大陽線，吸引投資者積極參與，好在暗中賣出籌碼。

　　這時，有的投資者以為股價調整結束，即將開啟新一輪上漲行情，因此忽略風險而追高介入，但之後幾天都是開低走低，4個交易日中出現3個跌停。如果逃跑不及，則虧損巨大，這就是高位大陽線陷阱的駭人威力。

　　技術解盤▶在實盤操作中，連續一字線或T字線之後出現的大陽線，風險非常高，投資者切莫貪圖暴利貿然介入。其實，此處的風險無須費力

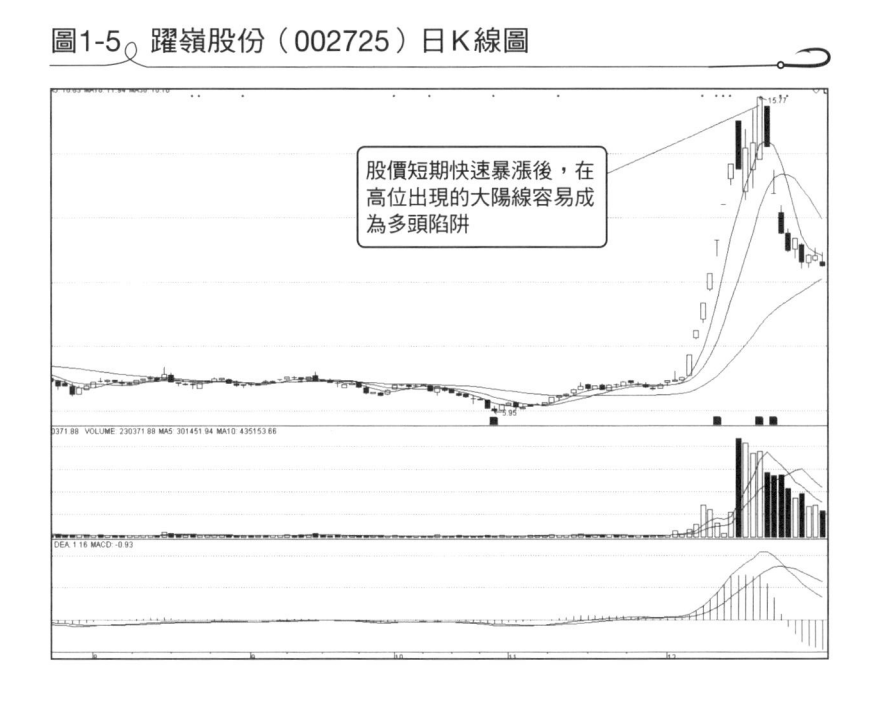

圖1-5 躍嶺股份（002725）日K線圖

> 股價短期快速暴漲後，在高位出現的大陽線容易成為多頭陷阱

研究，就能一目瞭然，倘若落入這種陷阱，實屬炒股之大悲矣。

通常來說，超過連續3個一字線或T字線是風險警戒區，5個以上是高風險區，8個以上是超級高風險區。對於3個以下的一字線或T字線，可以用一般方法研判。

⑤短期快速暴漲後的大陽線陷阱

股價短期快速拉升後，多方能量損耗過大，需要回檔蓄勢盤整，往往會形成階段頭部。此時在高位出現的大陽線，容易成為多頭陷阱，投資者應謹慎對待。

圖1-5的躍嶺股份：該股成功構築底部後，2021年12月6日開始向上突破，連拉7個漲停，主力的短期獲利豐厚。為了吸引散戶積極追捧，實現主力的勝利大逃亡，股價調整3個交易日後，12月20日再次拉起大

主力操作的多空訊號

陽線。此時，有些散戶以為新一輪上漲行情開始，紛紛跟風買進，結果次日開低走低跌停，散戶被套在其中。

技術解盤 ▶ 這樣的大陽線有什麼技術意義呢？投資者該如何操作？

1. 由於短期漲幅過大，拉升過急，多方需要回檔蓄勢，因此容易形成階段頭部。這也是主升段之後的漲後餘波行情，短期上漲空間非常小，介入的風險大。
2. 短期股價遠離均線，造成乖離率過大，根據葛蘭碧八大法則，股價會回歸均線附近。
3. RSI、KDJ、DMI、W％R等技術指標出現鈍化或頂背離現象，不支持股價繼續走高。

綜上所述，投資者遇到短期暴漲的個股時，不要輕易介入，以免落入主力設置的多頭陷阱。在判斷上，連續5個以上漲停板或短期持續漲幅超過70％時，應視為高風險區，無論後市潛力大小，此時股價已經離階段頭部不遠。對於3個以下漲停板或漲幅在30％以下的個股，可以用一般方法研判。

⑥最後衝刺中的大陽線陷阱

股價上漲的過程如同飛行，也分為進跑道、滑行、離開地面、加速爬升、高空飛行等過程。主力完成建倉後，股價慢慢脫離底部，緩緩抬高，上漲步伐逐漸加快，最後加速飆升。在整個上漲過程中，速度越來越快，角度越來越陡峭，呈圓弧形上漲，成交量也明顯放大。

「加速飆升」是上漲過程中最兇猛、最瘋狂的階段，也是最引人注目的過程，更是風險聚集的所在。因此，投資者在這個階段一定要沉得住氣，一旦被套牢，無異於甕中之鱉，短期內難以脫身。

圖1-6的王府井：該股主力完成建倉後，股價步入上升通道，成交量溫和放大，均線呈多頭排列。經過邊拉、邊洗、邊整理後，上漲步伐逐漸加快，角度也越來越陡峭，最後出現瘋狂飆升走勢。

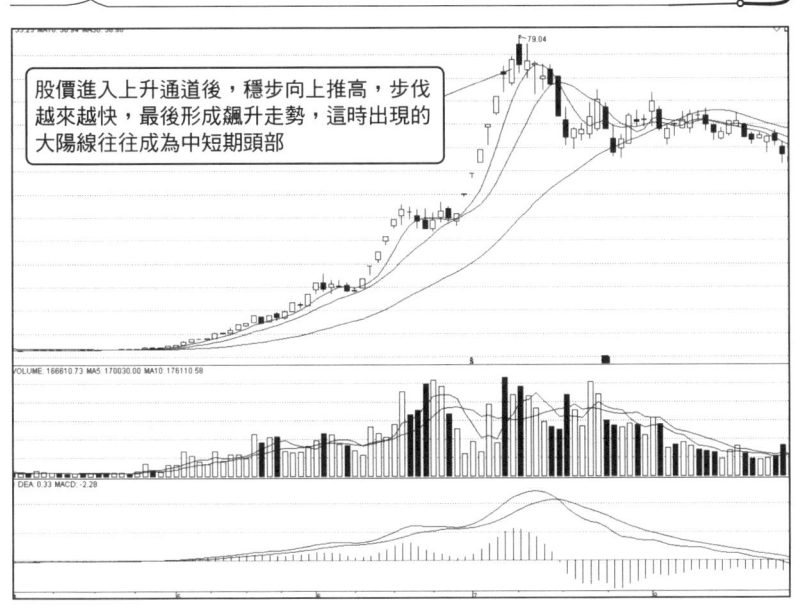

圖1-6 王府井（600859）日K線圖

> 股價進入上升通道後，穩步向上推高，步伐越來越快，最後形成飆升走勢，這時出現的大陽線往往成為中短期頭部

2020年7月8日拉出衝刺大陽線，盤面走勢完整，形態非常誘人，但是隱隱約約透露出多方力不從心。果然，隨後幾日股價在高位放量滯漲，接著漸漸走弱，使高位進場的散戶慘被套牢。

技術解盤▶在實盤操作中，投資者遇到最後衝刺的大陽線時，哪怕錯過一段上漲行情，也不要貿然介入，因為這裡累積大量風險。俗諺說「股市在沸騰中死亡」，指的就是這種情況。

在具體判斷上可以觀察上漲的角度，一般來說，上漲角度約在45度比較理想，45～70度屬於快速上漲，70度以上屬於最後的加速飆升，股價面臨回檔，此時明智的做法是回避風險，保持場外觀望為上策。

⑦向下突破後的回測大陽線陷阱

股價向下突破重要技術位置後，往往會向上回測，這種反趨勢的短暫

主力操作的多空訊號

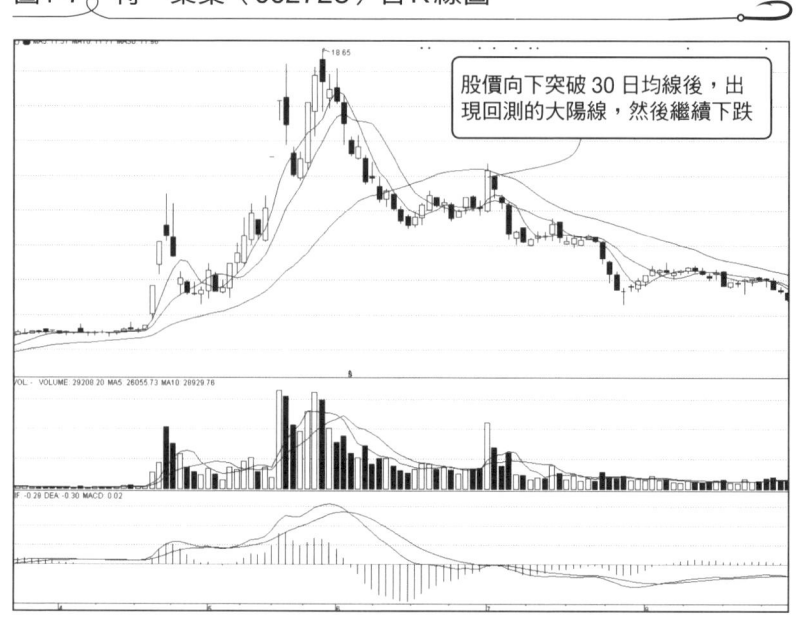

圖1-7 特一藥業（002728）日K線圖

> 股價向下突破30日均線後，出現回測的大陽線，然後繼續下跌

盤面波動，是為了確認突破有效，待回測結束後，股價將重歸下跌之路。但是，主力為了欺騙散戶，在股價破位之後故意拉出大陽線，製造止穩回升假象，從而形成大陽線誘多陷阱。請記得，在回測過程中出現的大陽線沒有持續性，千萬不要上當受騙。

圖1-7的特一藥業：該股經過快速拉升後見頂回落，股價不斷下跌，漸漸落到30日均線之下。2021年7月1日收出一根大陽線，回測30日均線。次日，股價開低走低，沒有延續上漲走勢，表明股價跌破30日均線有效，後市仍有一段下跌空間。

如果投資者將這根大陽線誤解為止穩回升訊號，從而加入多頭行列，就落入主力設置的多頭陷阱中。

技術解盤▶ 如何解讀這根大陽線呢？投資者應如何操作？

1. 股價向下跌破30日均線後，30日均線由支撐變為壓力，大陽線受制於30日均線和前期高位套牢籌碼的壓力，很難重返到30日均線

之上。
2. 次日開低走低，說明股價跌破30日均線有效，股價難以走強，將再次下探。
3. 股價見頂後，人氣漸散，失去上漲時的風光，成為市場棄兒，更加易跌難漲。

在實盤操作中，當股價突破敏感的技術位置，如均線、趨勢線（通道線）、技術形態、整數關口、黃金分割位或成交密集區等，之後大多會出現回測。投資者遇到這類情況時，千萬不要被大陽線欺騙，應先看作回測動作，等趨勢真正逆轉後，再介入也不遲。

⑧單根放量的大陽線陷阱

長期以來，「放量上漲」或「放量突破」成為不少投資者的操盤經驗，主力藉此順應大眾心理做盤，為了吸引更多散戶，特意製造劇烈放大的成交量，形成天量柱狀線。結果，股價沒有上漲，反成為「金雞獨立」的單日放量大陽線陷阱。

圖1-8（見22頁）的廈門銀行：股價止穩後維持形勢，2021年12月10日向上突破盤整局面，收出一根上漲大陽線，且當天出現巨大成交量，形成放量向上突破。這根大陽線吸引不少散戶跟風進場，可是第二天開低走低，成交量同步萎縮，股價沒有朝突破的方向繼續上攻，而是陷入盤局困境。

技術解盤 ▶ 股價以放量大陽線的方式向上突破盤整區後，為什麼不漲反跌呢？根本原因在於成交量，僅在股價突破的當天放出天量，然後快速縮量，在成交量圖中形成「金雞獨立」形態。

這種不持久的間歇放量，表明場外資金謹慎，跟風意願不強，因此股價缺乏上漲動力，行情很難持續下去，向上突破只是主力的欺騙行為。而且，股價回升時受到前期盤整區的壓力而衝高回落，次日開低走低，在K線圖中同樣形成金雞獨立形態。

主力操作的多空訊號

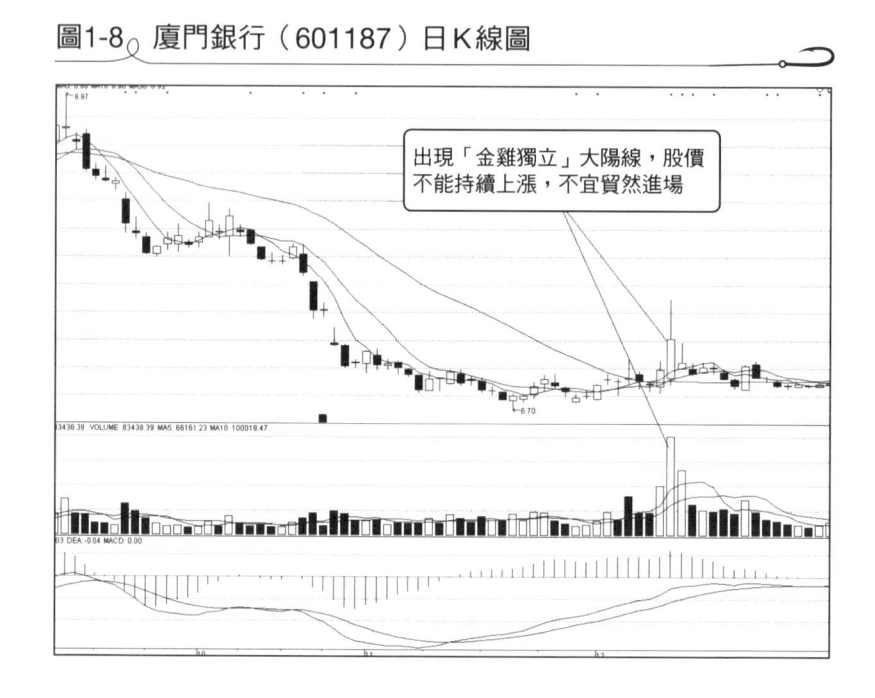

圖1-8 廈門銀行（601187）日K線圖

出現「金雞獨立」大陽線，股價不能持續上漲，不宜貿然進場

在實盤操作中，遇到單根放量大陽線突破某一技術位置，然後快速縮量的現象，要小心突破失敗。

⑨弱勢反彈中的大陽線陷阱

反彈通常是為了累積做空能量，反彈結束後股價仍將下跌，因此不要被反彈中的大陽線迷惑。

圖1-9的中炬高新：該股見頂後逐波走低，成交量大幅萎縮，盤面弱勢特徵明顯。2021年7月1日、8月9日和10日，分別收出反彈大陽線，可是股價都未持續走強，反倒繼續下跌，再創調整新低。

技術解盤▶ 從該股走勢圖可以看出，這幾根大陽線都屬於弱勢反彈性質，而且得不到成交量積極配合，隨後也未出現補量，股價沒有繼續上攻的勢頭。更重要的是，股價運行於下降通道中，均線系統呈空頭排列，盤

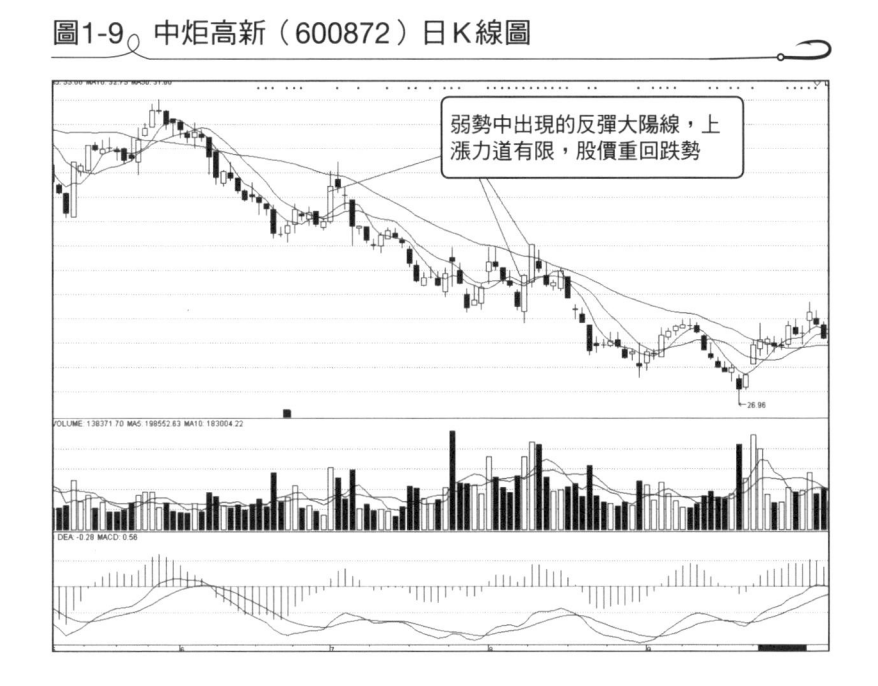

圖1-9 中炬高新（600872）日K線圖

弱勢中出現的反彈大陽線，上漲力道有限，股價重回跌勢

面弱勢特徵非常明顯，股價反彈受制於均線和下降趨勢線的壓制，很難走出上漲行情。

在實盤操作中，投資者儘量不要參與弱勢反彈操作，即使參與，倉位不宜過重，目標不宜過高，要做到快進快出，否則偷雞不成蝕把米，得不償失。

辨別與操作方法

股市出現大陽線的頻率非常高，可能發生在任何時段，但不同時段的大陽線，分析意義不盡相同，不能一概看漲。根據實戰經驗，大陽線可以從以下方面分析。

（一）**大陽線與位置**。大陽線出現在連續下跌時，反映多方不甘心失敗而發起反攻，股價可能見底回升。出現在漲勢剛剛形成時，表示股價有

主力操作的多空訊號

持續上揚的意味。出現在上漲途中,說明買方占據市場,股價很可能加速上漲。出現在連續上漲後的高位,則要小心多方能量耗盡,股價見頂回落。

（二）**大陽線與盤面**。散戶遇到大陽線時,應分析股價處於哪個階段、什麼位置。若是在股價經過一輪下跌後出現大陽線,為了安全起見,可以觀察第二天走勢。如果第二天盤中買盤積極,而且股價震盪下探時沒有超過前一天陽線實體的 1/2,就被多方快速拉起,此時可以進場操作。

如果第二天盤中買盤不積極,股價震盪下探的幅度較大,也沒有明顯的護盤動作,此時以觀望為宜,不應急於進場操作。如果在收盤前股價能被拉起,那麼可以適當參與,否則觀望為宜。

若是在股價上漲的中期出現大陽線,只要當天不放出巨量,次日不收出大陰線,散戶就可以進場操作,否則觀望為宜。

（三）**大陽線與均線**。均線具有提示趨勢、支撐壓力、助漲助跌以及技術騙線較少等優點,將大陽線與均線放在一起分析,可以得到許多訊息（參考 30 日均線效果更佳）：

- 30 日均線向上,市場強勢仍將持續,股價向上運行。此時出現大陽線,做多訊號最強,應買進。
- 30 日均線向下,市場處於弱勢,股價向下運行。此時出現大陽線,做多訊號最弱,應清空。
- 30 日均線走平,市場處於橫盤形勢,趨勢方向不明。此時出現大陽線,做多訊號一般,應觀望。
- 30 日均線呈 45 度角運行時最為理想,太陡時慎防回落；平坦時支撐力道較弱,若出現大陽線要謹慎看多。
- 大陽線出現時,黏合後的均線向上發散,做多訊號較強；大陽線出現時均線已呈多頭排列,做多訊號更強。

（四）**大陽線與乖離率（BIAS）**。股價在均線之下且遠離均線時（負 BIAS 值增大）,出現的大陽線為反彈訊號,可以輕倉參與。股價在均線之上且遠離均線時（正 BIAS 值增大）,出現的大陽線為短期見頂訊號,應獲利了結。

（五）大陽線與成交量。 大陽線伴隨較大的成交量，無論出現在底部或頭部，技術意義都更加強烈。成交量可以確認和驗證大陽線的有效性，大陽線在成交量的配合下，更具操作價值。大陽線與成交量的關係如下：

- 大陽線量增：在升勢初期或中途，可看漲做多；在升勢後期，觀望為宜。在跌勢初期或中途，觀望為宜；在跌勢後期，可謹慎看多。
- 大陽線量平：在升勢初期或中途，可看漲做多；在升勢後期，觀望為宜。在跌勢初期或中途，逢高賣出為上；在跌勢後期，觀望為宜。
- 大陽線量減：在升勢初期，可謹慎做多；在升勢中途，觀望為宜；在升勢後期，賣出為上。在跌勢初期或中途，賣出為宜；在跌勢後期，觀望為宜。

　　（六）突破關鍵位置時要注意： 大陽線突破具有重要意義的位置時，如果上漲幅度小於 3%，應考慮是否為假突破。如果大陽線的上影線刺破高點，假突破的可能性極大。如果大陽線突破高點後，持續時間很短暫（通常少於 3 個交易日），應考慮是否為主力刻意拉抬行為。

1-2 【錘子線】低位錘子線的虛假看漲訊號，該如何辨識？

▌形態分析精華

應用法則

　　錘子線出現在股價持續下跌後的底部，下影線很長，實體很短，整體呈錘子狀，故稱為錘子線。標準錘子線的下影線至少是實體長度的 2 倍，沒有上影線或上影線極短。

　　錘子線的應用法則如下：
1. 錘子線的實體部分較短，下影線很長，上影線很短或沒有。
2. 短小的實體部分必須處於市場的最下端。
3. 下影線的長度應至少為實體長度的 2 倍。
4. 實體部分可以是陰線或陽線，其意義基本上相同。
5. 實體為陽線的錘子線，看漲意義更大。
6. 一般會伴隨底部放量，放量越明顯，看漲訊號就越強烈。

　　技術意義▶出現在底部的錘子線，一般認為是強勢形態，表明空方拋售力道轉小，做空動能漸衰，失去對盤面的控制。由於底部積聚大量做多

能量，一旦多方掌控盤面，將形成有力的上攻行情，因此是做多訊號。

效力和操作要點

- 錘子線可以出現在底部，也可以出現在漲勢中途。出現在下降趨勢的低位，屬於底部單日反轉，具有看漲意義。出現在上漲中途，後市可能加速上漲。
- 錘子線代表多空力量發生微妙變化，多方能量日趨見大，下跌趨勢隨時可能被逆轉。一般來說，股價發展趨勢越長，越容易被確認反轉，也就是說跌勢越久、跌幅越大，在低位出現錘子線的見底機會越高，可以逢低買進。
- 在底部出現錘子線，表示股價探底成功。判斷錘子線的利多效力時，最重要的是看下影線。下影線至少要是實體的 2 倍，且下影線越長，實體及上影線越短，止跌效果就越明顯。
- 雖然錘子線的實體顏色不太重要，但在散戶心裡，底部的陽線錘子更有看漲作用，頭部的陰線錘子更有看跌作用。
- 在低位出現錘子線時，如果當日成交量在股價回升時大幅增加，更能反映買盤積極吸收，見底上漲的機會很大，投資者應做好買進打算。
- 錘子線暗示多方已經發動攻勢，上推股價，但往往因為市場積弱多時，而遭到空方頑強抵抗，極力壓低股價，使股價回落回測錘子線的低點。這時只要低點不被突破，成功築底將使底部更加堅固，後市漲勢更可看好。
- 出現錘子線的第二天，開盤價與錘子線實體之間的向上缺口越大，反映低位接盤越多，形態見底的爆發力越強。
- 錘子線的後一根 K 線通常是陽線，其長度越長，開啟新一輪漲勢的可能性越大。如果錘子線的隔天收陰線，其長度越長、跌幅越大，錘子線的看多意義就越差，有可能成為失敗形態，開啟新一輪跌勢的可能性越大。

主力操作的多空訊號

▋常見假訊號

在實盤中，錘子線經常是多方反擊造成的 K 線形態，但有時錘子線出現後，股價仍繼續下跌，從而演變成抵抗式下跌，使利多的錘子線演變為利空的吊頸線。

在下跌過程中，市場情緒極度悲觀，股價開低走低。一日，受熊市思維影響和下跌慣性作用，開盤後繼續深幅下挫，但由於買盤逢低介入，封堵下跌空間，將股價從低位拉起，最後收於當日最高價或次高價，從而構成標準的錘子線，是十分漂亮的買進訊號。

然而，根據這個訊號買進後，股價並未出現預期中的上漲行情，只有小幅弱勢反彈，很快又恢復下跌並創出新低，形成低位錘子線陷阱。

圖 1-10 的愛嬰室：該股反彈結束後再次下跌，盤面的弱勢特徵明顯。2020 年 12 月 14 日和 17 日股價先抑後揚，收出長長的下影線，形成 2 根標準錘子線，顯示價格不能繼續下跌，是買進訊號。

這表明空方能量得到釋放，主動買盤逢低介入，市場出現探底回升走勢，後市行情值得期待。可是，隨後走勢依然疲弱，股價繼續下跌，錘子線成為失敗形態。

技術解盤▶為什麼錘子線出現後，行情沒有上漲呢？主要原因是錘子線現身當天，成交量沒有明顯放大，顯示做多的意願不強。而且，均線系統呈空頭排列，特別是在次日的上漲過程中，股價遇到 10 日均線壓制，未能鞏固前一天的回升成果。

股價上漲得不到成交量積極配合，說明 10 日均線附近存在不少壓力。股價想要反彈，就必須放量突破，或逐步消化 10 日均線的壓力，否則反彈必將夭折，然而在接下來的走勢中，這兩個條件都沒有達成。之後股價受 5 日均線的壓力繼續走跌，成交量繼續萎縮，盤面漸漸走弱，最終未能止穩上漲。

此外，在股價震盪過程中，盤面上躥下跳，很容易出現錘子線，但由於盤整階段的趨勢不明確，形態的技術含金量大幅降低，錘子線的看漲訊號容易演變為失敗形態。

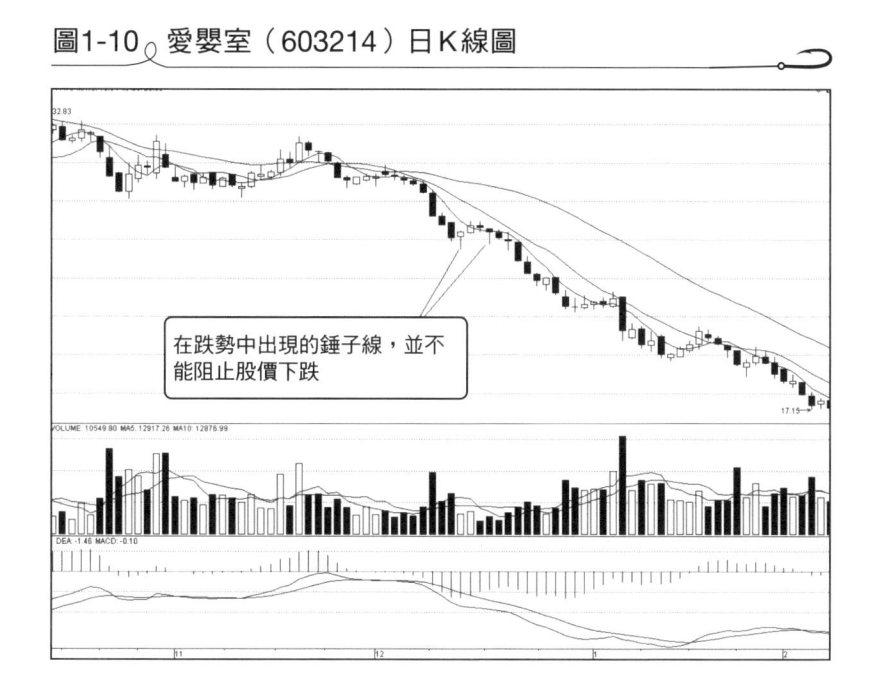

圖1-10 愛嬰室（603214）日K線圖

在跌勢中出現的錘子線，並不能阻止股價下跌

辨別與操作方法

（一）**錘子線與位置**。一般而言，在低位出現錘子線，表示下方支撐很強，股價已到近期底部，反彈在即，投資者應果斷介入。在中位出現錘子線，通常為主力洗盤行為，後市仍有升勢行情。

（二）**錘子線與均線**。錘子線出現時，均線向上移動，表明洗盤整理結束，看漲訊號更可靠，後市上漲空間較大；均線向下移動，則錘子線的看漲意義不強，可能僅是小幅反彈，後市上漲需要其他技術的支援；均線橫向膠著，錘子線為疑似訊號，需要後市進一步驗證。

（三）分析背後的**市場原因或行情性質**。在階段低位出現錘子線時，要分析主力是出貨還是建倉。主力拉高股價後，有時候很難在高位一次完成出貨，不得不將股價放低一階，再用少量資金拉起，這會在盤面上形成見底反轉的錘子線。待散戶介入減少後，主力便不斷向外撤退，使錘子線

成為失敗形態。若是股價真正到達底部，主力害怕深跌造成籌碼丟失，會快速拉升股價，從而形成真正的錘子線看漲訊號。

（四）等待驗證訊號出現。錘子線的買賣時機要等待驗證訊號，也就是第二天的走勢。這是因為，形成錘子線的當日，股價走勢是下跌的，即收盤價處於下跌趨勢的較低位置。雖然盤中有收復失地，但多方並未掌控盤面，所以需要從第二天的走勢來進一步驗證。

低位錘子線的第二天如果收出上漲中陽線，則錘子線確立，如果第二天開高走高，留下當日不回補的跳空缺口，則看漲意義強烈，為錘子線的驗證訊號。缺口越大或陽線實體越長，後市看漲意義就越強烈。相反地，如果第二天收出陰線，則錘子線值得懷疑，可以視為抵抗式下跌，後市可能進入橫盤整理或繼續盤跌，投資者不必心存幻想。

高位錘子線的第二天如果收出上漲陽線，表明前一天的走勢為主力洗盤所致，市場仍然強勢，上漲行情將持續一段時間。相反地，如果第二天收出陰線，表明上行壓力較大，如果第二天開低走低，留下當日沒有回補的跳空缺口，則看跌意義強烈，驗證訊號失敗。缺口越大或陰線實體越長，後市看跌意義就越強烈。

（五）觀察第二天盤面細節。在收出錘子線的第二天，投資者還應注意以下幾點：

- 第二天如果出現下跌走勢，股價不能跌破前一天錘子線的最低點。可以觸及最低點，但必須在觸及當下立刻被大單拉起。
- 第二天的成交量不能明顯萎縮，最好與前一天持平或小幅放量。
- 第二天的收盤價必須高於開盤價，最好能收在前一天的收盤價之上。
- 如果第二天開低，股價必須逐步回升，並且要收出陽線。如果第二天收出陰線，後市繼續下跌的可能就相當大。

（六）錘子線與成交量。在底部出現錘子線，需要成交量積極配合，當量增價漲、量價齊升時，形態的可靠性較高，否則為疑似訊號。在頭部出現錘子線，無須強調成交量的大小，但出現天量或極度縮量時，要小心

反轉訊號的有效性。

（七）錘子線出現在突破頸線後的回測位置，通常是強勢盤整形態。盤整形態中的錘子線與頭部形態中的錘子線，有 2 點區別：

- 錘子線的位置：如果在上漲幅度很大時出現錘子線，即使不是單日反轉，也足以構成重要警示訊號。如果上漲幅度不大，股價剛剛脫離底部，則成為盤整形態的可能性較大。
- 錘子線當日的成交量：如果錘子線伴隨巨大成交量，尤其是近期天量，要特別小心單日反轉。

1-3 【倒錘子線】若出現在一字線跌停後，後市仍有一跌

▎形態分析精華

應用法則

　　倒錘子線與錘子線的形狀相反，倒錘子線的上影線很長，實體很短，呈倒立的錘子狀。標準倒錘子線的上影線至少是實體長度的 2 倍，沒有下影線或下影線很短。

　　倒錘子線應用法則如下：

　1. 倒錘子線的實體較短，上影線很長，下影線很短或沒有。
　2. 短小的實體必須處於市場的最下端。
　3. 實體部分可以是陰線，也可以是陽線，意義基本上相同。
　4. 上影線應該遠比實體長，至少是實體的 2 倍。
　5. 一般會伴隨底部放量，放量越明顯，看漲訊號就越強烈。

　　技術意義▶在底部出現倒錘子線，通常是股價回升的前兆，也就是反轉形態，表明做空動能漸衰，空方失去對盤面的控制。由於底部積聚大量做多能量，一旦多頭市場確立，上漲力道往往很驚人，因此是做多訊號。

效力和操作要點

判斷倒錘子線的形態效力和操作要點,與錘子線相似:

- 在底部出現倒錘子線,表示多方能量日趨見大,是即將發動行情的徵兆。階段性盤整也會出現倒錘子線。
- 股價發展趨勢越長,越容易被確認反轉,也就是說跌勢越久、跌幅越大,在低位發現倒錘子線的見底機會越高。
- 判斷倒錘子線的利多效力時,最重要的是看上影線長度,應至少是實體長度的 2 倍。此外,實體顏色最好能與之前的趨勢相反,也就是說,在底部出現的倒錘子線時,實體最好為陽線,這樣效果更佳。
- 倒錘子線出現後,需要進一步確認才能跟進。道理很簡單,在形成倒錘子線當日,股價雖見反彈,但仍被空方力壓,所以要根據第二天的表現來判斷多空力量。如果第二天以缺口開高,幅度較大且維持在高水準一段時間,成交量也配合上升,就可以確認倒錘子線的見底訊號。
- 當第二天以缺口開高並維持一段時間,表示前一天低位拋售的空方急於買貨補倉,補倉盤觸發的漲勢使市場氣氛改善,激發更多買盤加入承接股票,從而出現強烈的低位反轉訊號。就算第二天未能以跳空缺口開盤,只要當日收盤價高於前一日收盤價且呈陽線,就可以確認見底訊號。
- 倒錘子線在上攻過程中要有成交量支持。低位倒錘子線若配合當日成交量在股價回升時大增,更能反映買盤積極吸收,見底上漲的機會很大,可以逢低買進。
- 倒錘子線暗示多方已經發動攻勢,上推股價,但往往因為市場積弱多時,遭到空方頑強抵抗,極力打壓股價,令股價回落測試倒錘子線的低點。這時只要低點沒有被突破,成功築底將使底部更加堅固,後市漲勢更值得看好。
- 與錘子線相比,倒錘子線的利多訊號較弱,因為前者能以接近全

天最高價位收盤，利多訊號較強烈。
- 倒錘子線的最後一根 K 線通常是陽線，其長度越長，開始新一輪漲勢的可能性越大。如果隔天收出下跌陰線，其長度越長，跌幅越大，倒錘子線的看多意義就越差，出現新一輪跌勢的可能性越大。

常見假訊號

①低位倒錘子線陷阱

　　股價經過深幅調整後處於底部，此時市場極度疲弱，受熊市思維和下跌慣性作用的影響，股價跳空開低，但此時場內該賣出的人都賣掉了，不賣的人也屬於多頭陣營，因此下跌力道不會太大，在買盤的推動下，股價迅速升高。

　　然而，由於熊氣未散，市場很難持續走高，很快就遇到短線賣壓，使股價回落到開盤價附近或略高於開盤價止穩，以重新積聚上漲能量，因而形成倒錘子線，是不錯的買進時機。可是，根據這個訊號買進股票後，沒有出現預期中的上漲行情，只是小幅弱勢反彈後又恢復下跌，股價創出新低，形成倒錘子線多頭陷阱。

　　圖 1-11 的羅曼股份：股價快速回落後止穩，2021 年 5 月 12 日開盤後多方拉起股價，但盤中遇到空方打壓，股價震盪回落，當天以實體短小而上影線很長的倒錘子線收盤。此形態表明主力有拉升意圖，後市想要跌破倒錘子線形成的最低點，需要較大的做空力量，也需要較長的時間，因此倒錘子線也代表股價跌到盡頭，後市將迎來升勢，可視為買進訊號。

　　但是，第二天股價沒有上漲，繼續呈震盪形勢，還漸漸失去做多動能，股價緩緩下滑，將買進的散戶套牢其中，成為不折不扣的倒錘子線多頭陷阱。此後在 6 月 3 日也出現相同走勢，同樣沒有帶來升勢行情。

　　技術解盤 ▶ 從該股走勢圖可以看出，倒錘子線在止穩後的上攻過程中，得不到成交量積極配合，表明買盤不夠積極，難以推動股價持續上漲。

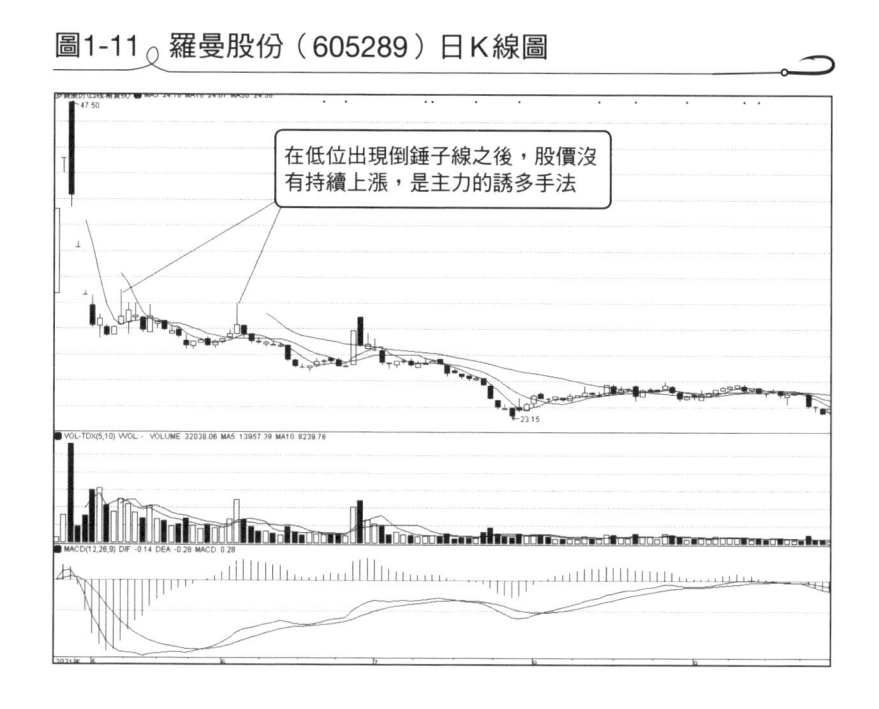

圖1-11 羅曼股份（605289）日K線圖

> 在低位出現倒錘子線之後，股價沒有持續上漲，是主力的誘多手法

同時，均線系統呈空頭排列，股價在倒錘子線上漲當天，就遇到10日均線壓制，顯示上方壓力不可低估。再加上前期的向下跳空缺口，也對股價上漲構成壓力，因此當股價再次跌破倒錘子線的低點，或擊穿前期股價調整低點時，應及時離場。

②盤整中的倒錘子線陷阱

在震盪盤整過程中，股價趨勢難以揣摩，容易產生各種技術圖形，其中也包括主力故意打造的假盤面。

在主力高度控盤的莊股中，經常出現倒錘子線，大多是盤中脈衝式拉高所致，這類股票的操作難度極大，投資者應以觀望為主，不宜參與。

圖1-12（見36頁）的星光農機：股價反彈結束後回落，在低位長時間的震盪過程中，盤面變化無常，時起時落，操作難度非常大。2020年

主力操作的多空訊號

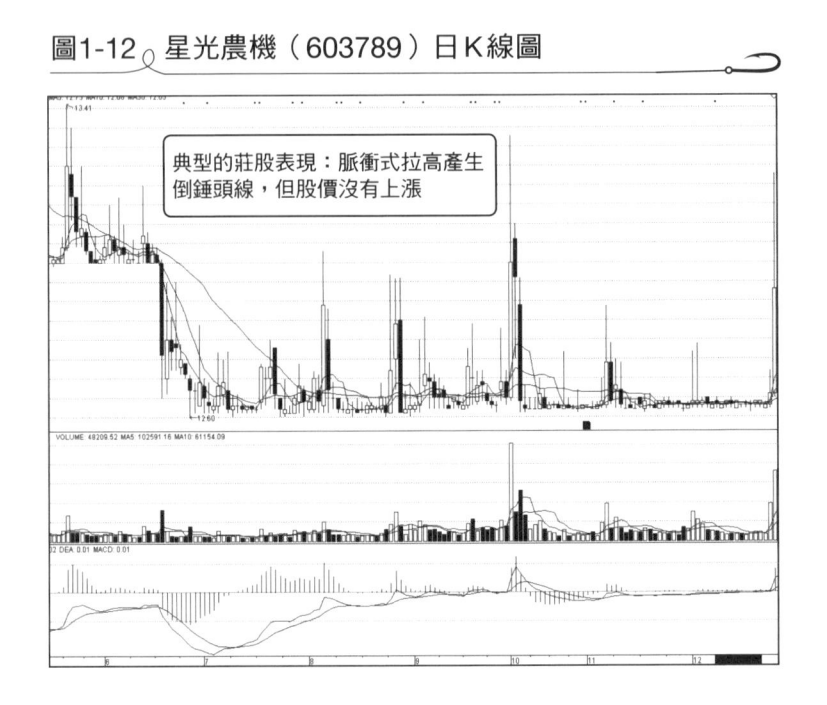

圖1-12 星光農機（603789）日K線圖

典型的莊股表現：脈衝式拉高產生倒錘頭線，但股價沒有上漲

11月以來的一年多時間裡，多次出現倒錘子線，但都沒有帶出上漲走勢。

技術解盤▶ 倒錘子線會出現在股價運行區間的最下端，而盤整行情顯然不具備這一要素（主力高度控盤的莊股另當別論）。因此，投資者在實盤操作中，不能將在震盪盤整或莊股中出現的倒錘子線當作買賣訊號，要採用其他技術分析方法做判斷。

③一字線後的倒錘子線陷阱

股價經過連續的一字線或T字線跌停後，打開跌停板產生震盪，這時出現倒錘子線，通常說明股價已經跌到盡頭，是短線買進的機會。但在實盤中，這時形成的倒錘子線經常是抵抗式走勢，後市仍有一跌，不是理想的買進訊號。

圖1-13的三變科技：該股受利空消息影響，在2018年2月22日復

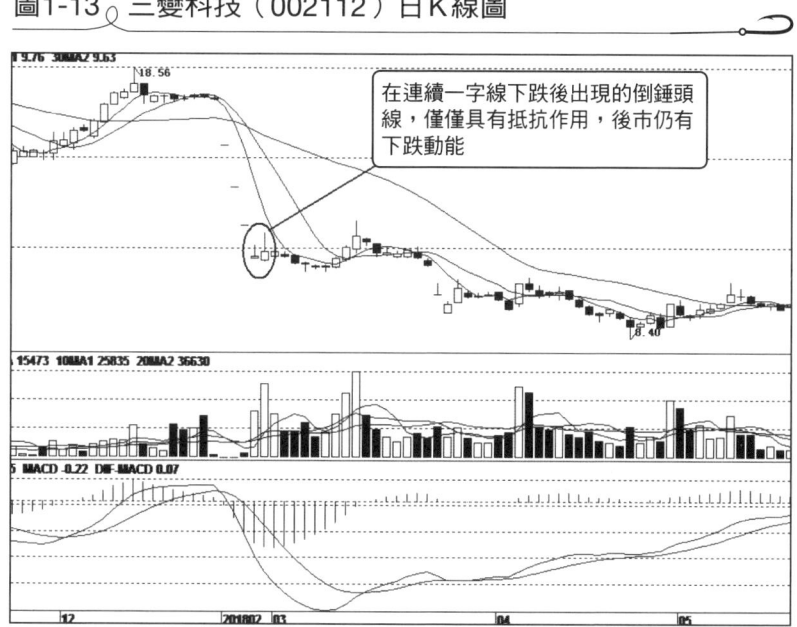

圖1-13 三變科技（002112）日K線圖

> 在連續一字線下跌後出現的倒錘頭線，僅僅具有抵抗作用，後市仍有下跌動能

牌後連收3個跌停，第四天受下跌慣性影響，繼續從跌停價位開盤，在尾盤10分鐘內巨量打開跌停板，股價衝高回落，收出倒錘子線。次日，股價開低走高，衝高回落再次收出倒錘子線，之後股價仍將震盪走低。

技術解盤 ▶ 這兩根倒錘子線能否構成買進訊號呢？答案是不能，因為該股經過連續一字跌停後，做空動能尚未釋放殆盡，此時出現的倒錘子線只是多方的防禦抵抗。再加上基本面的利空，短期很難改變整體弱勢格局，投資者不要輕易進場。

辨別與操作方法

倒錘子線雖然是單日反轉訊號，但假訊號非常多，導致散戶經常操作失誤，所以要學習鑑別訊號真假的技巧和能力。

（一）**倒錘子線與均線**。均線呈現多頭排列時出現倒錘子線，經常是

主力操作的多空訊號

中途調整的最低位置,也是很好的買點。均線呈現空頭排列時出現倒錘子線,看漲作用便黯然失色。無論是上升趨勢還是下跌趨勢,形成倒錘子線之前,市場調整越充分,倒錘子線的反轉作用就越強烈,後市上漲或反彈力道也就越大。

(二)**倒錘子線與位置**。在底部要小心抵抗式走勢,這方面要從盤面細節著手分析。當股價剛脫離頭部不久,在下跌幅度不深的位置出現倒錘子線時,往往是多方防守反擊所導致,出現抵抗式走勢的機率更大。這時候,不能過分地用技術圖形去套盤面走勢,否則容易被套牢在半山腰上。正確做法是等待股價充分調整,或股價在跌勢的中後期出現急跌,或技術指標出現嚴重超賣時,倒錘子線的成功率比較高。

(三)**分析圖形的市場原因或性質**。在階段高位形成倒錘子線,要分析主力是試盤還是出貨,股價上行是否遇到重要壓力,進而分析上影線是在上攻時遇到壓力無功而返所致,還是主力特意將圖形製作成射擊狀的頭部形態。若是前者,後市下跌機率較大;若是後者,只是主力虛晃一槍,後市將迎來新的上漲行情,投資者不必驚慌。

(四)**等待驗證訊號出現**。在底部出現倒錘子線時,應該等待驗證訊號,才能進場操作。如果出現倒錘子線的第二天股價走強,且收出大陽線,這根大陽線就是驗證訊號,此時可以逢低介入。如果出現倒錘子線的第二天股價仍然疲弱,且收出陰線,就不必急於進場,應觀察接下來幾天的市場表現。

若在接下來幾天,股價重新走強,而且收出大陽線吞噬前面的陰線,才能將這個倒錘子線看作有效的反轉訊號,並進場操作。

(五)**倒錘子線與成交量**。底部放量會強化倒錘子線見底訊號的意義,否則為疑似訊號。

1-4 【曙光初現】分辨真假時，留意大陽線深入陰線幅度

▎形態分析精華

形成過程

曙光初現與烏雲蓋頂的形態相對應。曙光初現形態出現在行情的底部，表示下跌動力減弱，為見底反轉訊號。

曙光初現形態由 2 根 K 線組成，其形成過程如下：

1. 第一天是向下的大陰線或中陰線，顯示跌勢持續。
2. 第二天是跳空開低走高的大陽線或中陽線，即第二天的開盤價低於第一天的最低價，也就是低於第一天 K 線下影線的底部，但最後卻收在接近最高價。
3. 第二天陽線的收盤價明顯向上深入到第一天的陰線實體中，且至少高於第一根陰線實體的 1/2，才是標準的曙光初現形態。

應用法則

曙光初現形態的效力強弱，可以這樣分析：第二天陽線深入到第一天

主力操作的多空訊號

陰線實體的幅度越大,則技術含義越高,即底部反轉訊號的可靠性越強。

曙光初現形態的應用法則如下:

- 第一天為大陰線或中陰線,延續下跌趨勢。
- 第二天為大陽線或中陽線,開盤價低於前一天陰線的最低價。
- 第二天的收盤價位於前一天陰線實體的 1/2(中點)之上。如果陽線深入到陰線實體的 2/3 以上,說明多方上攻力道強。如果陽線只深入到陰線實體的 1/3 位置,說明上漲力道不夠,後市仍需觀察。如果全部吞沒第一根陰線實體,則見底訊號更加明確。
- 曙光初現形態應出現在下跌趨勢的底部或階段低點。

技術意義 ▶ 股價經過長時間下跌之後,空方量能得到充分釋放,或者股價已經毫無下跌空間,因此盤面出現十分強烈的趨勢反轉訊號。

效力和操作要點

- 第二天上漲的大陽線,深入第一天陰線的實體越深,則見底回升的機會越大。若第二天大陽線的收盤價,高於前一天陰線的實體,則演變成看漲吞沒形態,利多訊號更強。
- 第二天反彈的大陽線,成交量若配合上升,則形態的利多、見底訊號強,應逢低積極做多。
- 曙光初現形成之後,第二天繼續上漲收出陽線,形態的可信度更高。此時不要急於進場,可等待股價回檔時逢低買進。

▎常見假訊號

股價經過一段下跌走勢後,在低位出現一根加速下跌的大陰線。第二天開盤時慣性跳空開低,但股價並未下跌多少即向上拉起,深入到第一天大陰線的實體之內,收復大部分失地,最後在次高點收盤,形成標準的曙光初現形態,這通常是底部訊號,投資者可以介入做多。

可是,如果曙光初現形態產生後,未見樂觀的上漲行情,反而出現下跌走勢,就變成騙人的誘多陷阱,例如以下幾種常見盤面現象。

①高位曙光初現陷阱

股價經過一輪上漲行情後,由於獲利盤湧出,股價向下回落,收出一根大陰線加劇下跌勢頭,但第二天向上拉起大陽線,構成曙光初現形態,預示股價調整結束,市場將重現生機,是買進訊號。可是,買進後股價只是小幅上漲或橫盤整理,很快又再次下跌,形成曙光初現多頭陷阱。

②無量曙光初現陷阱

在曙光初現形態中,成交量也十分重要,第二根上漲陽線必須伴隨成交量明顯放大,才能推動股價進一步上漲,否則就是虛張聲勢,十之八九是主力設置的多頭陷阱。

③中位曙光初現陷阱

股價處於持續的下跌行情中,空頭氣氛強盛,任何做空因素都會加劇下跌形勢。下跌一段時間後,盤面出現曙光初現形態,預示股價止跌回升,是買進訊號。可是,買進後股價只是小幅上漲或橫盤整理,很快又開始下跌,形成中位曙光初現陷阱。

圖1-14(見42頁)的常山藥業:該股見頂後逐波盤跌,不斷創出新低,在下跌過程中出現一根大陰線向下擊穿盤整小平台,加劇市場的空頭氣氛。但是,第二天慣性開低後向上拉起,形成大陽線且深入到前一天的大陰線實體之內,構成曙光初現形態,預示跌勢即將扭轉,可以逢低買進。可是,股價並未因此止穩回升,仍然在弱勢中緩緩下跌,套牢進場者。

技術解盤▶該股在形態上符合曙光初現的特徵,但美中不足的是:首先,股價始終處於弱勢,並未形成有效的向上突破,第二根大陽線是只對

主力操作的多空訊號

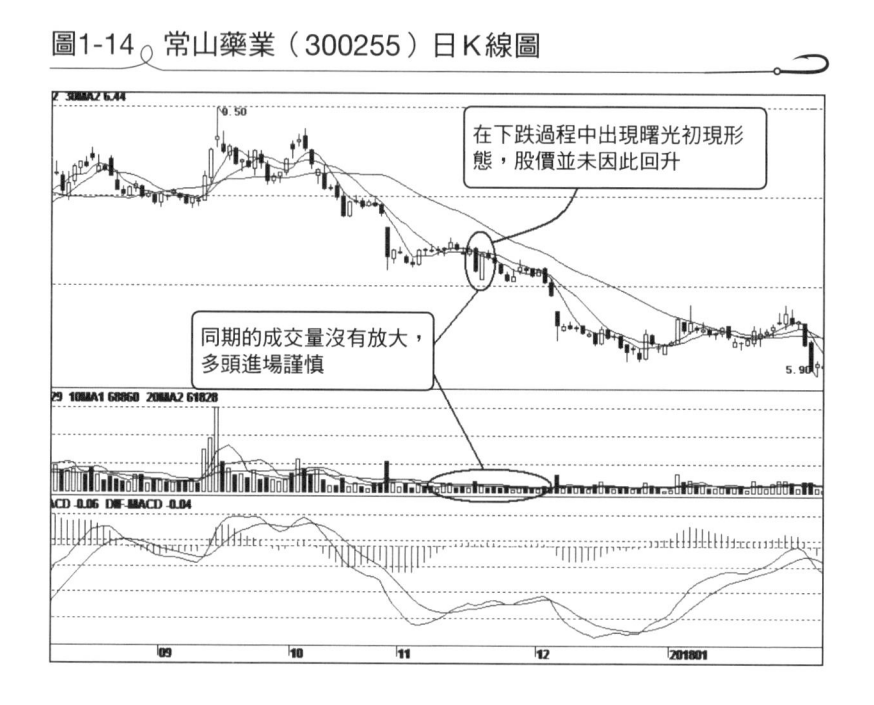

圖1-14 常山藥業（300255）日K線圖

在下跌過程中出現曙光初現形態，股價並未因此回升

同期的成交量沒有放大，多頭進場謹慎

股價向下突破盤整平台的回測確認。

其次，均線系統呈空頭排列，做空力道非常大，30日均線壓制股價不斷走低。最後，成交量不能有效放大，說明進場資金寥寥可數，制約股價的反彈力道。

綜合以上，此時出現的曙光初現形態，很容易演變為失敗形態或多頭陷阱，投資者應認真分析。

▌辨別與操作方法

（一）**看成交量**。曙光初現形態要有成交量積極配合，在陽線向上深入到陰線實體部分時，成交量必須同步放大，超過前一日成交量的2/3或5日均量的一倍，且是持續多日放量，而非單日的脈衝式放量，否則形態的可靠性不高，為疑似訊號。

（二）**分析當日分時走勢**。深入時間早晚不同，會有不同的意義和判斷結果。通常深入時間越早，可靠性越高，深入時間越晚，可靠性越低，特別是尾盤拉升，實屬不正常的盤面表現，欺騙性更大。

若在開盤後股價很快被拉起，深入到陰線實體內部，表明第一天的下跌為主力刻意所為，下方有較強承接盤，股價將出現一波升勢行情。若在尾盤短時間內迅速拉起，表明主力有虛張聲勢之嫌，後市很難出現上漲行情。

（三）**觀察均線系統**。短期股價離均線系統越近，形態訊號的可靠性越差，短期股價離均線系統越遠，形態訊號的可靠性越高。因為股價一旦遠離均線，根據葛蘭碧八大法則，短期股價會反彈或回落。

（四）**看股價所處位置**。在股價較低、漲幅又不大的低位形成曙光初現形態，可靠性比在高位時高得多，要以逢低買進或持股待漲為主。但股市總是「下跌容易，上漲難」，雖然是上漲反轉形態，卻不一定馬上出現拉升行情。在底部更需要時間，也更需要耐性和意志。

（五）**觀察次日的走勢**。這有助於判斷主力的真實意圖，如果曙光初現形態產生後，第二天立即出現大陰線，且收盤價低於曙光初現的第二根陽線的最低價，就應否定形態見底的可能，預期後市繼續下跌。

（六）**等待 W 底出現**。曙光初現形態產生後，在 K 線圖上呈現 V 形底。在形態理論上，V 形底的準確性不高，通常需要回測確認。因此，建議散戶在股價返回 V 形底頸線附近時，適當減倉操作。若此處再次出現曙光初現形態，在 K 線圖上就構成 W 底，其準確性遠遠高於 V 形底，投資者可以加大籌碼的流動。

（七）**結合其他技術特徵**。僅憑兩根 K 線漲跌來判斷行情發展方向，未免有點主觀臆斷，因此還要結合其他技術特徵，如技術指標、形態、趨勢、波浪，以及主力意圖、持倉成本、操盤手段等綜合分析，才能幫助散戶踏穩市場節拍，摸清漲跌規律。

1-5 【晨星】關注第四天走勢，若繼續拉出陽線會更可靠

形態分析精華

形成過程

　　晨星形態大多出現在下降趨勢的末端，是較強烈的趨勢反轉訊號。標準的晨星形態由 3 根 K 線組成，形成過程如下：

1. 第一天，在下跌過程中，股價延續跌勢產生一根較長的實體大陰線，顯示大勢不妙，同時說明空方能量得到進一步宣洩。
2. 第二天，股價跳空開低，但跌勢趨緩，呈現低位平穩走勢，收盤價與開盤價差不多在相同水準，形成一根十字星（短實體陰、陽線亦可，分析意義更佳），這根 K 線是晨星形態的主體。
3. 第三天，股價強勢上漲，出現較大的反彈走勢，收出一根長實體陽線，實體部分可能吞沒第一根陰線的全部實體，顯示多頭陣營展開初步反攻。

　　簡單來說，就是第一天下跌收出大陰線，第二天止跌收出星線，第三天上漲收出大陽線，說明下跌趨勢反轉。

應用法則

- 第一根 K 線的顏色承原先趨勢,也就是說,發生在下跌趨勢中的晨星,第一根應為陰線。
- 第二根 K 線可以開低,也可以與第一根 K 線實體之間產生小缺口,而且第二根 K 線是陰線或陽線,並不影響分析。
- 第二根 K 線可以是十字星,或是小幅上漲或下跌的短實體 K 線,並不影響分析。
- 第三根 K 線的顏色與第一根相反,即為陽線。
- 第三根陽線的實體長度越長,後市上漲力道越大。也就是說,第三根陽線的收盤價越深入第一根陰線的實體,訊號就越可靠。

技術意義 ▶ 這種形態意味著下跌行情即將結束,市場見底回升。下跌趨勢被成功扭轉,確定成功築底,市場發出看漲訊號。

效力和操作要點

- 理想的晨星形態,第二根十字星與第一根陰線之間,有小小的向下跳空缺口,第三根陽線應該小幅開高,更能加強形態效力。
- 第三根陽線必須深入到第一根陰線實體的 1/2 以上,越是深入,看漲意義越大,如果全部吞沒第一根大陰線,則看漲意義更強烈。
- 如果第一根陰線的成交量較小,第三根陽線的成交量較大,表明原趨勢力量的衰弱,以及新趨勢力量的增長。或者,第三根陽線的成交量明顯放大,超過第一根和第二根 K 線的成交量三成以上,代表股價在反彈時買盤積極,更有利於後市見底回升。
- 晨星形態出現在前期低點附近,反轉上漲的意義更大。
- 晨星形態出現在長期下跌的末期、暴跌之後、回檔洗盤結束之時,準確率較高。
- 晨星形態如果出現在橫盤整理區域,雖然是看漲訊號,但實際效

主力操作的多空訊號

果不佳，容易出現失敗形態。

■ 常見假訊號

在實際操作中晨星形態有許多假訊號，正當散戶笑顏逐開，以為下跌行情終於雨過天晴時，孰料暴風雨才正要開始，驀然發現原來是多頭大騙局。

①低位晨星陷阱

股價經過一輪長時間的下跌行情後，在低位收出下跌陰線，由於空頭力量占據市場優勢，同時受到慣性作用影響，第二天股價大幅跳空開低。這時買盤逢低介入，將股價推升到第一天的收盤價附近，並以十字星線報收，第三天小幅開高後，向上走高收出大陽線，形成看漲晨星形態。

此時，不少投資者以為底部來臨，紛紛介入市場，豈知這是多頭陷阱，股價很快出現新一輪下跌，套牢不少投資者。

②中位晨星陷阱

股價經過一波反彈行情後，向下回落調整，下跌到一定幅度時，跌勢有所止穩，形成晨星形態。此時，不少投資者以為洗盤換手結束，股價將重拾升勢，因而紛紛買進。但是，這種訊號經常演變為弱勢反彈行情，股價很快出現新的下跌走勢，不斷創出新低，從而成為多頭陷阱。

③震盪中的晨星陷阱

晨星形態雖然是看漲訊號，但如果出現在橫盤整理區域，則實戰效果不佳，容易出現失敗形態，投資者應注意。

圖1-15的大慶華科：該股反彈結束後再次向下回落，不斷創出新低，

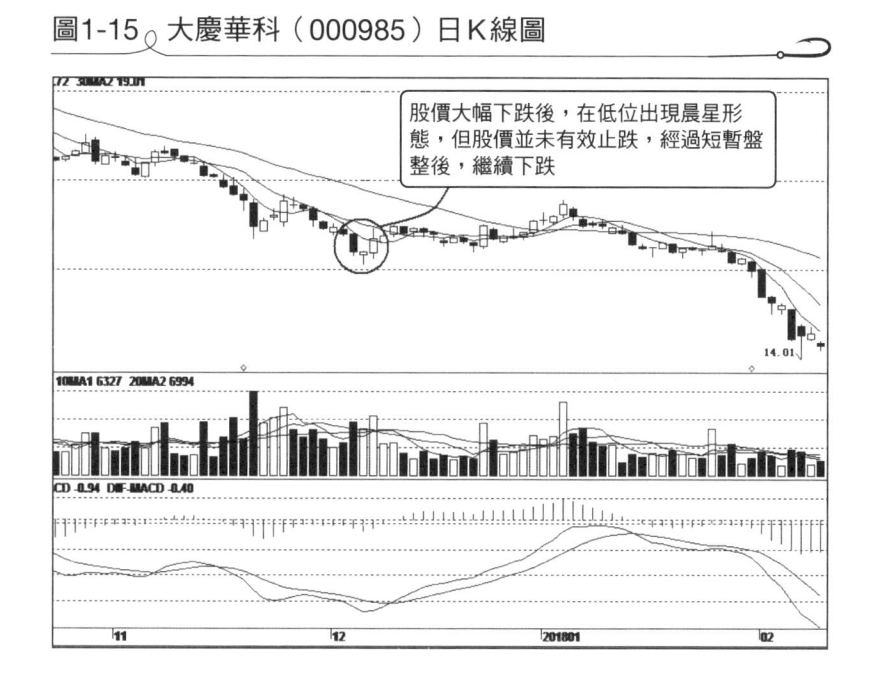

圖1-15 大慶華科（000985）日K線圖

> 股價大幅下跌後，在低位出現晨星形態，但股價並未有效止跌，經過短暫盤整後，繼續下跌

不久後在低位產生晨星形態。該形態出現時，股價累計跌幅較大，使不少投資者以為是見底回升訊號。但是，後市走勢卻完全相反，股價經過短暫盤整後，再次陷入盤跌，晨星成為失敗形態或技術陷阱。

技術解盤▶ 分析該股的晨星形態，以及這3根K線本身的力道來說，多頭攻擊的力量一般，因為：

1. 總體成交量不大，做多的熱情不高，特別是晨星形態的幾個交易日裡，成交量出現明顯萎縮。得不到成交量的積極配合，單靠盤中的殘餘力量很難推動股價持續上漲，一旦多頭不力，空頭勢力將再度掌控盤面，股價將再度走弱。

2. 股價見頂後形成一條下降趨勢線，盤面漸漸走弱，股價受下降趨勢壓制，很難扭轉弱勢局面。

3. 均線系統呈現空頭發散，不斷壓制股價，使其走低。MACD、RSI、KDJ、DMI等多項技術指標沒有轉強跡象，因此下跌趨勢仍

將延續一段時間。

辨別與操作方法

（一）**看形態出現的位置**。如果形態發生在高位，股價漲幅較大，後市可能只是一波小幅上漲，屬於主力出貨行情，投資者應及時逢高離場。如果形態發生在低位，股價跌幅較大，可能是真正的見底訊號，可以逢低介入。

（二）如果晨星形態的下影線較長，並伴隨較大的成交量，表明有買盤介入，投資者可以及時跟進，否則應謹慎對待。

（三）**觀察均線**。如果股價位於均線之下且遠離均線，負乖離率偏大，市場將出現報復性反彈行情，投資者可以介入，以 30 日均線作為短線獲利點停利了結。

（四）**觀察第四日的走勢**。晨星形態產生後，如果第四天繼續拉出陽線，可靠性更高。如果第四天股價回檔時，超過第三天實體陽線的 1/2，可靠性將大大降低。

（五）**看作提示訊號**。謹慎的投資者可以把晨星形態看成提示訊號，待股價向上突破下跌趨勢線、技術形態，或出現其他看漲訊號時再操作。同時，把停損點設在晨星形態的最低價附近，當股價有效跌破最低價位時，應及時離場觀望。

（六）**觀察盤面**。晨星形態只有在趨勢行情的底部，或上漲過程的回檔洗盤中，才能用來測市判勢。出現在下跌途中或平穩盤整行情，則無實質分析意義，應改用其他技術分析方法研判。

（七）**與超跌反彈行情的關係**。在跌勢初期出現晨星形態，最好視為主力出貨行情，不可戀戰。在跌勢中途出現晨星形態，不妨當作反彈行情或主力自救行情。在跌勢末期出現晨星形態，可以與成交量合併分析。

（八）**形態出現的次數**。在一輪下跌趨勢行情中，可能多次出現晨星形態，初次出現的晨星形態可信度最差，其後準確率逐步提高。反之，在一輪上漲趨勢行情的洗盤整理過程中，也可能多次出現晨星形態，初次出

現的晨星形態可靠性最高，其後準確率逐步降低。

（九）**結合支撐位分析**。如果股價下跌遇到重要支撐位，如趨勢線、技術形態、浪形的轉捩點、黃金分割線、成交密集區和整數關口等，並在這些區域附近出現晨星形態，訊號的可靠性較高。或者說，處在支撐位之上的晨星形態，看漲效力更強。

1-6 【紅三兵】剖析6個多頭和空頭陷阱，抓對買賣時機

▎形態分析精華

形成過程

　　紅三兵形態由3根陽線組成，每一根K線的價格比前一日上漲，整體呈階梯狀穩步攀升。3根實體陽線的長度相近，勢如3名挺拔的士兵，給人可靠的安全感，是普遍看漲的趨勢反轉訊號。

　　根據技術含量高低分為3種，分別是前進紅三兵、受阻紅三兵、停頓紅三兵：

1. 前進紅三兵形態是在底部出現3根大小相當的陽線，上下影線短小，成交量溫和放大，具有上攻形勢。在該形態中，第二根陽線實體的開盤價，在前一天陽線實體的內部或附近，第三根陽線實體的開盤價，在第二天陽線實體的內部或附近。這3根陽線實體的收盤價，都處於或接近當日走勢的最高價。

2. 在受阻紅三兵形態中，第二根和第三根K線，或只有第三根K線表現出上漲趨勢減弱的跡象。在實盤中，陽線實體可以一天比一天小，也可以是後兩根陽線有較長的上影線。

3. 停頓紅三兵形態的第二根 K 線是長長的陽線實體，並且向上創出近期新高，第三根卻是短小的陽線實體。最後一根陽線未能創出新高點，也就是運行在前一根陽線的最高點下方，使紅三兵形態的前進形勢嘎然而止。

應用法則

- 紅三兵形態必然出現在市場的底部。
- 每天的開盤價應該在前一根陽線的實體或附近。
- 每根陽線的收盤價應該在全日最高價或附近。
- 3 根陽線的實體長度相近，呈階梯狀向上攀升。

技術意義▶紅三兵形態表明有場外資金不斷介入市場，推動股價穩步上行，底部特徵十分明顯，因此是可靠的見底反轉訊號。在下跌趨勢中出現前進紅三兵形態，標誌股價即將見底反轉。在已有一定上漲時出現紅三兵形態，股價將加速上漲的可能性極大。在橫盤之後出現紅三兵形態，代表股價將向上突破，是行情啟動的前奏。

效力和操作要點

- 第二天及第三天的開盤價可以在前一根實體之內的任何部分，但如果是在前一根實體的中間部分，呈梯形上升，利多效力更強。
- 紅三兵形態通常出現在市場見底回升的初期，因而回升幅度不大，速度緩慢，但走勢相當穩健。在這個階段逢低建倉相當容易，且風險不大。
- 3 根陽線的成交量平均，基本上與前期緩慢下跌時持平，顯示買盤力量持續，進一步確認走勢。紅三兵形態通常預示市場見底，後續很有機會暴漲飆升，屆時成交量會成倍放大。
- 如果紅三兵形態的陽線實體過長，短期技術指標顯示有超買跡象，

應謹防短線技術回檔。
- 上漲趨勢持續一段時間後，在高位出現紅三兵形態，要慎防多頭陷阱。在高位出現受阻紅三兵形態或停頓紅三兵形態時，應及時採取風控措施。
- 股價經過充分盤整後向上突破形成的紅三兵形態，比超跌反彈出現的紅三兵形態要可靠得多。
- 確認紅三兵形態的強弱法則：第一，如果高低點整體漲幅在20%以上，最後一根K線實體漲幅在5%以上，說明股價漲勢極強。第二，如果高低點整體漲幅在15%左右，最後一根K線實體漲幅在3%左右，說明股價漲勢中等。第三，如果高低點整體漲幅在10%以內，最後一根K線實體漲幅僅在1%左右，說明股價漲勢偏弱。

注意事項

- 3根陽線不能太長，否則說明攻勢過猛，短期獲利回吐的壓力也加大。最好是3根中陽線或小陽線，更容易厚積而薄發。
- 3根陽線對應的成交量應溫和放大，最好是一天比一天大，顯示主力資金慢慢潛入。如果過大，則樹大招風，容易吸引更多跟風盤，反而不利於主力拉升；如果過小，說明後市拉升力道可能不夠。
- 雖然紅三兵是很典型的底部形態，但投資者在買進時，仍要設好停損點。如果股價跌破紅三兵形態的低點，則見底形態失敗，短線投資者應考慮及時停損出局。

前進紅三兵假訊號

紅三兵形態在技術分析中占有重要地位，不過實盤中也經常產生假訊號，常見的技術陷阱有以下幾種。

①低位紅三兵形態陷阱

股價經過較長時間的下跌後形成震盪走勢，中長期底部漸漸成形。不久，市場出現軋空行情，3條陽線拔地而起，以紅三兵形態宣告底部成功構成，股價即將脫離底部轉入升勢，帶給人們無限遐想，是比較好的買進時機。

可是，當投資者介入後，股價並未如期上漲，一波小幅反彈後，宣告紅三兵形態失敗，從而套牢大批投資者。造成失敗形態的主要因素有：
1. 底部沒有探明。紅三兵形態只是普通的超跌反彈走勢，通常是多方防守反擊的結果。
2. 價位較高。主力為了順利實施出貨計畫，在高位製造紅三兵形態。
3. 主力試盤。拉升時機未到，股價重回調整或下跌走勢。
4. 主力自救。主力沒有順利撤退，但股價已下跌一截，因而被套牢在盤中，只有依靠自救手法才能脫身，這時容易出現多頭陷阱。
5. 非主流板塊跟風而為。主流熱點退卻後，非主流板塊跟風下跌，因而產生技術陷阱。

②中位紅三兵形態陷阱

中位紅三兵形態陷阱分為兩種：上漲中途紅三兵形態陷阱、下跌中途紅三兵形態陷阱。

上漲中途紅三兵形態陷阱，表現為股價脫離底部，經過一定的漲幅後發生洗盤回落，接著出現紅三兵形態，表明主力洗盤結束，買盤重新加強，股價有望再現上漲行情，可以買進做多。但買進後，股價並未上漲，或是小幅上漲到前期高點附近，就受到壓力回落而形成雙頭形態，使追高介入的散戶被套牢。

下跌中途紅三兵形態陷阱，表現為股價脫離頭部，經過一定的跌幅後發生反彈，並在反彈高點形成紅三兵形態，表明買盤進一步加強，股價將加速上漲，可以追漲買進做多。但買進後，股價衝高回落，反彈行情結束，

股價重歸下跌走勢，變成套牢散戶的多頭陷阱。

在上漲中途的調整階段遇到紅三兵形態，應注意：

1. 出現紅三兵形態之前，股價漲幅不能過大，最好不超過50%，而且在上漲過程中不能頻繁大幅波動。
2. 在洗盤回落過程中，成交量必須縮小，而且股價在回落到10日均線附近時，必須受到強大支撐而回升。在回升過程中，成交量必須再次放大，才能推動股價進一步上漲。
3. 如果前期股價穩健上升，只要成交量在紅三兵形態出現時持續放大，後市必定迎來加速上漲行情。
4. 出現紅三兵形態之後，如果股價持續震盪盤整一段時間，但波動幅度不大，且成交量始終沒有放大，那麼當股價再次放量上漲時，後市會繼續上漲。

③高位紅三兵形態陷阱

當股價經過長期上漲，在高位出現紅三兵形態時，往往是股價上漲的尾聲，預示一波下跌行情，投資者應高度謹慎。這通常是主力故意拉高股價，以完成出貨的操盤手法，然而在實盤中，總是有一些投資者禁不住漂亮形態的誘惑，盲目追漲而落入技術陷阱中。

投資者看到這種情況時，應思考以下問題：

1. 若股價經過大幅上漲，在加速過程中出現紅三兵形態，應提高警覺。
2. 紅三兵形態代表買盤力量增強，接下來股價會繼續拉升，即便出現震盪停頓，股價的重心也會逐步上移，否則有誘多嫌疑。
3. 紅三兵形態必須有成交量積極配合，才能推動股價進一步上漲，否則做多意願不強，市場跟風不積極。

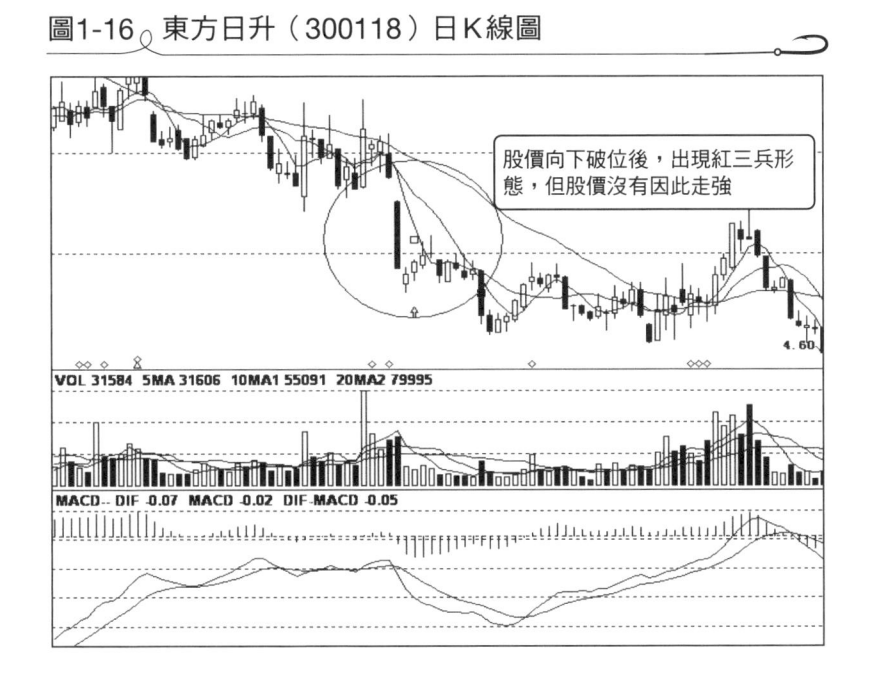

圖1-16 東方日升（300118）日K線圖

（圖中標註：股價向下破位後，出現紅三兵形態，但股價沒有因此走強）

④反彈紅三兵形態陷阱

股價短期超賣後，必然出現反彈。本質上，反彈只是下跌過程的技術性折返，反彈結束後，股價將繼續原本的下跌走勢，因此在反彈行情中容易出現假技術訊號，紅三兵形態就是一種常見的陷阱。

反彈紅三兵形態陷阱分為兩種：強勢反彈紅三兵形態陷阱、弱勢反彈紅三兵形態陷阱。

圖1-16的東方日升：這是弱勢反彈中的紅三兵失敗形態。股價從25.42元開始一路下跌，不久後跳空開低走低，當天以跌停板收盤，創出5.15元新低。第二天，股價跳空開低後向上盤升，當天報收小陽線，然後繼續反彈，再收出2根小陽線，從而形成紅三兵形態。

但是，股價隨後並未持續上漲，而是第二天就衝高回落，紅三兵形態成為多頭陷阱。

技術解盤 ▶ 這個紅三兵形態有什麼意義？投資者應該如何操作？我們從 K 線形態很難做出正確判斷，需要放在大背景底下審視。

出現紅三兵形態之前，一根大陰線形成急跌走勢。隨後的紅三兵形態有上漲乏力的感覺，3 根小 K 線的累計漲幅還不及前一根大陰線的 1/3，說明反彈力道極其脆弱，只是股價超跌後的技術性折返修復走勢。

從成交量也能看出端倪，連續 3 天的成交量低於前期平均量，說明場內交易清淡，資金進場謹慎，股價雖然出現回升，但要小心繼續下跌。

而且，均線系統呈現空頭發散，股價受 5 日均線壓制後進一步走低。可以想像，股價連 5 日均線都突破不了，怎麼指望後市上漲呢？綜上所述，這是一個弱勢反彈形態，實盤中遇到這類盤面時，應謹慎操作為宜。

受阻紅三兵假訊號

受阻紅三兵形態是見頂回落的徵兆，但在實盤中經常變成失敗形態。在盤面上表現為，股價經過一段時間的上漲或反彈後，在相對高位出現受阻紅三兵形態，說明上漲勢頭減弱或竭盡，可視為賣出訊號。但是賣出後，股價反而在短暫盤整後繼續上漲，於是受阻紅三兵形態成為空頭陷阱。

圖 1-17 的歐普康視：該股經過長時間的下跌調整後，在底部橫盤整理，主力在建倉末期故意向下突破橫盤整理區的下邊線，製造空頭陷阱，然後股價止穩回升。

在回升過程中，分別在 2018 年 2 月下旬和 3 月上旬形成受阻紅三兵形態。形態內的陽線實體一個比一個短小，特別是第三根 K 線衝高回落形成較長的上影線，表現出上漲趨勢明顯減弱的跡象。這種盤面現象預示後市上漲乏力或反彈即將結束，因此是賣出訊號。但是，隨後股價依然向上盤升，如果在受阻紅三兵形態附近賣出，顯然已經踏空。

技術解盤 ▶ 如何解讀這個受阻紅三兵形態？從該股走勢圖可以看出：

1. 股價向下突破前期低點時，在時間上未達有效突破的條件（即連續 3 天以上），在第三天就返回到盤整區域內，說明是一次假突破。
2. 股價向下突破前期低點時，成交量不大，說明沒有出現恐慌賣

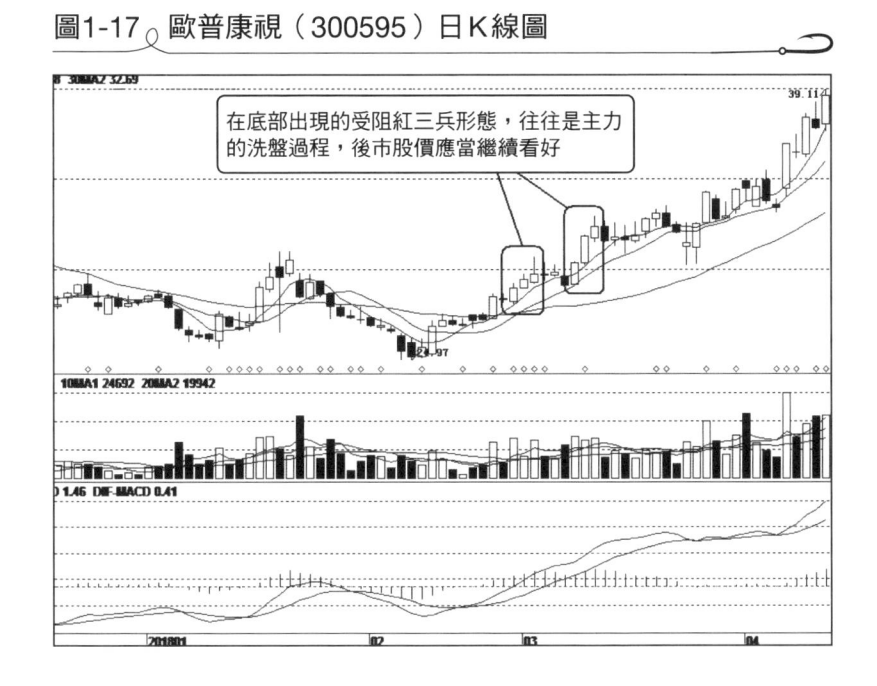

圖1-17 歐普康視（300595）日K線圖

在底部出現的受阻紅三兵形態，往往是主力的洗盤過程，後市股價應當繼續看好

　　盤，籌碼已被完全鎖定。
3. 股價重回均線系統之上，5日和10日均線不斷上行，支撐短期股價走高，隨後30日均線上行，顯示股價在短期內沒有太大風險。
4. 量價配合理想，形成漲時放量、跌時縮量的正常盤面現象。
5. 受阻紅三兵形態應出現在明確的升勢，或累計漲幅較大的高位，這裡卻出現在底部。由此可見，該股雖然出現受阻紅三兵形態，但總體盤面健康，不至於造成大幅下跌，所以是失敗形態。

停頓紅三兵假訊號

　　停頓紅三兵形態是見頂回落的徵兆，但在實盤中經常是技術陷阱。在盤面上表現為，股價經過一段時間的上漲或反彈後，在相對高位出現停頓紅三兵形態，說明上漲趨勢減弱或竭盡，可視為賣出訊號。但是賣出後，

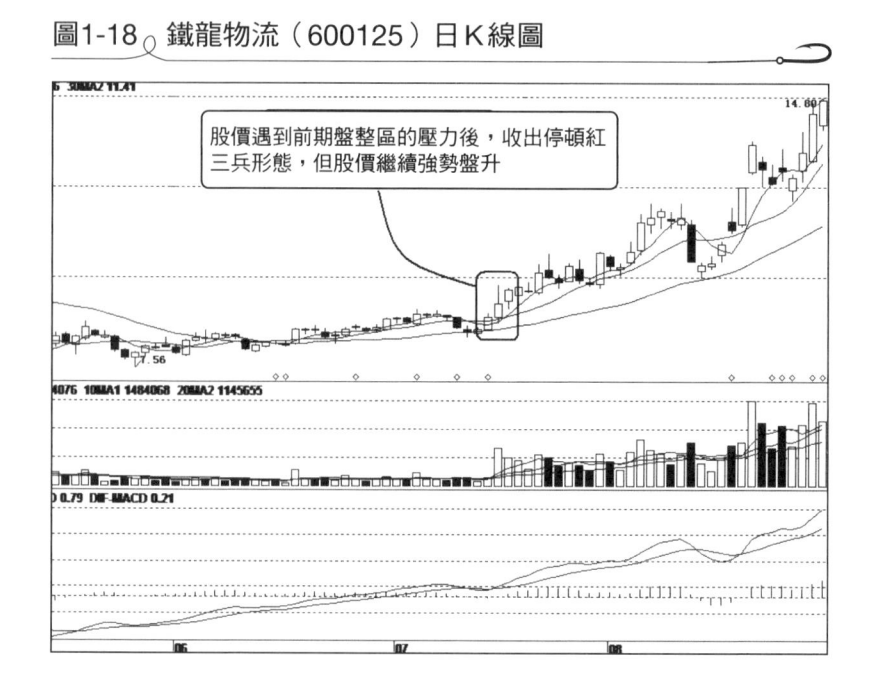

圖1-18 鐵龍物流（600125）日K線圖

股價遇到前期盤整區的壓力後，收出停頓紅三兵形態，但股價繼續強勢盤升

股價在短暫盤整後繼續上漲，停頓紅三兵形態成為空頭陷阱。

圖1-18的鐵龍物流：股價經過長時間的橫向震盪後，雖然在2017年7月17日向上突破，但又受到前期盤整區的壓力，從而形成停頓紅三兵形態。

形態內的前兩根陽線是長實體，最後一根只是小實體，而且未能創出新高，只在前一根陽線的最高點下方運行，止住紅三兵形態的前進勢頭，預示股價下跌。但是，經過短暫的小幅下跌後，股價再度走強，出現一輪快速飆升行情。

技術解盤▶從該股走勢圖可以看出，停頓紅三兵形態只是主力洗盤換手的操盤手段，股價上漲並未停頓，主要原因為：

1. 股價處於底部，下跌空間已經不大。
2. 停頓紅三兵形態出現後，成交量不大，說明沒有發生恐慌賣盤，籌碼已被完全鎖定。

3. 停頓紅三兵形態應該出現在明確的升勢，或累計漲幅較大的高位，這裡卻出現在底部區域，並不符合形態的位置要求。
4. 該股前期沒有被大幅炒作，具有一定的投資價值和上漲潛力。因此，投資者遇到這種情形時，要將股價與所處的價位高低、基本面情況和其他技術因素結合在一起分析。

辨別與操作方法

在實盤操作中，紅三兵形態經常出現假訊號，或演變為技術陷阱，投資者在實盤中遇到時，應掌握以下要點。

（一）**觀察盤面**。紅三兵形態出現前，股價必須經過長期的大幅下跌，跌幅應超過50％，而且在下跌過程中，成交量應逐步萎縮，特別是在加速下跌趨勢中，成交量沒有明顯放大，說明賣盤已經減弱。紅三兵形態的第三根陽線收盤時，股價應突破10日或30日均線的壓力。

（二）**等待回檔逢低介入**。紅三兵形態出現時，股價往往已有一定的漲幅，如果立即進場，可能會買在短期高點，特別是遇到大幅上漲的大陽線時。因此，理想的買進時機不是形態初形成時，而是等待回檔確認有效後，於股價再度上揚時逢低介入比較好，這樣可以避免失誤。而且，紅三兵形態的上漲速度比較慢，追高介入有短期市場風險，耐心等待逢低介入才是上策。

（三）**回檔幅度不能太大**。由於紅三兵形態有逼空性質，往往導致短線技術指標超買，需要回檔修復的過程，因此把握回檔走勢非常重要。正常的回檔幅度不能過深，通常以上漲幅度的1/3位置或黃金分割位為限，如果回檔幅度超過上漲幅度的1/3，就會破壞強勢形態，後續上漲將遇到強大壓力，上漲幅度或力道將大打折扣。因此，對回檔幅度過深的股票要多一分小心，不能因為下跌幅度大，就以為找到便宜貨而貿然介入。

（四）**用支撐點設立停損**。在實盤中遇到紅三兵形態時，應注意尋找紅三兵形態下方的重要支撐點，如5日、10日均線等，如果下方有重要支撐，可以考慮把停損點設在支撐點之下，結合整體的報酬率或成功率來

決定是否建倉。

（五）考量回落風險。受阻紅三兵和停頓紅三兵通常不屬於頭部反轉形態，但有時也可能引發下跌行情。這兩種紅三兵形態出現在較高價位時，更有預測意義，投資者應考慮市場回落的風險，一旦第二天收出陰線就要停損，等回落之後再進場操作。因此，對這兩種形態不可盲目樂觀，持股者可以先離場觀望，落袋為安，空倉者寧可錯過，不可錯買。

（六）關注成交量的配合情況。得到成交量支援，行情才能持久，無量空漲肯定不可靠。理想的成交量是 3 天大致持平或溫和放大，過大或過小的不規則的成交量，都應引起懷疑。

（七）紅三兵的攻擊力道有別。整體來說紅三兵是上攻形態，但攻擊的力道有所差別。光頭光腳陽線構成的紅三兵形態，最乾淨有力，帶有上影線的攻擊力則差很多。另外，3 根 K 線的長短也能顯示力道變化，實體越來越長說明攻擊力道在加強，越來越短則是攻擊力道在減弱。

1-7 【兩陽夾一陰】除了高位和反彈的假突破，還得注意什麼？

■ 形態分析精華

形成過程

　　兩陽夾一陰形態也叫「多方炮」，由 3 根 K 線組成，兩根陽線中間夾著一根陰線。其形成過程為，股價經過一段時間的下跌後呈現止穩，底部逐漸抬高，隨時有可能向上突破。終於有一天，股價放量向上突破，形成第一根大陽線，第二天股價回落，收出一根縮量小陰線，第三天多方繼續發力，盤面形成放量強勢上行走勢，當日以大陽線報收，完成兩陽夾一陰形態。

應用法則

- 第一根陽線要明顯向上突破。
- 第二根為小幅調整的陰線，不能超過第一天陽線的 1/2。
- 第三根陽線的收盤價，應高於前面兩天的最高價或收盤價。

主力操作的多空訊號

技術意義▶ 股價在長期盤整過程中，構築堅實的底部基礎，多方處於整裝待發狀態。第一根上漲陽線表明多方發動攻勢，掌握盤面優勢；第二根縮量回檔小陰線，通常是對前一天向上突破的確認；第三根陽線確認突破有效後，股價步入上升通道，多頭訊號形成。

效力和操作要點

- 兩陽夾一陰形態出現之前，股價經過充分調整後明顯止穩，接著向上突破，也就是市場有潛伏底過程，為後來的突破做鋪墊。換句話說，兩陽夾一陰形態應出現在底部成形的後期，或上漲中繼盤整的後期。
- 理想的兩陽夾一陰形態，第一天的放量陽線要確實突破中短期重要壓力位，當日收盤於壓力位之上。第二天的回檔陰線不能收於壓力位之下。第三天一定要創出階段新高，收盤價要高於前面兩根K線的實體。但在實盤中，只要整個形態是突破訊號即可，如果第一根陽線處於待突破情形，由第三根陽線擔當帶量突破的角色，則二陽夾一陰形態也成立。
- 第二天的回檔陰線，成交量應相應萎縮，而且要維持在中短期均線之上，表明前一交易日的向上突破有效。
- 第三天的陽線收盤價，應高於第一天和第二天的收盤價，如果成交量大於第一天的上漲陽線，則更具技術分析意義。
- 在形態結構上，兩邊的陽線比較長，中間的陰線比較短，如果中間的陰線與兩邊的陽線差不多，就不是兩陽夾一陰形態。

常見假訊號

根據多年實戰經驗總結，兩陽夾一陰形態經常出現的多頭陷阱或失敗形態，有以下幾種可能。

①高位兩陽夾一陰陷阱

股價經過一輪下跌後，形成橫盤整理，顯示市場有底部支撐。某日，市場放量向上突破橫盤區域，股價站在 3 條中短期均線之上。次日股價小幅回落，第三天市場再次放量，股價強勢上行，形成兩陽夾一陰形態，通常是買進機會。可是，投資者紛紛介入後，股價並未出現上漲行情，只有弱勢小反彈，很快又陷入跌勢，而且創出市場新低，將進場者套牢。

對於高位兩陽夾一陰形態，可以根據以下盤面細節分析判斷：

1. 如果在出現兩陽夾一陰之前，股價經過大幅上漲，且在形態形成的前幾天快速拉升，盤中不斷出現對敲單將股價拉起，也不斷湧現主動賣盤，就可以確定是主力出貨。
2. 若在出現兩陽夾一陰之前，股價在高位橫盤一段時間，過程呈現放量，就同樣可以確定是主力出貨（之前的橫盤便是主力在出貨）。
3. 如果在形成兩陽夾一陰的隔天，或接下來的幾天裡，股價快速拉高，而且幾乎都是大筆的對敲單，不斷有買單掛在買二價或買三價（而不是由市場的主動買單推高），就可以斷定是主力出貨。此時投資者要注意，一旦股價衝高後受阻回落，就要在第一時間賣出，後市一定會出現下跌行情。
4. 在出現兩陽夾一陰形態的隔天，一旦股價走弱，特別是大幅度開低，持股者應果斷清倉，後市必定出現下跌行情。若來不及賣出，在股價跌破 10 日均線之後，要趕緊離場，不能猶豫不決，否則會越套越牢。

②中位兩陽夾一陰陷阱

第一種情況是上漲中途的兩陽夾一陰陷阱，表現為股價經過一波小幅反彈行情後，進入震盪盤整，不久後出現兩陽夾一陰形態，表明震盪結束，買盤重新加強，股價有望再現漲勢，可以買進做多。但買進後，股價並未持續上漲，小漲後就轉入下跌，使追高介入的散戶被套牢。

第二種情況是下跌中途的兩陽夾一陰陷阱，表現為股價從頭部下跌一定程度後，開始止穩築底，不久後出現向上反彈的兩陽夾一陰形態，表明買盤逢低介入，股價有望上漲，此時可以買進做多。可是買進後，股價卻衝高回落，重歸下跌走勢，使該形態成為套牢散戶的多頭陷阱。

③反彈兩陽夾一陰陷阱

在股價下跌的反彈過程中，也經常出現兩陽夾一陰形態，但之後股價沒有如期上漲，很快又恢復弱勢行情，成為多頭陷阱。

圖 1-19 的南京公用：該股見頂後逐波回落，調整時間較長，累計跌幅較大，空方能量得到一定的釋放，股價在低位漸漸止穩，產生一個盤整小平台。不久後，一根放量上漲大陽線向上突破底部盤整區，同時攻克 30 日均線的壓制。次日出現縮量調整，第三天再次放量上漲，構成兩陽夾一陰形態。

這通常是買進訊號，但隨後的盤面走勢恰恰相反，股價不但沒有上漲，反而很快回歸盤跌走勢，使該形態成為多頭陷阱。

技術解盤 ▶ 為什麼該股的兩陽夾一陰形態，會成為多頭陷阱呢？主要原因為：

1. 下降趨勢線對股價構成重大壓力。
2. 30 日均線持續走低，對股價有向下牽引作用。
3. 形態出現後，連續 2 個交易日的股價大幅回落收低，吃掉兩陽夾一陰形態的第一根陽線，股價回到 30 日均線之下，盤面重回弱勢。

▍辨別與操作方法

（一）**觀察第四天的走勢**。兩陽夾一陰形態產生後，接下來的走勢十分重要，如果股價在第四天繼續強勢放量上行，是多方發起進攻的表現，稱為「多方開炮」，股價將有巨大的上升空間。如果以跳空開高上漲的方式形成突破，則上漲力道更強。如果股價在第四天走弱下跌收出陰線，表

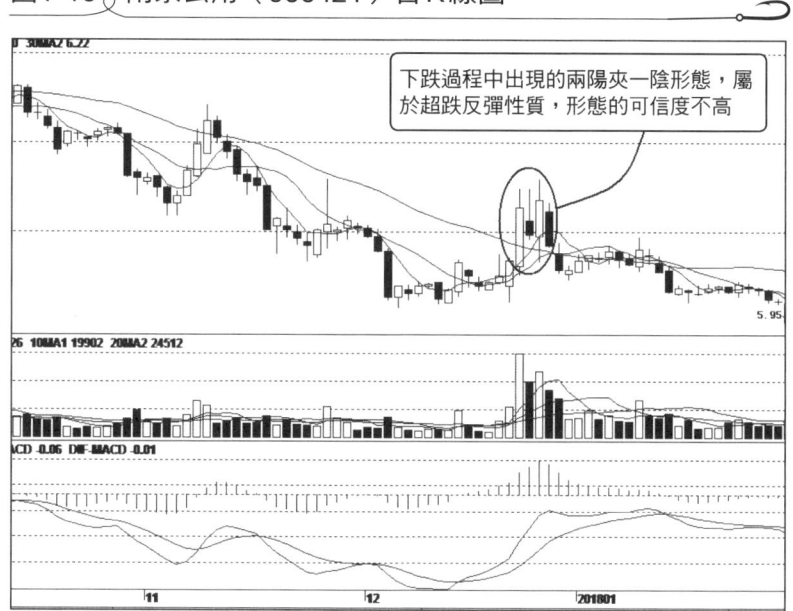

圖1-19 南京公用（000421）日K線圖

> 下跌過程中出現的兩陽夾一陰形態，屬於超跌反彈性質，形態的可信度不高

示多方開了一個啞炮，後市將回到原來的盤整趨勢，甚至破位下跌，此時應停損離場為宜。

（二）**觀察盤面與均線**。兩陽夾一陰形態形成之前，市場要經過充分整理，中短期均線從下降轉為走平或上升，這時市場形成向上突破走勢，訊號的可靠性更高。如果中短期均線還是空頭排列，即使股價向上突破均線系統，也不能說明市場會止跌上漲。

（三）**看形態出現的位置**。如果股價漲幅較大，特別是漲幅超過一倍，在高位即使出現兩陽夾一陰形態，也不能盲目相信其看漲作用。

（四）**成交量十分重要**。第一根陽線突破壓力位時，一定要配合成交量放大，第二根陰線需要縮量，第三天的陽線要再次放量，最好能大於第一根陽線的成交量，但不能出現天量。量價配合，價漲量增，才是健康形態的表現。

（五）**尋找其他K線反轉形態**。有時候，兩陽夾一陰形態與其他K線

反轉形態結合，可以構成相當強烈的反轉訊號。例如，與十字星、孕線、吞噬線等 K 線組合時，反轉意味相當濃烈，而且可能伴隨急劇放量。一旦遇到這類情形，要迅速採取行動，才不會痛失好局。

（六）**尋找其他技術訊號支援**。如 MACD、RSI、DMI、BOLL 和 KDJ 等中短期技術指標，是否出現相應的黃金交叉、突破、底背離、走強等多頭訊號。支援訊號越多，看漲意義越大。

1-8 【上升三法】觀察5根陰陽K線，釐清高位、無量等假象

▋形態分析精華

形成過程

上升三法也稱為上升三部曲，是上升強勢盤整形態，後市繼續看漲。它由5根K線組成，標準的形態可分解為3個部分：上升、回檔、再次上升。

上升三法形態是維持原來上漲趨勢的鞏固訊號，並非反轉訊號，其形成過程如下：

1. 在持續上升趨勢中，多方推動股價強勁上行，收出一根長陽線。
2. 在此長陽線之後，股價回落盤整，連續呈現3根短小的下跌陰線（實盤中，2根或3根以上小陰線也可以），顯示原先的上漲趨勢面臨壓力。但是，這些小陰線的實體不大，股價跌幅也很小，實際漲跌幅度沒有超出第一根陽線的高、低價範圍，同時成交量下降。
3. 股價經過溫和調整後，多方再度發力，第五天開高走高，以一根大陽線飛奔而上，突破調整局面，成功站到第一天陽線的收盤價之上，股價創出5日以來的最高位。

主力操作的多空訊號

應用法則

- 在上升趨勢中出現大陽線，代表漲勢延續。
- 大陽線實體後面跟隨一組小實體（大多為陰線），與當前趨勢相反排列（由高至低），並保持在第一天大陽線的最高價與最低價範圍內（不包括上影線和下影線）。在實盤中，如果第一根是大幅跳空的陽線，只要隨後的調整不低於大陽線前一天的收盤價，也可以認為是正常回檔，升勢沒有遭到破壞，後市依然看多。
- 中間全部都是實體短小的 K 線，最理想的數量為 3 根（兩根或多於 3 根也可以接受），唯一條件是，它們必須處於第一根大陽線的實體之內（中間 K 線的影線部分可以不計）。此外，這些小 K 線可以是小陰線、小陽線或十字星，也可以陰陽交錯出現，但普遍以陰線居多。
- 最後一天的大陽線，開盤價應高於前一天小陰線的收盤價。
- 最後一天的大陽線，收盤價應高於第一根大陽線的收盤價。

技術意義 ▶ 上升三法形態表示上升趨勢暫時中斷，但力量太弱，不足以造成趨勢反轉。形態的回落過程是上升趨勢的「小憩」時間，一般不會改變行情原有的運行方向，最後一根大陽線進一步維持原本的上升趨勢，投資者可以積極持股待漲。

效力和操作要點

在上漲行情中，大陽線之後出現 3 根連續小陰線，是蓄勢待發的徵兆，價格將進一步上升，因此可以考慮建倉或加碼。其技術分析要點如下：

- 上升三法形態並非趨勢反轉訊號，而是升勢繼續的鞏固訊號，因此在訊號出現之前，股價已有一小段升幅，這是與其他底部訊號的不同之處。
- 成交量的變化是「高、低、高」：第一根大陽線的成交量較大，

代表買盤強勁，中間調整部分的成交量應相應縮小，顯示主力沒有大量拋售，屬於健康的獲利回吐盤。最後一根大陽線突破時，成交量應相對增加，代表看好的多方在積極買貨。
- 第三部分應是開高走高的大陽線，且收盤價必須高於第一天大陽線的收盤價，甚至是上升趨勢以來的最高點。第三天的收盤價超出第一天越高，形態的上攻動力越強，但同時要注意，最後一根大陽線的上影線不宜過長，最為理想的情況是以當日最高價，或近乎當日最高價收盤。
- 上升三法形態應出現在大陽線之後，表明多方快速上漲，然後透過3根小陰線休整，第五天的陽線跳空開高，一舉攻上第一天形成的高點。
- 中間休整的時間可能會超過3天，但無論如何，小陰線的高、低價格（影線部分可以不計）始終保持在第一天大陽線的價格範圍之內。

常見假訊號

股價見底後盤升而上，市場呈多頭趨勢，上攻力量不減，在K線圖中出現一根大陽線。這時，多方保持穩紮穩打，在大陽線之後主動控制上漲步伐，連續出現3根短小的回檔陰線。隨後，第五天股價開高走高，一舉吞沒前面3根小陰線，股價創出趨勢行情的新高，成功站上第一天收盤價。上述K線組合成標準的上升三法形態，是建倉或加碼的機會。

可是在實盤中，當投資者紛紛買進之後，股價並未出現上漲行情。通常在形態產生後的第二天，多頭升勢會遇到空頭壓制，使上升三法的趨勢受阻，導致形態失敗。

失敗之後，股價會進入橫盤整理，形成另一個更大的盤整形態，或發展成頭部形態，最終股價選擇向下。實盤中常見的上升三法陷阱，有以下幾種。

主力操作的多空訊號

①高位上升三法陷阱

在股價漲幅較大的高位出現上升三法形態之後，常會產生盤整走勢，或直接震盪下跌。由於這個形態本身是有節奏的上漲走勢，相對於快速暴漲的個股來說，盤面顯得溫柔許多，因此容易導致形態失敗，使分析判斷有一定的困難。

②無量上升三法陷阱

股價上漲需要成交量配合，如果上升三法形態得不到成交量支持，很容易演變為失敗形態，或是主力故意設置的技術陷阱。這裡要關注2個盤面細節：一是在形態構築結束時的上攻陽線，必須有成交量配合；二是形態構築完成後，成交量要持續放大。同時具備這2個要素，多頭形態才算完美。

③反彈上升三法陷阱

在股價下跌的反彈過程中，也經常出現上升三法形態，但之後股價並未出現預期中的上漲行情，而且很快恢復弱勢盤整，使該形態演變成多頭陷阱。

圖1-20的鳳竹紡織：這是誘多的上升三法形態。該股在見頂後大幅回落，空方能量得到釋放，隨後股價出現反彈，先是拉出一根大陽線，然後回落調整幾日，最後拉起一根大陽線，形成標準的上升三法形態。但是，股價沒有持續上漲，反而很快恢復盤跌走勢，從而成為多頭陷阱。

技術解盤 ▶ 為什麼該股的上升三法會成為多頭陷阱呢？主要原因有：
1. 在最後一根大陽線中，成交量放大並不明顯，且隨後繼續縮量，反映買盤欠積極，這應引起投資者懷疑。
2. 下降趨勢線對股價構成重大壓力。
3. 上方壓力重重，在底部獲利盤和上方套牢盤的雙重賣壓下，股價

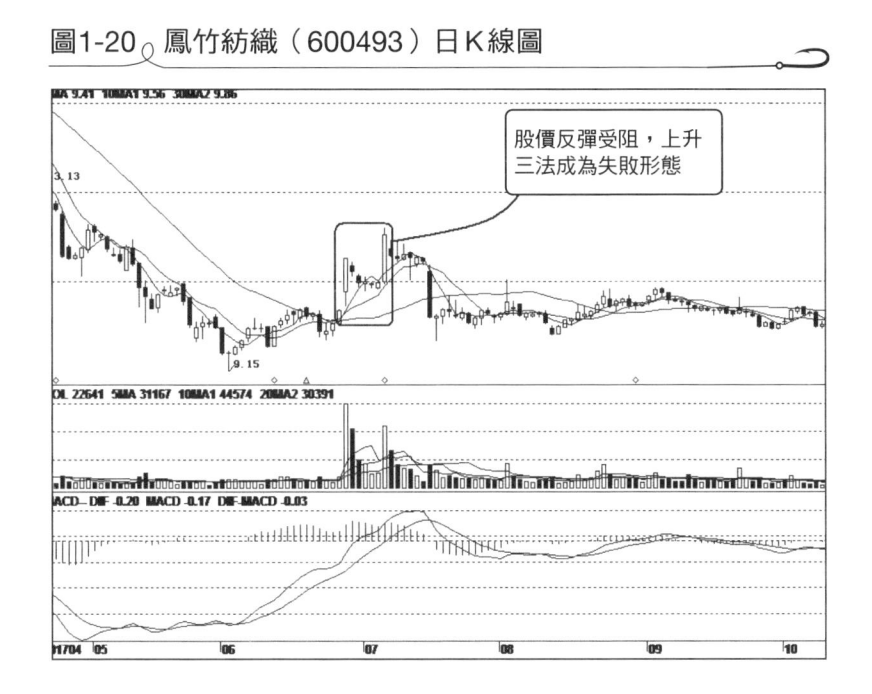

圖1-20 鳳竹紡織（600493）日K線圖

股價反彈受阻，上升三法成為失敗形態

很難持續上漲。

▌辨別與操作方法

（一）在上升三法形態中，投資者應把握2個技術要點：一是中間的3根小陰線，如果突破第一根陽線的最低價，則形態宣告失敗。二是第五天的陽線，原則上實體越長越有效，且股價要創出並收於新高。如果第五天收盤價沒能突破第一根陽線的收盤價，則形態難以確立。

（二）投資者不應被中間的幾根陰線迷惑，只要這些小陰線在第一天的高、低價格範圍內，就不用擔心股價會大幅回落，其下跌只是股價暫時休整的過程。一旦第五天的上漲陽線創出並收於新高，就確立上升三法的有效性。

（三）**觀察均線和乖離率**。股價前期上漲的乖離率大小，對後市具有

重要參考作用。如果前期上漲過程的乖離率很大，股價遠離均線系統，即使經過 3 根小陰線的回落調整後，乖離率仍然較大，當股價在第五天再度上漲，就會導致乖離率進一步加大。這不利於多頭的持續發展，很可能出現衝高回落，或形成高位震盪下跌走勢。

（四）**觀察盤面**。上升三法形態發生在盤升行情中，可靠性比較高，出現在暴漲行情後則值得懷疑。因為在暴漲行情中，多方短期消耗能量過大，乖離率也很大，需要回落蓄勢的過程。這時市場存在許多變數，風險難以預料，選擇以靜制動是控制風險的最佳策略。

（五）**觀察第二天的走勢**。上升三法形態出現之後的第二天，如果股價向上跳空開高，且盤中買盤非常積極，股價逐步攀升，就可以放心買進。

如果開盤之後直線拉升，投資者可以觀察一段時間。如果股價衝高後出現回落，但在回落到開盤價附近時不斷湧現買盤，再次拉起股價，此時也可以放心買進，後市股價必將上漲。

如果第二天股價出現回落，但是幅度很小，回落到 10 日均線附近就受到強大的支撐而回升，且在此過程中成交量明顯萎縮，投資者可以在股價再次放量上漲時買進。

（六）主力自救行情很容易導致技術失敗，因此要區分行情的性質和操盤階段，辨別主力出貨和建倉的盤面現象。

第 2 章

揭穿8招K線誘空手法，散戶也能翻身當贏家

主力操作的多空訊號

2-1 【大陰線】主力的空頭陷阱,有低位、利空等5個特徵

▎形態分析精華

應用法則

大陰線與大陽線相對。在長期被多方控制的行情中,會積蓄不容低估的做空能量,當能量達到極限爆發出來,結果往往超出預料。大陰線就是這種現象,其收盤價遠遠低於開盤價,具有強烈的頭部單日反轉或弱勢持續訊號,但需要進一步確認形態的有效性。

大陰線的應用法則如下:

1. 收盤價大大低於開盤價。
2. 實體部分較長,股價實際跌幅大。
3. 沒有上下影線,或上下影線很短。

技術意義 ▶ 股價經過大幅上漲後,空方累積大量做空能量,這份能量一旦得到發揮,會帶來十分猛烈的下跌勢頭,嚴重破壞市場,因此大陰線具有強烈看跌意義。

效力和操作要點

- 大陰線出現在市場的頭部，或反彈行情結束時，會強力突破長期支撐股價上漲的支撐位（線），使股價迅速脫離頭部，投資者應及時賣出。
- 在高位，大陰線吞噬前面的日K線數量越多，反轉意義越大。
- 在大牛市末期出現大陰線，應及時退出，甚至不惜賠本撤退。
- 大陰線經常伴隨較大的成交量，代表下跌能量威力無比。
- 大陰線可能出現在暴跌行情中，短期跌幅大，速度快。
- 後市下跌的力道與陰線長度成正比。
- 光頭光腳的大陰線更具分析意義。
- 股價洗盤調整結束後產生的大陰線，可以逢低買進。
- 經過一段下跌後形成的大陰線，應謹慎做多，防止慣性下跌。
- 在幾波下跌後的低位出現大陰線，可能是空頭陷阱。

常見假訊號

①低位大陰線陷阱

　　股價經過長期的大幅下跌或深幅調整後，主力為了拿到更多低價籌碼，蓄意向下打壓股價，結果收出實體大陰線，造成股價再度下跌，產生強烈的看跌訊號。可是，當投資者賣出股票後，並未出現預期的下跌行情，股價小幅下探後反轉向上，步入升勢，形成低位大陰線空頭陷阱。

　　圖2-1（見76頁）的美邦服飾：該股在上市初期略做衝高後回落，在底部止穩震盪盤整，主力為了繼續蒐集低價籌碼，2021年12月6日打壓股價，收出下跌大陰線，突破30日均線的支撐，使盤面的看空氣氛油然而生。

　　按常理判斷，這是短期走勢變壞的技術標誌，後市將以下跌為主。可是，股價並未持續下跌，次日止穩後就漸漸向上推高，待主力成功完成建

主力操作的多空訊號

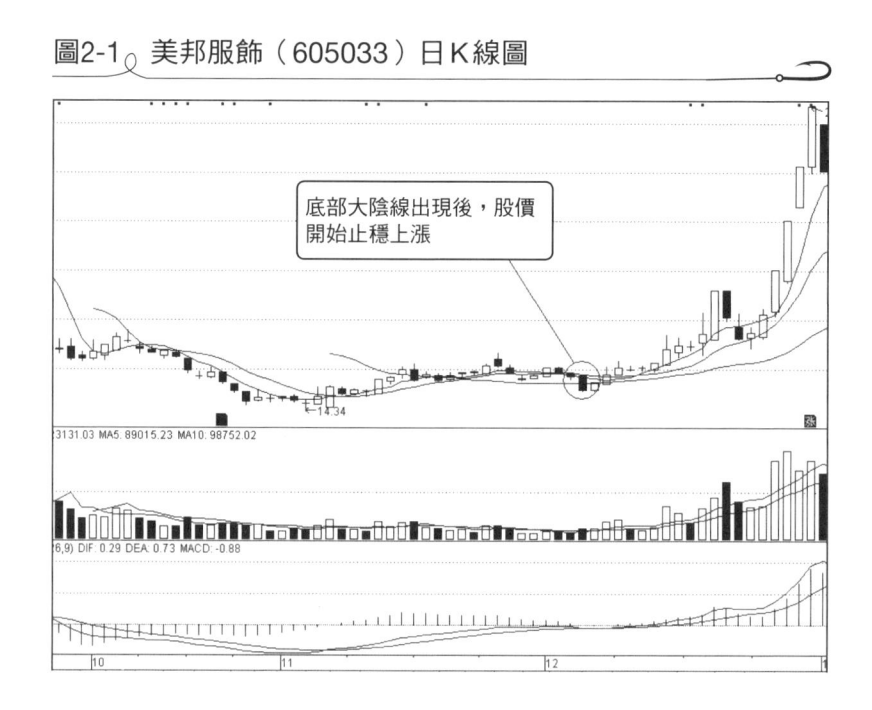

圖2-1 美邦服飾（605033）日K線圖

> 底部大陰線出現後，股價開始止穩上漲

倉，股價出現快速上漲行情。如果在出現大陰線時停損離場，無疑會賣在地板價。

技術解盤▶為什麼出現大陰線後，股價沒有繼續下跌，反而成為下跌的尾聲呢？從位置上來看，這根大陰線出現在大幅下跌後的低位，股價下跌空間有限。從形態上分析，30日均線沒有下行，下方有前期盤整區支撐，短期很難出現持續下跌走勢。從量能上觀察，在股價向下突破時，成交量沒有明顯放大，說明底部惜售意識強。

總體來說，這種沒理由的殺跌值得密切關注，很可能是主力的誘空手法，投資者不要輕易被甩出場。

②高位大陰線陷阱

股價經過一波上漲或反彈行情後，在高位出現大陰線，反映中短期漲

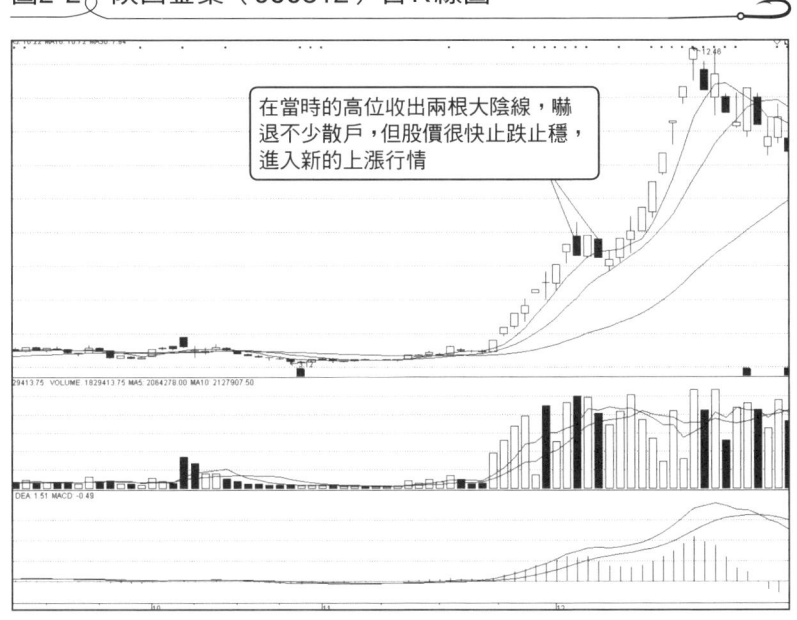

圖2-2 陝西金葉（000812）日K線圖

> 在當時的高位收出兩根大陰線，嚇退不少散戶，但股價很快止跌止穩，進入新的上漲行情

幅過大，市場過度投機或炒作，股價需要回檔，預示即將見頂回落。可是賣出股票後，並未出現下跌走勢，股價小幅回落隨即止跌，再度強勢上漲，可見只是主力在高位出貨，形成高位大陰線空頭陷阱。

圖2-2的陝西金葉：2021年11月23日股價放量向上突破，成功脫離底部盤整區，產生一波拉升行情，在8個交易日拉出6個漲停。由於短期漲幅較大，股價在高位出現震盪，12月3日和7日分別拉出放量大陰線，形成陰包陽K線組合。

由於當時股價距離底部已經上漲一倍，在這個位置收出大陰線，著實讓人擔心，再加上成交量明顯放大，大有主力出貨的嫌疑。可是，如果據此操作，會失去後面的巨大漲幅。分析完大背景，接下來要從分時圖和次日走勢，來詳細解讀大陰線的形成過程。

技術解盤▶在分時圖中，12月3日的盤面走勢雖然低迷，但大多時間保持紅盤運行，全天跌幅不大，收盤下跌5.27%。到了收盤前一個小時，

主力操作的多空訊號

盤中開始放量殺跌，成交量密集放大，即便如此，下跌幅度也不是很大，說明接盤不弱。直到收盤前半個小時，盤中再度放量殺跌。

這就令人疑惑：為什麼在尾盤放量殺跌？說到底，就是主力想收出一根大陰線。既然主力要刻意操盤，大家不妨靜觀其變。次日股價再度漲停，保持良好的盤面氣勢。

那麼，如何看待12月7日的走勢呢？當天開低後直奔跌停，看似空頭氣勢洶洶，但盤中多次開板回升，說明有資金看好後市，直到午後才封跌停板。次日開低3.69%後，快速翻紅震盪，全天股價僅微跌0.48%，可見空頭氣勢不強，股價沒有延續跌勢，說明此前的殺跌是空頭陷阱。

③利空大陰線陷阱

利多利空引發股價大起大落是常態，因此主力常常借助消息面的影響力，製造各種盤面圖形。遇到利空消息砸盤後，空方能量得到釋放，容易出現報復性反彈行情，市場可能形成階段底部，此時在低位出現大陰線，往往會成為空頭陷阱。

圖2-3的南嶺民爆：該股見底止穩後，股價向上爬高。2021年9月24日週五公告「內線交易自查」消息，週一股價大幅開低7.5%，盤中衝高回落，以跌停收盤，次日開低走高，但是收出大陰線，K線圖的空頭氣氛非常明顯，為短線看空的賣出訊號。可是，隨後股價並未持續下跌，而是止穩後短期盤整，再展開一波飆升行情，股價連續拉出8個漲停板。

技術解盤 ▶ 該股有什麼技術疑點呢？從圖中可以看出，股價向下突破時，成交量沒有放大，表明主動賣壓不明顯。股價下跌時通常不強調成交量，但在突破關鍵位置時要伴隨成交量放大，才能加強突破力道。

單看該股的K線形態，後市看跌意味十分強烈，但卻沒有成交量配合，屬於無量空跌的典型走勢。底部價跌量縮的現象說明沒有恐慌盤出現，主力將籌碼掌握得很好，而且向下突破還讓籌碼更加穩定。

從盤面情況分析，股價整體下跌幅度大，調整時間充分，處於歷史底部區域，凸顯出中長期投資價值。所以，此處下跌往往是低位空頭陷阱。

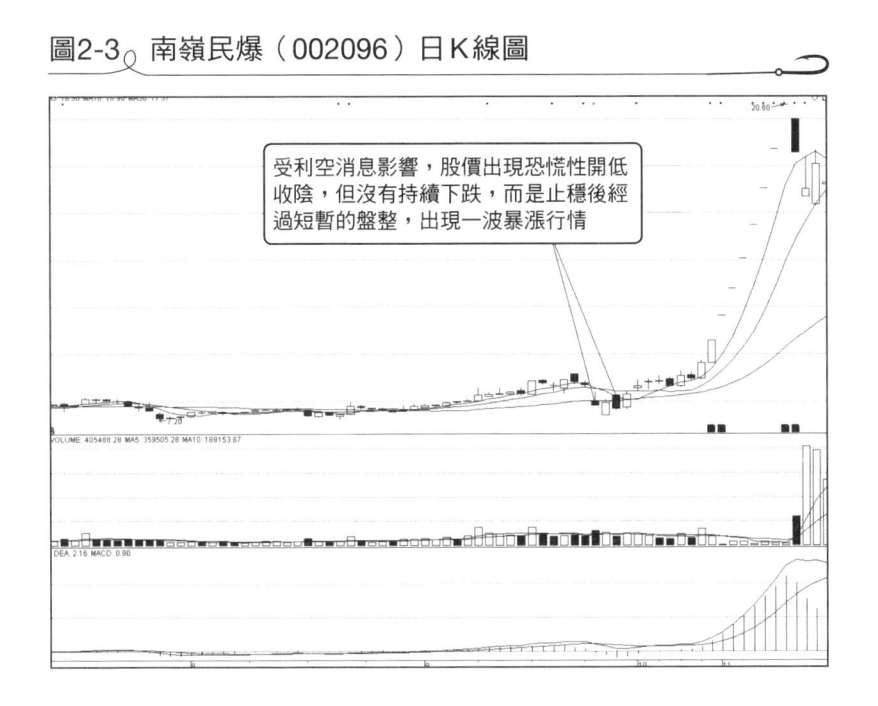

圖2-3 南嶺民爆（002096）日K線圖

> 受利空消息影響，股價出現恐慌性開低收陰，但沒有持續下跌，而是止穩後經過短暫的盤整，出現一波暴漲行情

從操盤角度分析，主力的建倉成本高於突破價位，股價繼續下跌會加大主力的帳面虧損。根據實戰經驗，在水平的趨勢通道中，市場平均成本位於水平通道的中心價附近，主力成本會略低一些，但不會相差太遠，所以此處大陰線是空頭陷阱的可能性較大。

根據上述分析，可以判斷該股出現的大陰線是假訊號，是主力建倉、試盤或砸盤所致。投資者遇到這種走勢時，應以逢低買進為主，不宜盲目殺跌，空倉者可以在股價重返趨勢線之上，或突破30日均線時買進。

④向上突破後的回測大陰線陷阱

股價向上突破重要技術位置後，通常會向下回測，這是為了確認股價突破有效的盤面波動形態，也是反趨勢的短暫現象。回測結束後，股價將重歸上漲之路。因此，在回測過程中出現的大陰線不會導致持續下跌，投

主力操作的多空訊號

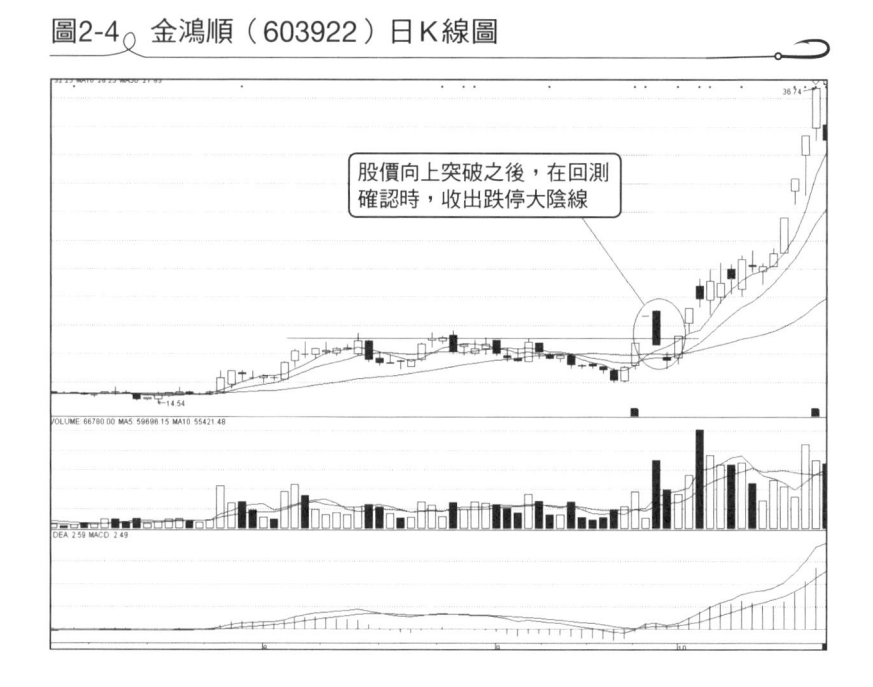

圖2-4 金鴻順（603922）日K線圖

（圖中標註：股價向上突破之後，在回測確認時，收出跌停大陰線）

資者可以逢低介入。

圖 2-4 的金鴻順：在長時間的底部盤整過程中，主力吸收大量低價籌碼，2021 年 9 月 22 日開始連拉 2 個漲停，向上突破底部盤整區。主力為了日後更好拉升和出貨，主動展開洗盤，並對突破是否有效進行回測確認。

9 月 29 日，股價小幅開高後直奔跌停板，收出放量跌停大陰線，次日繼續開低弱勢震盪，股價回到前期盤整區內，技術形態遭到破壞，人氣也受到不小的打擊。但是，10 月 8 日股價漲停，成功扭轉下跌勢頭，K線形成晨星形態，此後股價強勢上漲。

技術解盤 ▶ 如何解讀這根大陰線呢？投資者應如何操作？

1. 股價向上突破盤整區後，原先的壓力位變成支撐位，大陰線回落時得到該區域的支撐。
2. 隨後股價止穩回升，說明向上突破有效，回測確認成功，股價再次

上漲。
3. 30日均線沒有轉弱，對股價有支撐作用。
4. 股價再次上攻時，成交量溫和放大，說明多頭資金開始活躍。

在實盤操作中，股價突破均線、趨勢線（通道線）、技術形態、整數點位、黃金分割位或成交密集區等技術位置後，大多會出現回測。因此，投資者遇到這類個股時，不要懷疑大陰線，在技術遭到破壞之前應先看作回測，一旦技術走壞，則應及時停損離場。

⑤大陰線突破陷阱

股價在長期運行的過程中，可能形成具有特殊意義的位置，例如整數點位、盤整形態、趨勢線，或成交密集區等。當大陰線向下跨越或突破這些重要位置時，說明股價形成破位下跌行情，應及時賣出。可是，這些訊號也可能是主力為了操盤意圖，而刻意製造的技術圖形，就形成大陰線空頭陷阱。

圖2-5（見82頁）的泰晶科技：該股反彈結束後回落盤整，在底部呈現橫向震盪走勢，形成上有壓力、下有支撐的箱形。2021年1月，股價回落到箱形的下緣附近弱勢盤整。2月5日，一根跌停大陰線向下突破延續9個月以上的箱形下緣，展現破位下跌之勢。然而，正當投資者普遍看空後市時，次日股價止跌並回升8.1%，收回前一天大陰線的大部分失地，然後穩步向上走高。

技術解盤▶該股在向下突破之後，沒有出現持續跌勢，可見是主力刻意打壓所致。股價向下突破時，成交量沒有明顯放大，反映在回落過程中恐慌賣盤不重。

按道理來說，股價面臨重要突破時，很多前期被套牢的投資者會趁機停損離場，如此一來成交量必然放大。但在該股盤面上沒有出現這種情況，說明雖然股價出現破位，但持股者的信心堅定，沒有因此大量拋售，盤中籌碼非常穩固。而且最關鍵的是，第二天股價就止跌回升，收回大部

主力操作的多空訊號

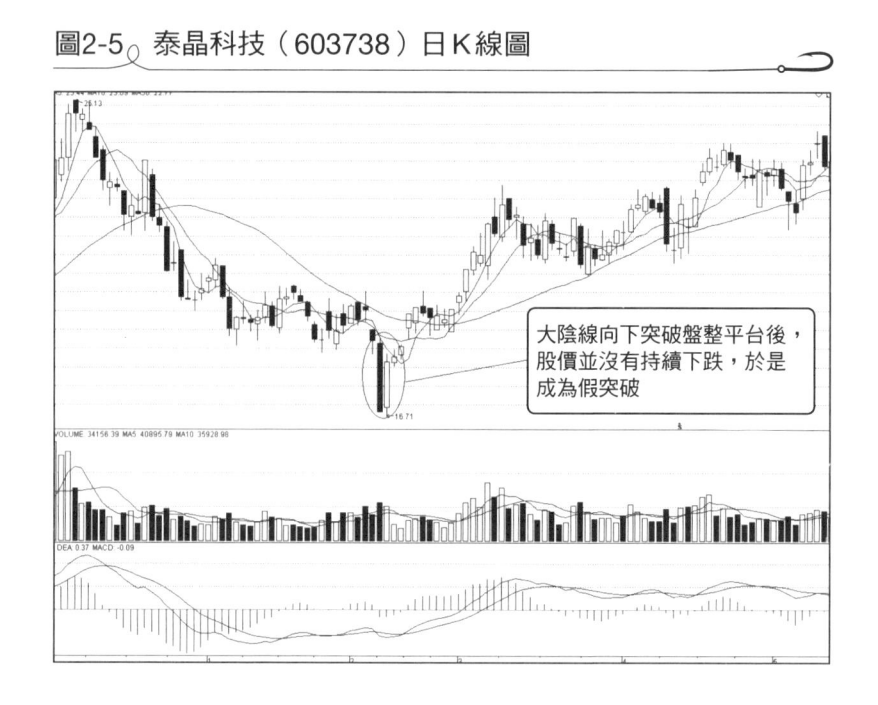

圖2-5 泰晶科技（603738）日K線圖

> 大陰線向下突破盤整平台後，股價並沒有持續下跌，於是成為假突破

分失地，表明前一天下跌的背後有主力刻意打壓，是典型的假突破。

圖2-6的動力源：該股止穩後逐漸向上盤升，主力邊拉、邊吸、邊洗，將股價穩步推高。2021年12月6日開始，連續2根大陰線跌破30日均線的支撐，預示股價反彈結束，開啟下跌走勢，因而構成賣出訊號。可是，後來股價沒有持續下跌，在下方收出2根小陽線後，12月10日放量拉起形成漲停大陽線，返回30日均線的上方，之後股價加速上漲。

技術解盤▶ 該股在大陰線向下突破30日均線後，沒有持續下跌，可見空方力量不強。當然，這只是推測，還不足以證明就是假突破。關鍵在後續表現：股價很快收復2根大陰線的失地，並重新站到中短期均線之上。這時候，完全可以斷定前面的大陰線是假突破。

其實，從技術上也能看出疑點：首先，這是該股從底部上漲後的第一次回檔。通常來說，上升趨勢產生後的第一次回檔，不會是真正的下跌走勢，因此這裡屬於假突破的可能性較大。

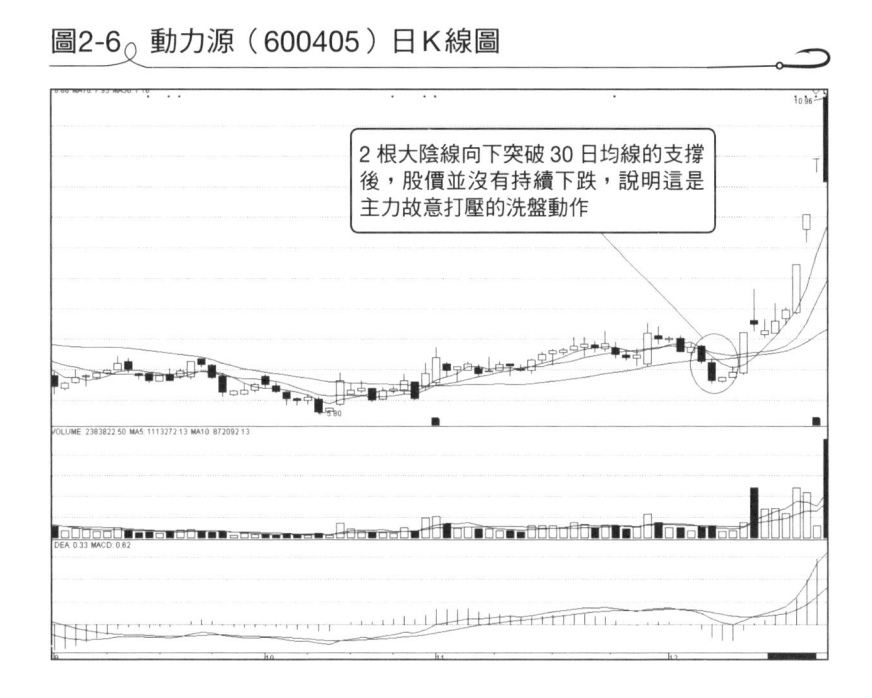

圖2-6 動力源（600405）日K線圖

> 2根大陰線向下突破30日均線的支撐後，股價並沒有持續下跌，說明這是主力故意打壓的洗盤動作

其次，大陰線突破30日均線後，股價只在均線下方停留一天，時間上和幅度上都沒有達到突破要求。最後，30日均線保持上行，對股價起到向上牽引作用。

投資者在實盤中遇到這種情形時，可以結合上述因素分析，逢低積極介入，或在股價重返30日均線之上時加碼買進。

辨別與操作方法

對多方來說，大陰線通常是不祥之兆，但事實上，有時候市場不跌反漲，所以不能把每個大陰線都看成後市向淡的訊號。根據實戰經驗，可以從以下方面分析：

（一）**分析大陰線的位置**。如果股價累計漲幅大，在高位出現大陰線時，表示股價即將回檔或正在構築頭部，此時離場為宜。若大陰線出現在

主力操作的多空訊號

跌幅較大的底部，暗示做空能量釋放殆盡，大陰線成為空頭陷阱的可能性較大，投資者不必驚慌，根據物極必反的原理，此時可以逢低買進，積極做多。

若大陰線出現在股價下跌中期，不管當天是否放量，也不管第二天是否收出大陽線，盤面將繼續走弱，散戶可以離場觀望。

（二）**觀察盤面**。如果股價經過一輪上漲後出現大陰線，可以觀察第二天的走勢。若第二天盤中的賣盤較大，並且在股價震盪回升時，沒有超過前一天大陰線實體的 1/2 就被空方快速壓低，說明賣壓較大，此時可以退出觀望。

若第二天盤中的賣盤不明顯，並且股價震盪回升的幅度較大，也沒有明顯大手筆賣盤，此時投資者可以適量參與。若當天股價能夠收復大陰線，那麼可以大膽參與操作。

（三）**觀察均線**。將大陰線與均線放在一起分析，可以獲得許多市場訊息：

- 在均線呈多頭排列的上漲趨勢中，大陰線往往不是反轉訊號，而是喘息換擋，是上升過程中主力清洗短線獲利籌碼的結果，也是空頭力量的短暫宣洩。這時的大陰線對後市上漲更加有利，可以逢低介入。
- 在均線呈空頭排列的下跌趨勢中，大陰線對股價構成強大壓力，會加強做空氣氛，此時應逢高減倉或清倉離場。
- 大陰線出現在均線走平，市場處於橫盤態勢，後市股價方向不明時，若股價大幅跌破均線，有向下脫離盤整區的跡象，應逢高賣出；若股價僅是小幅跌破均線，可關注第二天的盤面反應。
- 大陰線出現時，黏合後的均線向下發散，為後市看空訊號。
- 大陰線出現時，均線已呈空頭排列，進一步加強看空訊號。

（四）**觀察乖離率（BIAS）**。股價在均線之下且遠離均線時（負 BIAS 值增大），出現大陰線下跌，短期將醞釀超跌反彈，可以輕倉參與；股價在均線之上且遠離均線時（正 BIAS 值增大），大陰線為見頂訊號，

應獲利了結。

（五）**觀察成交量**。大陰線也會伴隨放量，通常成交量越大，短期殺傷力越強。尤其是市場快速上漲後，出現向上跳空並帶巨量下跌的大陰線，往往是中等調整的開始。跌勢形成後，成交量的放大與否就比較不重要，因為跌勢中的成交量沒有漲勢中的成交量重要。

大陰線與成交量的關係：

- 大陰線量增。在跌勢初期或中途，可看跌做空；在跌勢後期，觀望為宜。在升勢初期或中途，觀望為好；在升勢後期，後市看空。
- 大陰線量平。在跌勢初期或中途，後市看空；在跌勢後期，觀望為宜。在升勢初期或中途，可逢低適量買進；在升勢後期，後市看空。
- 大陰線量減。在跌勢初期，減倉為宜；在跌勢中途，觀望為好；在跌勢後期，可逢低買進。在升勢初期或中途，可積極買進；在升勢後期，應謹慎看多。

（六）在升勢中出現大陰線，要觀察有沒有跌破重要支撐位（線），如果支撐位完好，就不必驚慌。當大陰線突破關鍵位置時，如果突破低點，且下跌幅度小於3％，應考慮是否為觸底反彈。如果大陰線的下影線觸及低點，則「破低反彈」的可能性較大。如果大陰線突破低點後，持續時間很短暫（通常少於3個交易日），應考慮是否為主力刻意打壓行為。

2-2 【吊頸線】2種洗盤手段，導致吊頸線變成騙人工具

形態分析精華

應用法則

　　吊頸線與錘子線的形態相同，但出現的位置不同，錘子線出現在跌勢行情的底部，吊頸線出現在漲勢行情的頭部。

　　股價經過一輪持續漲升行情後，在高位拉出一條長下影線、小實體的K線，稱為吊頸線。其應用法則如下：
- 短小的實體部分必須處於市場的最上端。
- 實體部分可以是陰線或陽線，意義基本上相同。
- 吊頸線的實體部分較短，下影線很長，上影線很短或沒有。
- 下影線的長度應至少為實體長度的2倍。
- 實體為陰線的吊頸線，看跌意義更突出。

　　技術意義 ▶ 出現吊頸線時，表明空方力量已經匯聚，致使股價在短時間內大跌，雖然多方最終還是把股價拉上來，但市場的多空力量改變，空方開始對多方造成壓力，因此是做空訊號。

第 2 章　揭穿 8 招 K 線誘空手法，散戶也能翻身當贏家

效力和操作要點

- 吊頸線表明頭部已經或即將出現，是強烈的賣出訊號。此時股價的上漲趨勢越長，越容易被確認反轉，也就是說，股價漲勢越久、漲幅越大，在高位發現吊頸線的見頂機會越高，一旦得到確認應及時賣出。
- 判斷吊頸線的利空效力時，最重要的是看下影線。下影線至少要是實體的 2 倍，下影線越長，實體及上影線越短，停漲效果就越明顯。長長的下影線表明高位籌碼有所鬆動，先知先覺者已經獲利了結。
- 雖說吊頸線的實體顏色不太重要，但陰線吊頸在散戶心裡更具看跌作用，因為陰線顯示股價見頂的機會更大。
- 吊頸線的實體與前一根 K 線形成跳空開高缺口，代表追高一族的成本高於前一天，多為散戶所為。
- 在高位出現吊頸線時，雖然對成交量大小沒有嚴格要求，但若當天放出巨量，可以增加見頂的機會，反映市場放量下跌。
- 吊頸線暗示空方已經發動攻擊，向下打壓股價，但往往因為市場多頭未退，而遭到多方防守反擊，竭力推高股價，令股價上升測試吊頸線的高點。這時只要高點不被突破，成功築頂將使頭部更加完整，後市跌勢更可確定。
- 出現吊頸線的第二天，開盤價與吊頸線實體之間的向下缺口越大，反映高位被套牢的籌碼越多，形態見頂的殺傷力越強，應及時離場觀望。
- 吊頸線的後一根 K 線一般為陰線，其長度越長，開啟新一輪跌勢的可能性越大。如果吊頸線的第二天收陽線，其長度越長、漲幅越大，則吊頸線的看跌意義越差，有可能成為失敗形態，出現新一輪漲勢的可能性越大。

主力操作的多空訊號

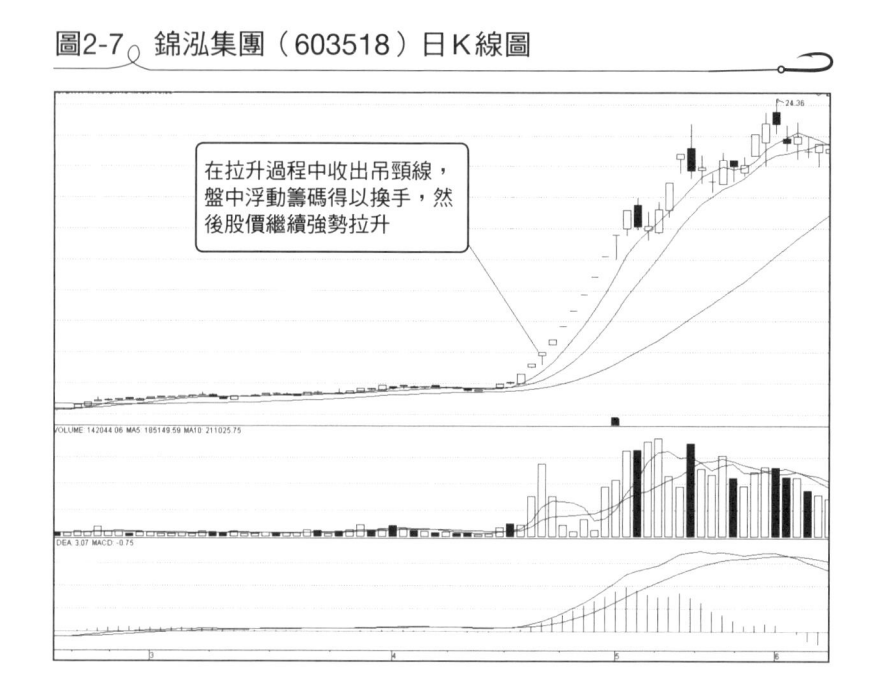

圖2-7 錦泓集團（603518）日K線圖

> 在拉升過程中收出吊頸線，盤中浮動籌碼得以換手，然後股價繼續強勢拉升

■ 常見假訊號

①洗盤吊頸線陷阱

在上漲過程中，多頭優勢得到充分展示，股價創出新高，盤內聚集大量獲利籌碼。某日主力順勢開高後，由於散戶追漲不夠積極，再加上獲利盤套現，造成股價快速下滑，但多頭未死，又神奇地將股價拉回高點附近，從而構成一根吊頸線。這一下一上令驚魂未定的散戶感到大勢已去，不如落袋為安。誰知道，後市股價不跌反漲，而且上漲行情非常漂亮。

圖2-7的錦泓集團：該股主力在低位吸收大量低價籌碼，然後放量上漲，成功脫離底部，連拉2個漲停後開始洗盤。2021年4月22日，股價開高7.14%後，盤中出現劇烈震盪，當天收出吊頸線，預示股價上漲受阻，有短期回檔要求。不少散戶選擇獲利了結，可是後來股價並未回檔，而是

繼續飆升，連續出現 11 個漲停。

技術解盤 ▶ 從該股走勢圖可以看出，雖然 K 線圖收出吊頸線，但這是強勢盤面特徵的展現，也是股價突破前期盤整區壓力的正常反應。透過吊頸線的盤中震盪，讓底部獲利盤和前期解套盤離場換手，形成合理的持倉結構，然後繼續向上拉高，這是主力資金雄厚、控盤程度高的表現。

投資者遇到這種盤面現象，可以在次日股價接近漲停板時進場，因為籌碼換手後，得到次日漲停確認。也就是說，次日能夠漲停，說明前一天換手成功，股價將繼續走高。

②中位吊頸線陷阱

經過一輪較長的上漲行情後，股價處於階段高位，市場人氣高漲。某日股價順勢開高，但受到獲利盤賣壓影響又深幅下挫，最後主力不甘就此敗陣，力挽狂瀾，將股價從低位再次拉起，收在當日次高價，從而產生一根吊頸線。

這通常是短期見頂形態，應看作賣出訊號。可是，根據該訊號賣出股票後，才發現是主力洗盤所致，股價仍保持上漲走勢，這種「吊頸」變「錘子」的現象，也稱為吊頸線陷阱。

圖 2-8（見 90 頁）的大金重工：該股見底後向上爬高，經過 2 次吊頸線洗盤後，股價快速上漲。

2021 年 10 月 11 日和 14 日，股價已經上漲，此時在高位出現 2 次吊頸線，通常認為是短期見頂形態，可以看作賣出訊號。可是，股價並未出現大幅調整，經過短暫調整後，繼續保持強勁的上漲走勢，使吊頂線成為假的看跌訊號。

技術解盤 ▶ 首先，在出現吊頸線之前，上升趨勢已經形成，但股價的上漲幅度並不大。其次，均線系統呈多頭排列，對股價上漲構成支撐。最後，量價配合理想，股價仍將維持上漲態勢。因此，吊頸線屬於正常的回檔洗盤，後續股價將繼續震盪走高。

主力操作的多空訊號

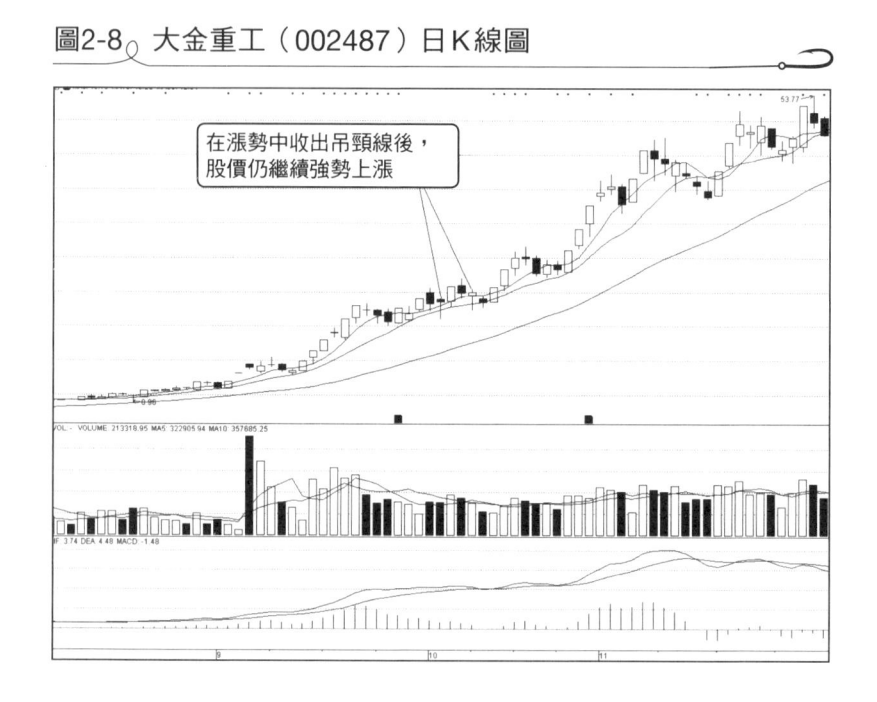

圖2-8 大金重工（002487）日K線圖

在漲勢中收出吊頸線後，股價仍繼續強勢上漲

辨別與操作方法

吊頸線是不好的預兆，目的在提醒投資者注意風險，及時離場。可是，股市有太多變數，有時候利空的吊頸線會演變為利多的錘子線，於是吊頸線變成真正的騙人工具。那麼，究竟該如何判斷吊頸線呢？

（一）**觀察均線**。如果吊頸線出現在均線上升坡度很大時，其頭部反轉訊號更可信，因為均線陡峭向上發散時，股價上漲速度相當快，短時間內多頭力量消耗過大，獲利盤快速增加，隨時會發生趨勢反變。此時收出吊頸線，意味著空方能量聚集膨脹，頭部反轉訊號更強烈。

如果吊頸線出現在上漲初期，均線剛開始調頭向上，此時可能處於主力洗盤換手階段，或者，吊頸線出現在均線多頭排列、穩步上移時，頭部反轉訊號的強度會大大減弱，反而應逢低買進。

（二）**觀察成交量**。出現吊頸線時，如果當日或近期的成交量明顯放

大，其頭部反轉訊號更可信。如果當日或前幾日的成交量萎縮，說明股價無量空漲，漲勢無法持續。但是，在出現吊頸線的第二天，如果股價繼續走強，投資者可以在第二天輕倉買進，或在第三天股價回檔時適量買進。

（三）在上漲中途出現吊頸線的當天，股價震盪回落時，伴隨成交量明顯放量，股價反彈回升時，卻是由大量的對敲盤快速拉升，此時投資者要高度警戒。一旦後市上衝無力並且放量滯漲，就要果斷清倉離場。

（四）**吊頸線與壓力位**。吊頸線雖為頭部反轉訊號，但需要靠後面的K線證實。然而，如果吊頸線出現在重要壓力位，其頭部反轉訊號的可信度大增，實盤中不必等後面的K線驗證，即可提早賣出。

出現吊頸線的當天或第二天，如果股價放量下行跌破吊頸線的最低點，後市大跌的可能性極大，投資者要果斷賣出。出現吊頸線之後，如果股價跌破5日均線，應進行短線減倉，如果股價跌破10日均線，應清倉離場。

（五）出現吊頸線的當天，如果是開盤大幅開高3個點以上，接著一路下跌，最終形成吊頸線的情況，投資者在當天收盤的前幾分鐘就要清倉離場。

（六）所謂的高價區是就即時行情而言，一旦後市大幅上揚，原本的高價區就變成低價區，因此股價創出新高並不可怕。吊頸線也是如此，在盤面細節上，當股價在高位快速回落，接著又快速放量拉升，後市就還有上漲的可能。

第二天如果出現相似的震盪走勢，且股價跌幅不大，收出小陰線、小陽線，那麼只要成交量保持與前幾天相等，就不必驚恐，後市必出現主升段行情。

2-3 【流星線】衝高回落背後的甩轎伎倆，該怎麼防範？

▌形態分析精華

應用法則

　　流星線與倒錘子線的形態相同，只是流星線出現在市場頭部，看跌；倒錘子線出現在市場底部，看漲。

　　流星線的應用法則如下：
- 短小的實體部分必須處於市場的最上端。
- 流星線的實體較短，上影線很長，下影線很短或沒有。
- 實體部分可以是陰線，也可以是陽線，意義基本上相同。
- 上影線的長度應至少是實體長度的 2 倍。

　　技術意義▶在頭部區域出現流星線，通常是股價下跌的訊號，表明多方的買進力道減弱，做空動能增大，多方失去對盤面的控制。由於在這個區域積聚大量的做空能量，一旦空頭掌控盤面，會形成有力的下跌行情，因此是做空訊號。

效力和操作要點

判斷流星線的形態效力和操作要點，與吊頸線相似。

- 流星線必須發生在上升趨勢之後，或波段行情的相對高點，才具有判斷意義，因趨勢發展得越長，越容易被確認反轉。也就是說，股價漲勢越久、漲幅越大，在高位發現流星線的見頂機會就越高。
- 流星線只有出現在短線超買的情況下，可靠性才高，在橫盤趨勢中沒有分析價值。如果在一段行情中頻繁出現流星線，則不宜使用此技術方法。
- 判斷流星線的利空效力時，最重要的是看上影線長度，應至少是實體長度的 2 倍，說明高位賣壓很重。此外，雖然說流星線的實體顏色不太重要，但最好能與之前的趨勢相反，也就是說，出現陰線流星線時，股價見頂的機會更大，在散戶心裡更具看跌作用。
- 在高位出現流星線時，雖然不要求成交量配合，但若當天成交量放大，可以增加見頂的機會。
- 流星線暗示空方已發動攻擊，有向下打壓股價的跡象，但往往因為市場多頭未退，遭到多方防守反擊，竭力推高股價，令股價上升測試流星線的高點。這時只要高點沒有被突破，成功築頂將使頭部更加完整，後市跌勢更可確定。
- 出現流星線的第二天，如果開盤價與流星線的實體之間出現向下跳空缺口，反映高位被套牢的籌碼較多。缺口越大，形態見頂的殺傷力越強。與吊頸線相比，流星線以接近全天最低位收盤，利空訊號更強烈。

常見假訊號

①洗盤流星線陷阱

股價經過持續大幅上漲之後，多頭優勢得到充分展示，股價創出歷史

主力操作的多空訊號

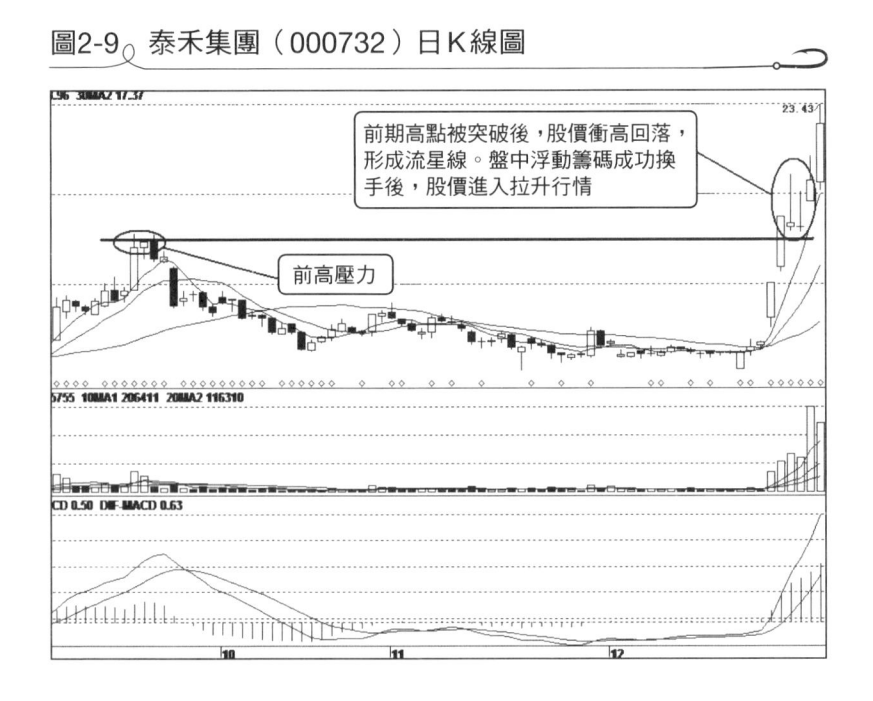

圖2-9 泰禾集團（000732）日K線圖

前期高點被突破後，股價衝高回落，形成流星線。盤中浮動籌碼成功換手後，股價進入拉升行情

前高壓力

新高，盤內聚集大量獲利籌碼。某日開盤後，由於市場人氣沸騰，主力順勢將股價拉高，但散戶追漲熱情不高，再加上獲利盤套現，造成股價快速下滑，最終以流星線報收，留下長長的上影線。

這種形態表明股價失去上升動能，或是主力拉高出貨所致。通常來說，後市很難突破流星線形成的最高點，因此是賣出訊號。誰知道，後市竟然不跌反漲，而且走勢十分強勁。

圖2-9的泰禾集團：該股經過大幅調整後，在底部長時間震盪，主力在低位吸收大量低價籌碼，然後反彈回落形成明顯的階段高點。當股價回落到前期盤整區附近時，連續2天放量漲停，突破前期高點的壓力。

2017年12月28日和29日，股價衝高回落留下長長的上影線，構成2根流星線，表明股價上漲遇阻，短期有回檔風險，是短線賣出訊號。然而，股價並未如預期下滑，反而在2018年1月2日創出新高，形成快速拉升行情。

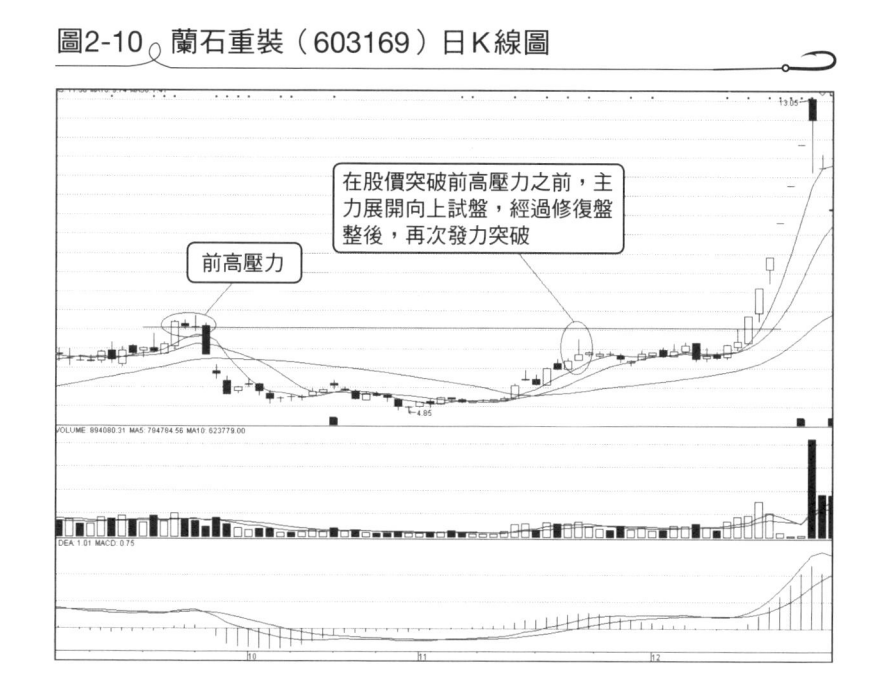

第 2 章　揭穿 8 招 K 線誘空手法，散戶也能翻身當贏家

圖2-10　蘭石重裝（603169）日K線圖

（圖中標註：前高壓力；在股價突破前高壓力之前，主力展開向上試盤，經過修復盤整後，再次發力突破）

技術解盤 ▶ 從該股走勢圖可以看出，雖然流星線出現在當時的高點，但此時股價剛剛突破，上漲幅度也不大，盤面走勢正常，量價配合得當，是實力強大主力的操盤手法。再者，股價突破之後，需要回測確認和洗盤過程，流星線正好是技術性修復走勢。

②試盤流星線陷阱

在操盤過程中，主力需要對盤面進行試盤，以觀察盤中賣壓和跟風情況，然後再見風使舵，採取對應的操盤策略，這種情況經常形成流星線。

圖 2-10 的蘭石重裝：該股經過一輪急挫後，釋放大量做空能量，然後慢慢止穩回升。2021 年 11 月 22 日，當股價接近前期盤整區附近，主力對前高壓力進行試盤，當天股價衝高回落，形成流星線。這時，有些投資者誤以為是短線頭部，選擇拋售離場，但股價經過短期修復盤整後，12

主力操作的多空訊號

月 14 日放量向上突破，產生一波飆升行情，股價連拉 6 個漲停。

技術解盤 ▶ 首先，流星線出現後股價沒有回落，顯示盤整區有支撐。其次，30 日均線處於橫向移動狀態，對股價仍有支撐作用。再次，成交量不大，沒有殺跌動能。最後，前期股價漲幅不大，流星線不會成為頭部訊號。

辨別與操作方法

流星線是次要的單日反轉訊號，因此失敗形態很常見，尤其是在強勢盤整或洗盤換手中。再加上主力的刻意行為，形態訊號更撲朔迷離。根據多年市場經驗，遇到這種訊號時應把握以下 5 點。

（一）**結合均線分析**。如果流星線遠離均線，股價超過 10 日均線達 15% 以上，且累計漲幅較大，顯示市場處於不理智狀態，短期來說股價有回歸均線的需求。如果股價緊貼均線系統上行，此時要看 30 日均線的支撐和壓力作用大小，以避免操作失誤。如果在緩升行情中，股價圍繞均線上下波動，此時均線具有較強的支撐作用，流星線的看跌意義不強，下跌幅度有限。

（二）**看成交量的變化**。如果流星線形成時，成交量創出近期天量，則趨勢反轉的可能性較大，訊號可靠性高，相反則可靠性低。如果流星線的前一根 K 線伴隨天量，趨勢反轉的可能性也很大。

縮量的流星線應引發警覺，但縮量後繼續上漲時，往往代表主力完全掌控盤面，這類個股很有可能成為超級大黑馬。針對這種情況，應使用流星線的另一條重要規則，就是耐心等待驗證訊號出現。當然，同時也可以採取適當減倉的風控措施。

（三）**判別流星線的性質**。要了解該形態是主力試盤所為，還是市場本身構成的強大壓力。如果是主力試盤造成的流星線，後市上漲的機會較大，形態的看跌意義大大降低。如果股價下跌是來自市場本身的壓力，則看跌意義強烈。

（四）**分析流星線的位置**。觀察盤面是否試圖突破重要的壓力位、前

期的成交密集區、整數點位等,在這些關鍵位置出現的流星線,具有重要分析意義。在這種情況中,股價通常會短暫回測,然後恢復上漲。如果是短線高手,可以速戰速決,成功做一波漲升行情。

(五)等待驗證訊號出現。在上漲行情中出現向上發散的流星線時,要分析第二天的市場表現,如果第二天股價反轉向下收出大陰線,或跳空大幅開低走低,則形態訊號的可靠性高。

如果第二天股價仍然朝原來的趨勢方向運行,且收出與趨勢同方向的上漲K線,則「反轉」訊號為假訊號。此時散戶應順勢而為,保持看多思維,才能把握行情節奏。

2-4 【烏雲蓋頂】主力邊拉邊洗推高股價，你評估5點再行動

▌形態分析精華

形成過程

　　烏雲蓋頂與曙光初現的形態相對應。烏雲蓋頂出現在頭部，表示上升動力減弱，為利空的見頂反轉訊號。它由2根K線組成，第一根是堅挺向上的陽線，第二根為跳空開高走低的大陰線。形成過程如下：

1. 第一天是大陽線或中陽線，顯示漲勢強烈。
2. 第二天跳空開高走低，收出大陰線或中陰線。第二天的開盤價超過前一天的最高價，也就是超過第一天K線上影線的頂端，但收盤卻收在大陽線的實體之內，且接近最低價。
3. 第二天陰線的收盤價明顯向下深入到第一天的陽線實體，且至少低於第一根陽線的 1/2。

應用法則

- 第一天為大陽線或中陽線，繼續上升趨勢。

- 第二天為大陰線或中陰線，開盤價高於前一天陽線的最高價。
- 第二天的收盤價位於前一天陽線實體的 1/2 之下。
- 第二天陰線深入到第一天陽線實體的幅度越大，則頭部反轉訊號的可靠性越強。如果全部吞沒第一根陽線實體，見頂訊號更明確。
- 烏雲蓋頂形態應出現在上漲趨勢的頭部或階段高點。

技術意義 ▶ 烏雲蓋頂形態是見頂訊號，預示股價可能見頂回落，為強烈的賣出訊號。

效力和操作要點

在實際操作中，可以透過以下方式判斷烏雲蓋頂形態的反轉力道：

- 第二天下跌的陰線，深入到第一天陽線實體的幅度越大，市場見頂回落的機率就越大。若第二天大陰線的收盤價低於前一天陽線的實體，則演變成看跌吞沒形態，同樣是利空訊號，應逢高了結。
- 第二天開盤時，股價以跳空缺口向上穿越壓力區，然後很快掉頭向下，證明買盤力量弱，高位缺乏接盤，顯露趨勢見頂的跡象，加強形態的見頂訊號。
- 第二天開盤初期的成交量越大，越表明投資者獲利回吐，但也反映有人進場買貨。股價一旦被壓低回落，這批在高位買貨的投資者將被套牢，未來股價一接近高位，隨即引發爭相賣盤。也就是說，高位搶貨的投資者，將成為日後潛在的賣盤，今後市場再上漲的機會減少，烏雲蓋頂形態的見頂效力也就更強烈。

▎常見假訊號

股價經過一段時間的上漲行情後，在高位拉出一根加速上漲的大陽線。第二天市場借勢開高，但股價略做衝高後，堅守不住市場賣壓，向下滑落到第一天的大陽線實體之內，且吞沒大半條陽線，形成標準的烏雲蓋

主力操作的多空訊號

頂形態，構成賣出訊號。

投資者據此紛紛拋售股票，等待股價深幅回檔。可是，市場沒有持續下跌，反而經過短暫的蓄勢整理後重拾升勢，使烏雲蓋頂形態演變成誘空陷阱。有以下幾種常見盤面現象：

①反彈高點烏雲蓋頂陷阱

股價經過充分調整後出現反彈，不久，一個烏雲蓋頂形態封堵上漲勢頭，預示股價反彈結束，將再次下跌，從而構成賣出訊號。沒想到，後來股價只是小幅下跌或橫盤整理，很快又回到上漲通道中，因而形成反彈高點烏雲蓋頂陷阱。

②上漲中途烏雲蓋頂陷阱

在實盤操作中，有時候主力採用邊拉邊洗的方式穩步推高股價，這時經常出現烏雲蓋頂形態。透過該形態製造空頭陷阱，既達到洗盤目的，又不會破壞大趨勢，操盤效果非常好。

辨別烏雲蓋頂屬於上漲過程的調整形態，或是上漲後期的頭部形態，可以參考以下因素：

1. 股價已經大幅上漲，漲幅在一倍或數倍以上時，屬於頭部形態的可能性較大。
2. 出現烏雲蓋頂的前幾天，股價出現加速上漲，且成交量明顯放大時，屬於頭部形態的可能性較大。
3. 出現烏雲蓋頂之前的上漲過程中，主力經常會在買二價或買三價掛出大單，但一直不成交，這是引誘投資者接盤的伎倆。在形態產生的當天，盤中出現大量主動賣盤，並掛出大筆買單，當股價下跌到接近這些價位時，買單卻消失不見，然後重新掛在稍低的價位上，以此吸引投資者接盤，這種現象屬於真正的烏雲蓋頂。
4. 真正的頭部烏雲蓋頂出現後，股價會快速脫離該形態。有時會形成

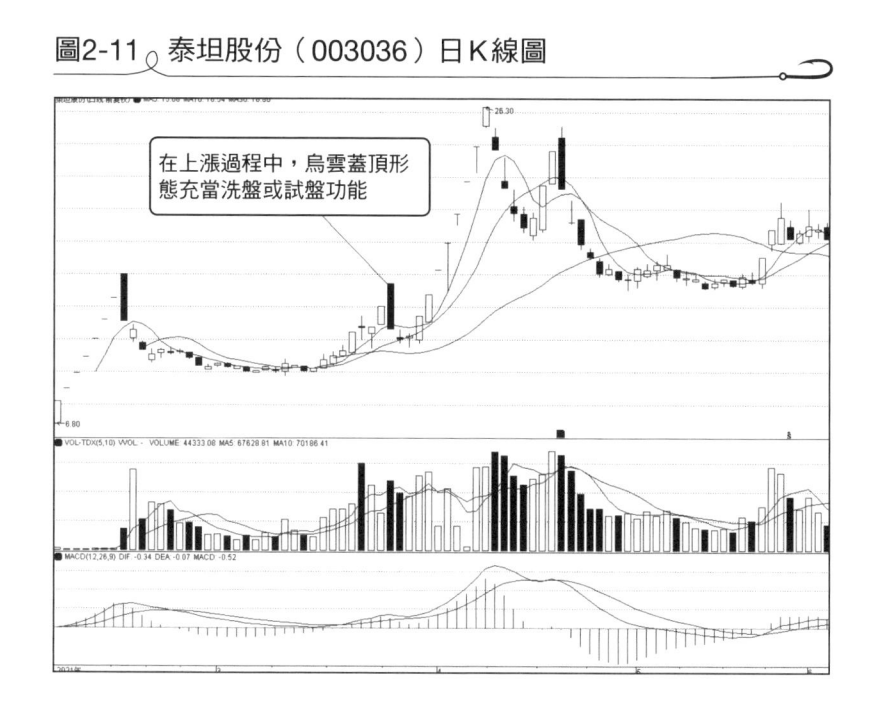

圖2-11 泰坦股份（003036）日K線圖

在上漲過程中，烏雲蓋頂形態充當洗盤或試盤功能

短暫的平台盤整，不時出現上衝，但堅持不到2、3天，股價就會明顯回落，隨後出現大跌行情。

5. 烏雲蓋頂出現後的第二天或數天內，如果股價被快速拉起，成交量也明顯放大，說明前面的大陰線為洗盤所致，後市將維持升勢。

③洗盤、試盤中的烏雲蓋頂陷阱

主力為了在後市更成功拉升，經常運用烏雲蓋頂形態進行洗盤或試盤，散戶把它當作頭部形態，紛紛賣出籌碼而落入烏雲蓋頂陷阱中。

圖2-11的泰坦股份：這是主力運用烏雲蓋頂形態洗盤的典型例子。該股回落形成圓弧底，右側漸漸向上抬高，股價脫離底部盤整區。當股價反彈到接近前期高點時，主力展開洗盤動作。2021年3月25日，股價從漲停板開盤，以跌停板收盤，形成一根開高走低的大陰線，完全覆蓋前一

天的漲停大陽線，構成烏雲蓋頂形態。

此後的行情如何演變呢？經過短暫下跌調整後，主力成功完成洗盤和試盤目的。3月30日，股價放量漲停，產生8個連續漲停板。

技術解盤 ▶ 為什麼該股的烏雲蓋頂形態成為空頭陷阱，只是股價上漲過程中的一次洗盤動作呢？主要原因為：

1. 烏雲蓋頂形態產生後，股價下跌到前期盤整區附近，回落空間有限，且該位置具有較強的支撐。
2. 均線系統保持多頭排列，對股價具有較強的支撐作用，此後雖然一度突破10日均線，但很快被拉回，說明主力洗盤點到為止。
3. 上方套牢籌碼很少，股價開高後，成功消化上方的壓力。

辨別與操作方法

一、觀察成交量。一般情況下，股價下跌無須成交量配合，但烏雲蓋頂形態如果有成交量積極配合，在第二天陰線向下深入到前一天陽線實體內部時，成交量同步放大，達到前一日成交量的2/3以上，或5日均量的一倍以上，說明高位賣壓大，形態更可靠。

二、分析當日分時走勢。深入的時間不同，意義和判斷結果也不同。通常來說，深入時間越早，形態的可靠性越高，深入時間越晚，則可靠性越低，特別是尾盤打壓，都是不正常的盤面表現，形態的欺騙性更大。

在烏雲蓋頂形態中，若第二天開盤後很快就深入到陽線的實體部分，表明第一天的拉升為假動作，是主力為了出貨刻意拉抬。若在盤中時段深入，表明上方壓力較大，主力放棄上攻，上漲行情暫時告一段落。若在尾盤幾分鐘甚至更短時間內，以迅雷不及掩耳之勢偷襲打壓股價，表明主力虛晃一招，製造空頭市場，後市將出現續升行情。

三、烏雲蓋頂通常出現在市場頭部，但有時會出現在水平盤整的末端，效力非常明顯。例如，當股價遇到短期無法攻克的重要壓力位，主力又沒有耐心消化壓力，主動選擇放棄，導致股價下滑時，帶來的殺傷力也很可怕。散戶若以為不是市場頂端就輕視形態，結果會吃上大虧。

四、看股價所處位置。股價較高、漲幅較大的,特別是主升段行情之後出現的烏雲蓋頂形態,可靠性比在底部出現時高得多,這時要逢高減倉或離場觀望。尤其是上漲超過一倍的股票,市場本身累積巨大風險。在烏雲蓋頂出現之前股價加速上漲的股票,風險也很大。

五、觀察盤面細節。在烏雲蓋頂形態出現前的加速拉升過程中,主力經常會掛出大單,但真正成交的很少,這是引誘散戶接盤的伎倆。

在形態形成當天,盤中湧出大量主動賣盤,且在股價下跌過程中,買二價或買三價不斷出現大筆買單,股價卻步步走低。下跌幾個價位後,這些大單又會在更低的價位重新掛出,如此反覆多次,主力的籌碼也所剩無幾。

形態形成後就沒有大單了,只剩下零散小單,且盤面上出現大量主動賣單。透過這些盤面細節變化,可以確定烏雲蓋頂形態的可信度。

六、尋找其他技術訊號支援。結合技術指標、形態、趨勢和波浪等因素,進行綜合分析、相互驗證,例如是否出現死亡交叉、頂背離,股價是否向下突破重要技術形態,如下降三角形、上升楔形、頭肩頂等,以及烏雲蓋頂形態是否出現在第 5 浪上升的後期。如果出現這些因素,烏雲蓋頂形態的可靠性比較高,應及時離場觀望。

2-5 【夜星】從底部上漲一倍以上，夜星的可信度較高

▌形態分析精華

形成過程

夕陽無限好，只是近黃昏。夜星意味著日落西山，夜幕悄然來臨，預示上漲行情即將結束，是頭部反轉形態。標準的夜星形態由3根K線組成，形成過程如下：

1. 先是一根實體較長的陽線，延續強勢上漲勢頭。
2. 第二天股價跳空開高，但上漲勢頭明顯減弱，形成一根十字星（小陰線、小陽線亦可，分析意義相同）。
3. 第三天股價小幅開低，產生一根實體較長的陰線，其實體部分明顯向下深入到第一根陽線的實體之內，顯示頭部構成。

應用法則

- 第一根K線的顏色承原先趨勢，也就是說，發生在上漲趨勢中的夜星，第一根應為陽線。

- 第二根 K 線與第一根 K 線的實體之間有跳空缺口。
- 第二根 K 線可以是陰線或陽線,也可以是十字星或短實體 K 線,並不影響分析。
- 第三根 K 線的顏色與第一根相反,即為陰線。
- 第三根陰線的實體長度越長,後市下跌力道越大。也就是說,第三根陰線的收盤價越深入第一根陽線的實體,訊號就越可靠。

技術意義 ▶ 此形態意味著漲升行情結束,市場見頂回落。表明股價的上漲勢頭遇到抑制,頭部產生,市場發出看跌訊號。

效力和操作要點

- 在理想的夜星形態中,第二根十字星與第一根陽線之間,有一個小小的向上跳空缺口,第三根陰線應小幅開低,這樣能加強形態的效力。
- 第三根陰線必須深入到第一根陽線實體的 1/2 以上,深入越深,看跌意義越大。
- 如果第三根陰線的成交量比第一根陽線大,代表股價在下跌時賣盤較多,後市見頂下跌的機率更大。
- 當夜星形態出現在前期高點附近,反轉下跌的意義更大。
- 夜星形態出現在長期上漲的末期、暴漲之後、超跌反彈結束之時,準確率較高。
- 夜星形態如果出現在橫盤整理區,雖然是看跌訊號,但實際效果不佳,可以放棄操作,參考其他技術分析。

▍常見假訊號

在實盤操作中,夜星形態有許多假訊號。當股價經過一輪漲升後,在高位形成極其標準的夜星形態,投資者見狀紛紛拋售手中股票。可是,隨

後並未出現預期中的下跌行情，經過短暫休整後，股價重返升勢，甚至走出主升段行情，否定了具有強烈看跌意義的夜星形態，使離場的投資者後悔不已。

①高位夜星陷阱

股價經過較長時間的持續上漲後，出現一根上漲大陽線，加強上漲勢頭，但第二天在高位收出一根十字星，上漲勢頭遇到遏制，第三天是一根大陰線從上而下，股價的上漲勢頭被徹底扭轉，形成一個看跌的夜星形態。但是，當投資者紛紛拋售股票後，股價只是小幅回落，或經過短暫的橫盤整理後，再拾升勢行情，使夜星形態成為空頭陷阱。

②中位夜星陷阱

股價經過較長時間的持續下跌後，市場出現反彈走勢，但上漲幅度不大，在相對高點形成看跌的夜星形態，預示股價反彈結束，市場將重拾跌勢，是賣出訊號。但在這種情況下，夜星經常演變為空方防守反擊的失敗形態，成為空頭陷阱，後續股價繼續向上，不斷創出新高。

③低位夜星陷阱

在大幅調整後的低位，主力為了建倉或洗盤，故意構築夜星形態，誤導散戶拋售籌碼離場。之後，股價很快出現拉升行情。

④洗盤夜星陷阱

股價小幅上漲後，主力利用夜星形態洗盤換手，因此是空頭陷阱。
圖 2-12 的貝肯能源：該股大幅下跌後，主力在低位吸收大量低價籌碼，經過一段時間的築底後，底部漸漸上抬。2018 年 5 月 11 日出現夜星

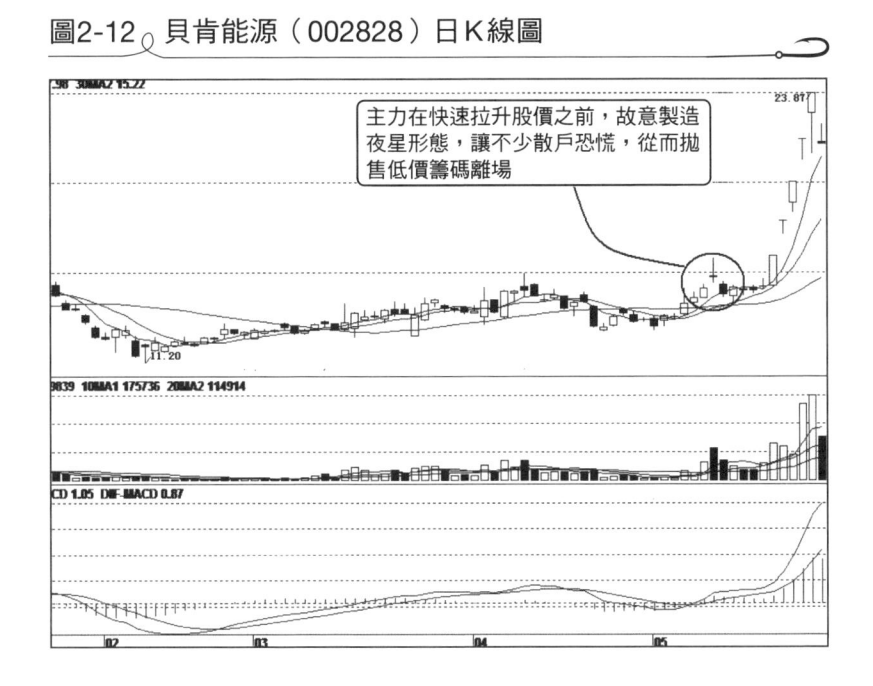

圖2-12 貝肯能源（002828）日K線圖

（圖中標註：主力在快速拉升股價之前，故意製造夜星形態，讓不少散戶恐慌，從而拋售低價籌碼離場）

形態，讓不少散戶恐慌。可是，經過幾個交易日的蓄勢盤整後，股價未見下跌，反而出現快速拉升行情。

技術解盤▶首先，股價漲幅不大，回落空間有限。其次，夜星形態產生後，股價沒有持續下跌，顯示做空意願不強。最後，30日均線緩慢上行，對股價有較強的支撐作用。因此，這個形態只是股價遇到前期盤整區的壓力，而展開的洗盤走勢，投資者不必擔憂。

▌辨別與操作方法

（一）**分析行情性質**。在由散戶主導、主力自救的行情中，出現夜星形態時要提高警覺，隨時可能出現下跌走勢。當然，如果有足夠理由證明是主力在洗盤換手，可以不必理會形態，甚至採用反技術操作。

（二）**分析夜星出現的位置**。如果發生在高位，股價累計漲幅大，可

能是真正的見頂形態。如果發生在低位，股價漲幅不大，可能屬於正常回檔盤整，後市仍有上漲潛力。

一般而言，在長期熊市的末期，股價從高位回落超過50%時，如果出現夜星形態，其可靠性較低。反之，股價從底部開始，經過充分炒作後上漲一倍以上時，如果出現夜星形態，其可靠性較高。

對於回檔洗盤行情，一般正常的洗盤幅度在20%左右，超過這個幅度時，夜星形態值得分析。對於反彈行情，雖然反彈幅度難以預測，但可以運用壓力位、黃金分割線、成交密集區等做判斷，若在這些區域附近出現夜星形態，訊號的可靠性較高。

（三）如果夜星形態的上影線較長，並伴隨較大成交量，應採取減倉觀望的風控措施。

（四）股價遠離均線、乖離率偏大時，市場存在回檔需求，此時如果出現夜星形態，準確率較高。

（五）夜星形態產生後，如果第四天繼續拉出陰線，訊息的可靠性更高。如果第四天股價盤中反彈時，超過第三天實體陰線的1/2，則可靠性大大降低。

（六）**看作提示訊號**。謹慎的投資者可以把夜星形態看成提示訊號，待股價突破上升趨勢線、技術形態或出現其他看跌訊號時，再採取操作。同時，觀察夜星形態最高價附近的盤面反應，在股價有效突破最高價位時，應持股待漲。

（七）**觀察盤面**。夜星形態只有出現在趨勢行情的頭部、下跌途中的反彈高點，才有測市判勢的意義。在上漲途中、盤整中，則無實質分析意義，應改用其他技術分析方法研判。

（八）**與回測走勢的關係**。在漲勢初期出現夜星形態，以主力建倉看待為好，此處可以逢低買進。在漲勢途中出現夜星形態，以回測確認或震盪洗盤看待為佳。在漲勢末期出現夜星形態，不管成交量是否放大，先離場觀望為優。

（九）**形態出現的次數**。在一輪上漲行情中，可能多次出現夜星形態，初次出現的夜星形態可信度最差，其後準確率逐步提高。反之，在一輪下

跌行情中,初次出現的夜星形態可靠性最高,其後準確率逐步降低。

　　(十)結合壓力位分析。如果股價上漲遇到重要壓力位,如趨勢線、技術形態、浪形的轉捩點、黃金分割線、成交密集區和整數關口等,並在這些區域附近出現夜星形態,其訊號的可靠性較高。或者說,處在壓力位之下的夜星形態,看跌效力更強。

2-6 【黑三鴉】透過３個盤面條件，規避底部空頭陷阱

▌形態分析精華

形成過程

　　三隻烏鴉，不祥之兆，是強烈的見頂反轉訊號。它由 3 根陰線構成，實體大小相近，每日的開盤價均在前一日陰線實體之內，但開盤後隨即下挫，收盤價有秩序地呈階梯狀下跌。

　　黑三鴉與紅三兵的形態相對應。先是頭部出現一根下跌陰線，再連續出現 2 根實體相當、上下影線都較短的陰線。後一根陰線的開盤價處於前一根陰線的實體之內，或在前一日收盤價附近，當日收於最低價或次低價，說明賣壓十分沉重，多方每次開高之後都被空方打壓，最後多方能量耗盡，失去上升動力。

應用法則

- 黑三鴉形態應出現在市場的頭部，每天開盤都跳高到前一根陰線的實體內部或附近，且收盤都接近或收在全日最低價。

- 3根陰線的實體長度相近，呈階梯狀向下跌落。

技術意義▶從黑三鴉形態的形成過程可以看出，買方能量明顯衰退，有場內資金悄悄撤離，使股價持續回落。3根陰線對技術形態的破壞力極強，頭部特徵初現端倪，尤其是在股價大幅上漲後的高位出現時，是可靠的見頂反轉訊號。

效力和操作要點

- 第二天和第三天的開盤價可以在前一根實體內的任何部分，但若是在前一天實體的中間部分，呈階梯狀下降，利空效力更強。
- 黑三鴉形態出現之前，股價已有一段漲幅，多方持續上攻後體力不支，因此黑三鴉通常出現在市場見頂回落的初期。雖未造成巨大恐慌，但對技術形態的破壞力極強，有大廈將傾的憂慮。
- 黑三鴉形態作為看跌訊號的強度和有效性，跟成交量息息相關。如果成交量放大，看跌作用更強。如果成交量溫和放大，表明市場的殺跌能量逐漸釋放，隨後有可能加速放量下滑。
- 持續的下跌走勢可能導致技術指標超賣，經過短暫弱勢反彈後，市場會再現跌勢，常常演變為下降三法形態。
- 第一天的開盤價，最好位在前一天陽線實體的最高價下側，這樣可以加強黑三鴉形態的空頭勢頭。
- 經過充分盤整後向下突破形成的黑三鴉形態，比技術回檔出現的黑三鴉形態要可靠得多。在大幅下跌後的低位出現黑三鴉形態時，應慎防淪為空頭陷阱，不應盲目殺跌。

主力操作的多空訊號

▎常見假訊號

①高位黑三鴉陷阱

　　股價經過一波較大的上漲行情後，多方力量得到發揮，此時遇到上行壓力，股價停止上漲，盤面形成震盪走勢。不久，3 根持續向下的陰線形成黑三鴉形態，徹底動搖多方信心，技術形態呈現空頭趨勢，預示股價深跌，因此是賣出時機。

　　可是在實盤操作中，投資者根據黑三鴉形態賣出股票後，股價並未出現預期中的下跌行情，只有小幅技術性回探，市場很快結束調整，出現新一輪上升行情，令離場者唏噓不已。

　　構成失敗形態或技術陷阱的主要原因有：
1. 正常的主力洗盤行為。
2. 遇到技術壓力需要消化。
3. 主力故意向下試盤。
4. 股價未到主力的目標價位。
5. 當主力操盤手法失誤，造成一時籌碼鬆動，而不得不重新鎖定籌碼時，也可能出現技術陷阱。

②中位黑三鴉陷阱

　　股價成功構築頭部後，開始脫離頭部區域，形成明顯的下降趨勢，釋放大量做空能量。這時多頭反擊，造成大幅反彈行情，在相對高位出現 3 根大陰線，形成標準的黑三鴉形態，賣出訊號十分清晰。可是賣出股票後，股價並未下跌，而是小幅回落後再度走高，形成中位黑三鴉賣出陷阱。

③低位黑三鴉陷阱

　　股價經過長時間下跌後，在相對低位出現 3 根大陰線，形成標準的黑

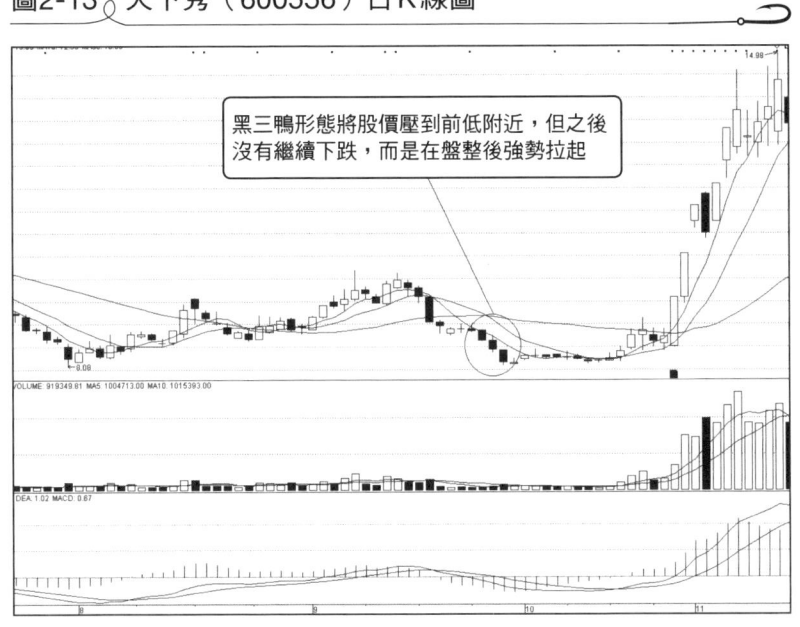

圖2-13 天下秀（600556）日K線圖

> 黑三鴉形態將股價壓到前低附近，但之後沒有繼續下跌，而是在盤整後強勢拉起

三鴉形態，預示股價加速下跌。按照技術分析，此時應及時賣出股票，回避市場加速趕底的風險，但後來股價沒下跌多少就止穩回升，並形成大底部，黑三鴉形態成為底部空頭陷阱。

圖2-13的天下秀：該股見頂後逐波下跌，在低位長時間震盪，主力在盤整過程中吸收大量低價籌碼。在建倉過程中，主力刻意砸低股價，2021年9月27日開始連續拉出3根相似的陰線，呈現標準的黑三鴉形態。此形態在技術分析上有看空意義，可視為賣出訊號，可是後市並未持續下跌，經過修復盤整後，出現一波強勢拉升行情。

技術解盤 ▶ 如何解讀該股的黑三鴉形態呢？從價位分析，股價整體下跌幅度較大，調整時間充分，處於歷史底部區域，繼續下跌的空間有限，凸顯出中長期投資價值。這時出現的黑三鴉形態，往往是低位空頭陷阱。

從成交量分析，雖然股價下跌時無須強調成交量，但在突破關鍵位置時要有成交量配合，才能加強突破力道，然而該股股價向下突破時，成交

量並未放大。

　　該股向下突破時產生 3 條陰線，單從 K 線形態上分析，後市的看跌意義十分強烈，但細心觀察會發現，這 3 根 K 線沒有成交量配合，是無量空跌的典型例子。底部出現這種價跌量縮的走勢，說明沒有恐慌盤出現，主力將籌碼掌握得非常好，向下突破會進一步加強籌碼的穩定性。

　　從操盤角度分析，主力的建倉成本高於突破價位，股價繼續下跌會加大主力的帳面虧損。根據實戰經驗，在水平的趨勢通道中，市場平均成本位於水平通道的中心價附近，主力成本會略低一些，但不會相差太遠，更不會超出中心價至下軌線的垂直距離。透過測算，該股主力的持倉成本為 11.50 元左右，因而股價不會長時間下跌。

　　最後，當股價突破重要的技術位置後，通常會出現一段下跌行情，而且股價會迅速遠離突破位置。但是，該股向下突破水平支撐線後，股價並沒有持續下跌，說明下跌力道非常小，假訊號的可能性很大。

　　根據上述理由，可以判斷這裡的黑三鴉形態是假訊號，是主力建倉、試盤或砸盤行為所致。遇到這種走勢時，應以逢低買進為主，不宜盲目殺跌，持股者可以在股價重返 30 日均線以上時買進。

　　在實盤操作中，大幅下跌後出現的黑三鴉形態，必須具備 3 個條件：
1. 出現黑三鴉形態之前，股價必須經歷長期且大幅的下跌，跌幅最好超過 50％。
2. 在出現黑三鴉形態之前的一段時間裡，成交量逐步萎縮，特別是在下跌趨勢中，成交量沒有明顯放大。
3. 出現黑三鴉形態之後，股價很快止穩回升，重返 10 日均線或 30 日均線之上，成交量同步放大。

　　投資者在操作中遇到出現在低位的黑三鴉形態，一定要仔細觀察盤面是否符合上述條件。如果符合所有條件，後市將很快止跌回升，反之就要謹慎操作，後市往往繼續下跌，或出現反彈夭折。

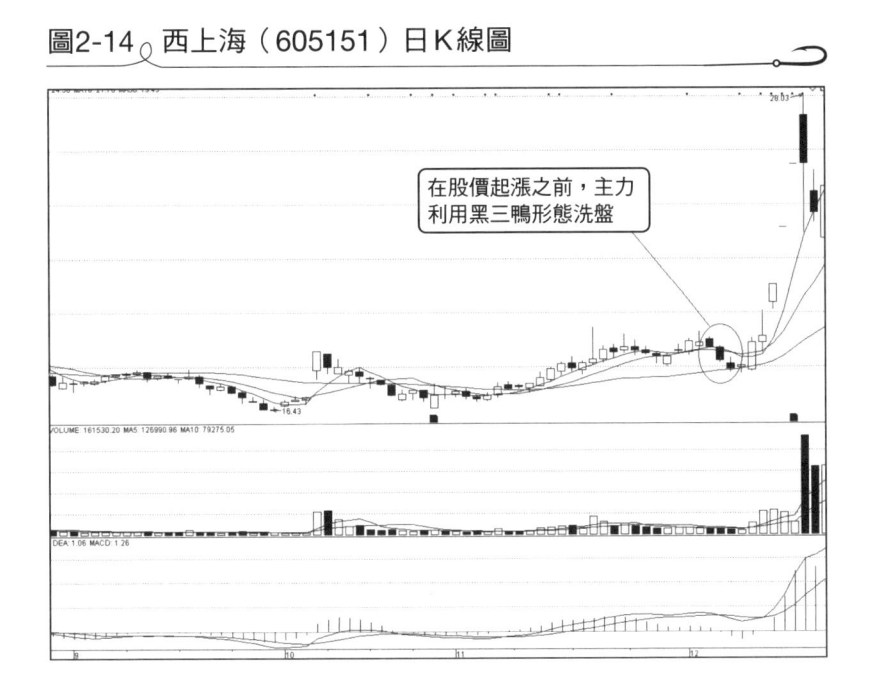

圖2-14 西上海（605151）日K線圖

在股價起漲之前，主力利用黑三鴉形態洗盤

④洗盤黑三鴉陷阱

　　洗盤是主力運用種種手段，驅逐場內散戶離場，同時吸引場外散戶進場，使流動籌碼得到成功換手，即籌碼交換，以提高市場平均持倉成本，減少股價上漲壓力，達到順利拉升和出貨的目的。

　　因此，主力為了成功洗盤，會在上漲初期製造空頭陷阱，讓散戶誤以為主力在出貨而紛紛離場，結果與大黑馬、大牛股失之交臂。黑三鴉形態就是主力洗盤時，經常採用的操盤手法。

　　圖2-14的西上海：這是主力利用黑三鴉洗盤的例子。該股經過長時間的盤跌後見底回升，股價小幅向上推高後，2021年12月3日開始連續3天遭到打壓，出現3根相似的陰線，形成黑三鴉形態。

　　不少投資者看到這個形態後，擔心股價再次下跌，於是紛紛拋售離場。可是，隨後的走勢和散戶的判斷完全不同，經過短暫盤整後，股價出

現強勢上漲行情，黑三鴉形態成為空頭陷阱。

技術解盤▶對於洗盤的個股，可以從以下方面分析：

1. 黑三鴉形態出現之前，股價的上漲幅度不能太大，漲幅最好在50%以下。如果漲幅超過100%就要謹慎，股價很可能真的要下跌。
2. 在黑三鴉形態形成過程中，成交量必須明顯萎縮，並且股價的回落幅度不能太大，盤中也不能出現過多主動賣盤。
3. 在黑三鴉形態形成過程中，經常會出現大單掛在賣三價或賣四價，但是等股價回落到一定程度後，大單又不見了。這些大單明顯是主力故意掛出來，以壓制股價上漲。可以想像，如果主力真的想出貨，應該不會掛出大賣單，因為這樣做等於公開宣布開始出貨。
4. 一旦股價回落到 30 日均線附近，會遇到強大的支撐而回升。在這個過程中，買盤要明顯比之前強勁，隨後股價會直接向上突破 5 日或 10 日均線的壓力。

辨別與操作方法

在實盤操作中，黑三鴉形態經常出現假訊號，或演變為空頭陷阱，投資者在實盤中應把握以下要點。

（一）分析形態出現的位置。出現在漲幅較大的高位時，可以不考慮後市走勢，先行離場，保住勝利的果實是上策。出現在股價長期盤跌後的底部時，可以試探性介入做多。

出現在股價盤整的突破走勢中，可以結合均線、技術指標、形態、趨勢等進行分析。如果黑三鴉形態得到空方的技術訊號支持，則下跌的可靠性較大；如果與空方的技術訊號相反，則有可能回歸到多方趨勢之中，使黑三鴉形態演變為空頭陷阱。

（二）結合支撐位分析。分析黑三鴉形態形成後，是否成功突破均線的支撐，以及是否脫離某個技術形態，如下降三角形、對稱三角形、箱形形態、上升楔形等，還有是否脫離長期形成的盤整區，如前期成交密集區、整數關口、黃金分割位等，這些技術因素可以驗證黑三鴉形態的真偽，以

及漲跌力道。

（三）**觀察後市的反彈過程**。持股者或穩健型投資者，可以觀察黑三鴉形態產生後的反彈力道。由於短期超賣導致技術指標鈍化，市場需要反彈修復，而這個反彈過程對後市的發展影響很大，甚至起到決定性作用。

在具體操作上可以把握2點：一種現象是，在黑三鴉形態之後的數根K線，未能收復該形態至少1/2的失地，那麼後市必有一跌，這時的K線組合演變為下降三法形態，應該看空做空。

另一種現象是，在黑三鴉形態後，市場只花了幾根陽線就成功收復該形態1/2以上的失地，那麼後市很可能止跌回升。通常收復的失地越多，黑三鴉形態的作用越小，這時不能輕易將其定為「黑三鴉」，應該往空頭陷阱的方向思考。

（四）**觀察陰線的實體大小**。在實盤操作中，黑三鴉形態更注重K線的排列組合，缺點是忽視下跌陰線的實體大小。很顯然，長實體的黑三鴉形態肯定比短實體的黑三鴉形態可靠，破壞性和殺傷力也都更強。因此，在遇到短小的黑三鴉形態時，要分析是否演變成上升三法形態。

（五）**等待驗證訊號出現**。在實盤操作中，黑三鴉形態出現時，股價往往已有一定的跌幅，此時如果跟風殺跌，可能會賣在短期低點，不妨等回測反彈時逢高離場。可見，黑三鴉形態的理想賣出時機，不是形態形成的當下，而是等待回測反彈確認有效，並再度下跌時，此時賣出可以減少損失。

（六）由於黑三鴉形態對多方的打擊力道大，因此在實戰中，無論是在上漲中後期、橫盤後期，還是下跌前期、下跌中期遇到黑三鴉形態，唯一的操作就是立即賣出。

（七）在股價大幅下跌後出現黑三鴉形態，要慎防空頭陷阱。在低位出現的支撐黑三鴉形態、停頓黑三鴉形態，可能是空方最後的攻擊，可以試探性逢低買進。

2-7 【兩陰夾一陽】真形態出現後，股價會迅速脫離頭部

▌形態分析精華

形成過程

兩陰夾一陽為看跌形態，由 3 根 K 線組成，兩根陰線中間夾著一根陽線。形成過程為，股價經過較長時間的上漲行情後，在高位構築頭部，隨時有可能向下突破。終於有一天，股價向下突破形成第一根大陰線，第二天股價小幅回測，收出上漲縮量小陽線，第三天空方繼續打壓，盤面形成放量下行走勢，當日以大陰線報收，完成兩陰夾一陽形態。

應用法則

- 第一根陰線要有明顯的向下突破。
- 第二根為小幅反彈的陽線，不能超過第一天陰線的 1/2。
- 第三根陰線的收盤價，應低於前面 2 天的最低價或收盤價。

技術意義 ▶ 在長期的盤整過程中，股價構築頭部形態，空方整裝待

發。第一根下跌陰線表明空方開始進攻，掌握盤面優勢；第二根縮量回升小陽線，通常是對前一天向下突破的回測確認；第三根下跌陰線確認突跌有效後，股價步入下降通道，空頭訊號形成。

效力和操作要點

- 在兩陰夾一陽形態出現之前，市場出現潛伏頂的盤整過程，為後來的向下突破做鋪墊。
- 理想中，第一天的放量陰線要明確跌破中短期技術支撐位，當日收盤於支撐位之下。第二根陽線不能高於支撐位，第三根陰線要繼續創出階段新低。但在實盤中，只要整個形態構成向下突破即可，也就是說，向下突破不局限於第一根陰線，也可以由第三根陰線完成任務。
- 第二天的回升小陽線，成交量不能出現放大跡象，而且要維持在中短期均線之下，表明前一交易日的向下突破有效。
- 第三天的陰線收盤價，應低於第一天和第二天的收盤價，才具有技術分析意義。
- 在形態結構上，兩邊的陰線比較長，中間的陽線比較短，如果中間的陽線與兩邊的陰線差不多，就不是兩陰夾一陽形態。

常見假訊號

股價經過一輪上漲行情後，在高位橫盤整理，顯示市場上行受阻。某日，市場放量向下突破頭部盤整區，股價落到 3 條中短期均線之下，次日小幅回升，第三天再次放量下行，形成兩陰夾一陽形態。該形態通常是賣出訊號，可是在投資者離場觀望後，股價沒有想像中那麼悲觀，小幅調整後很快重拾升勢，且創出市場新高。

根據多年實戰經驗，兩陰夾一陽形態的主要陷阱有：

主力操作的多空訊號

①低位兩陰夾一陽陷阱

　　股價長時間處於下跌走勢，在相對低位出現兩陰夾一陽形態，預示股價將加速下跌。一般來說，此時應及時賣出股票，以回避市場加速趕底的風險，但後來股價沒下跌多少就止穩回升，形成一個大底部，使兩陰夾一陽形態演變成底部空頭陷阱。

②中位兩陰夾一陽陷阱

　　股價經過一波上漲行情後，消耗大量多頭能量，需要回檔蓄勢，於是股價滯漲回落，在高位出現兩陰夾一陽形態，構成賣出訊號。根據形態賣出股票後，股價並未大幅下跌，而是小幅回落後止穩，隨即再度走高，使兩陰夾一陽形態演變成空頭陷阱。

③洗盤兩陰夾一陽陷阱

　　主力為了洗盤，也經常製造兩陰夾一陽形態的誘空陷阱，等持股不堅定的散戶離場後，股價繼續強勢上漲。

　　圖2-15的陝西金葉：這是主力利用兩陰夾一陽形態洗盤的例子。該股主力在長時間的底部震盪中，吸收大量低價籌碼，2021年11月23日股價向上脫離底部，展開一波強勢拉升行情。

　　主力為了成功拉升，主動進行洗盤換手，在12月3日到7日形成兩陰夾一陽形態，不少投資者見狀紛紛獲利了結。可是，第二天股價開低走高，出現明顯的止跌止穩跡象，第三天強勢上攻，展開新一輪拉升行情。

　　技術解盤 ▶ 就該股而言，市場人氣、投資情緒非常重要，因為它當時是滬深兩市為數不多的大牛股之一，成為遊資和散戶追逐的對象，於是大量流動資金湧入，抑制股價大幅下跌的勢頭。

　　從技術方面來看，股價該跌不跌，均線系統多頭發散，量能高度活躍，主力做多意願強烈，可見是主力洗盤行為。

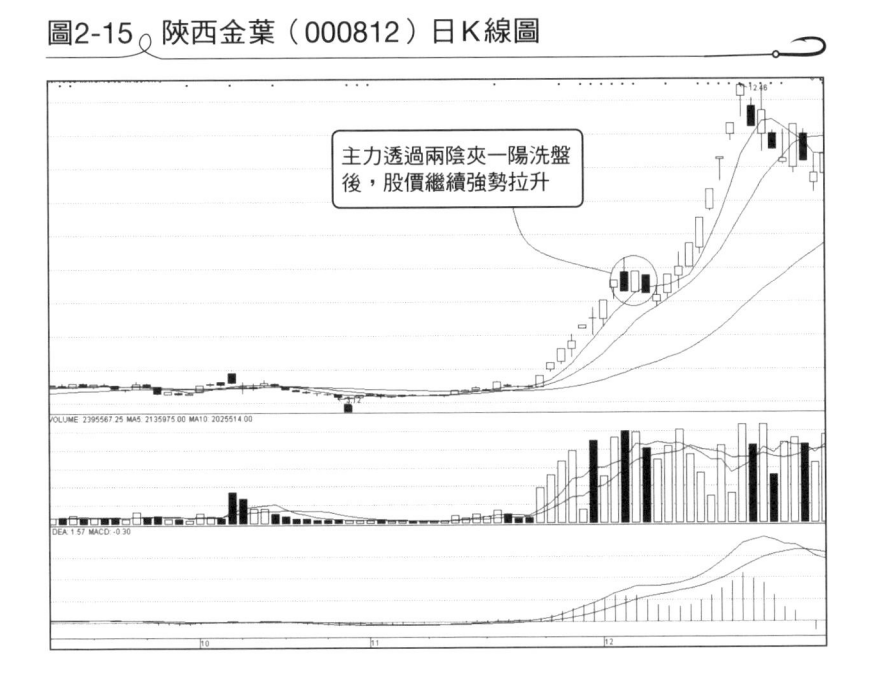

圖2-15 陝西金葉（000812）日K線圖

（圖中標註：主力透過兩陰夾一陽洗盤後，股價繼續強勢拉升）

辨別與操作方法

（一）**觀察後續走勢**。通常來說，真正的兩陰夾一陽形態出現後，股價會迅速脫離頭部，即使出現反彈，也會在頭部下方遇阻而返。如果形態出現後，股價沒有成功擺脫頭部牽制，則屬於空頭陷阱的可能性較大。

（二）**看形態出現的位置**。如果出現在股價已有一段升幅的中段，投資者可以先行退出觀望，等回檔低點再擇機介入。成功做一波短線也是美事一樁，但若不熟悉短線技術，可以放棄機會，等待下一個升勢。

如果形態出現在股價大幅上漲的末期，應擇高離場，不要對後市抱持幻想。那麼，如何辨別價位的高低呢？根據多年市場經驗，可以從以下幾點判斷高價位：

- 漲幅巨大，超過一倍以上的個股。
- 剛剛退卻的前期市場領頭羊或熱門股。

- 成交量持續放出天量的個股。
- 本益比很高的個股。

（三）**在兩陰夾一陽形態之前有盤整過程**。股市有「久盤必跌」一說：當股價處於較高價位時，如果長時間橫盤整理，始終無法向上突破，那麼下跌趨勢悄然而成，因為市場總是「下跌容易，上漲難」。

（四）**成交量也很重要**。雖然股價下跌時不強調成交量，但在突破關鍵位置時要有成交量配合。然而，如果主力在高位已經大量出貨，不見得會出現大成交量。

（五）**尋找其他 K 線反轉形態**。兩陰夾一陽形態與其他 K 線的反轉形態結合，可以構成相當強烈的反轉訊號。例如和十字星、孕線、吞噬線等 K 線組合時，反轉意味相當濃烈。

（六）**尋找其他技術訊號支援**。如 MACD、RSI、DMI、BOLL 和 KDJ 等中短線技術指標，是否出現相應的死亡交叉、向下突破、頂背離、走弱等空頭訊號。發出的做空訊號越多，看跌意義越大。

2-8 【下降三法】3個原因造成形態失敗，股價不跌反漲

形態分析精華

形成過程

　　下降三法也稱為下降三部曲，與上升三法對稱，是下跌持續形態，後市繼續看跌。它由 5 根 K 線組成，可分解為 3 個部分：下降、回升、再次下降。

　　下降三法形態是維持原本下跌趨勢的加強訊號，形成過程如下：
1. 在持續的下跌趨勢中，空方力量打壓股價走低，收出一根大陰線。
2. 在此長陰線之後，連續出現 3 根短小的上漲陽線（實盤中 2 根或 3 根以上小陰線也可以），顯示原先的下跌趨勢受到支撐。但是，這些小陽線的實體不大，股價漲幅很小，收盤價沒有超出第一根陰線的高低價範圍。
3. 第五天開低走低，以一根大陰線飛流直下，落到第一天陰線的收盤價之下，股價創 5 日以來新低。這種大跌小漲的形態，顯示空方占絕對優勢。

主力操作的多空訊號

應用法則

- 在下跌趨勢中出現大陰線，代表跌趨延續。
- 大陰線實體後面跟隨一組小實體（大多為陽線），與當前趨勢相反排列（從低到高），並保持在第一天大陰線的最高價與最低價範圍內（不包括上影線和下影線）。在實盤中，如果第一根是大幅跳空的陰線，只要隨後的回升不高於大陰線前一天的收盤價，可以認為是正常回測，跌勢沒有遭到破壞，後市依然看空。
- 中間實體較短小的 K 線，最理想的數量為 3 根（2 根或多於 3 根也可以接受），唯一條件是，它們必須處於第一根大陰線的實體之內（影線部分可以不計）。此外，這些小 K 線可以是陰線、陽線或十字星，也可以陰陽交錯出現，但普遍以陽線居多。
- 最後一天的大陰線，開盤價應低於前一天小陽線的收盤價，收盤價應低於第一根大陰線的收盤價。

技術意義 ▶ 下降三法形態表示下跌趨勢暫時停頓，但力量不大，還不足以造成趨勢反轉。形態的回升過程是下跌趨勢的休息時間，不會改變行情原有的趨勢方向，最後一根大陰線進一步維持原本的下降趨勢，因此投資者可以繼續觀望，等待真正的底部出現再買進。

效力和操作要點

- 下降三法形態不是趨勢反轉訊號，而是跌勢繼續的鞏固訊號，因此在訊號出現之前，股價已有一小段跌幅，這是與其他頭部訊號的不同之處。
- 第三部分應該突破前期低點，創出下跌趨勢以來的新低，表明下跌勢頭強勁。一般來說，大陰線越長，形態下跌的動力越強，最後一根大陰線的下影線越短，股價下跌的力道越大。
- 在下降三法形態中，如果頭尾兩根大陰線的成交量，超過中間幾

根小 K 線的成交量，則形態的看跌意義更重。
- 下降三法形態應出現在大陰線之後，表明空方快速下降，然後透過 3 根小陽線反彈修復，第五天的陰線跳空開低，一舉跌破第一天形成的低點。
- 中間的時間可能會超過 3 天，但無論如何，小 K 線的高低價格（影線部分可以不計）始終保持在第一天大陰線的價格範圍內。

常見假訊號

　　股價見頂後回落，市場呈現空頭趨勢，做空動能不斷聚集，在 K 線圖中出現一根大陰線。這時，空頭攻勢有所收斂，在大陰線之後連續收出 3 根向上回升的小陽線。可是，第五天又出現一根陰線破位而下，突破形成多日的盤整區間。市場重新步入下跌軌道，並創出價格新低。上述 K 線組合成標準的下降三法形態，是清倉離場的時機。

　　可是在實盤中，當投資者紛紛賣出後，股價卻沒有明顯下跌。通常股價會在第五天的下跌過程中遇到多方狙擊，下跌勢頭被封堵，導致下降三法形態失敗。之後，股價經過蓄勢整理，迎來可觀的上漲行情。

　　出現下降三法失敗形態的主要原因有：
1. 在前期的下跌過程中，空方能量充分釋放，下跌動能衰竭，從而導致技術形態失敗。
2. 下方遇到強大的技術支撐，股價觸底回升。
3. 股價繼續下跌不利於操盤意圖，例如股價未到目標價位，或主力沒有順利出貨，需要拉高股價讓籌碼賣個好價錢，導致下降三法形態失敗。

　　圖 2-16（見 126 頁）的西王食品：該股見頂後逐波下跌，在底部形成盤整區，主力在震盪過程中吸收大量低價籌碼，為了構築扎實的底部基礎，2018 年 5 月 2 日股價放量跌停，並再次向下突破盤整區的支撐，由此形成下降三法形態。從盤面來看，股價大有加速下跌之勢。

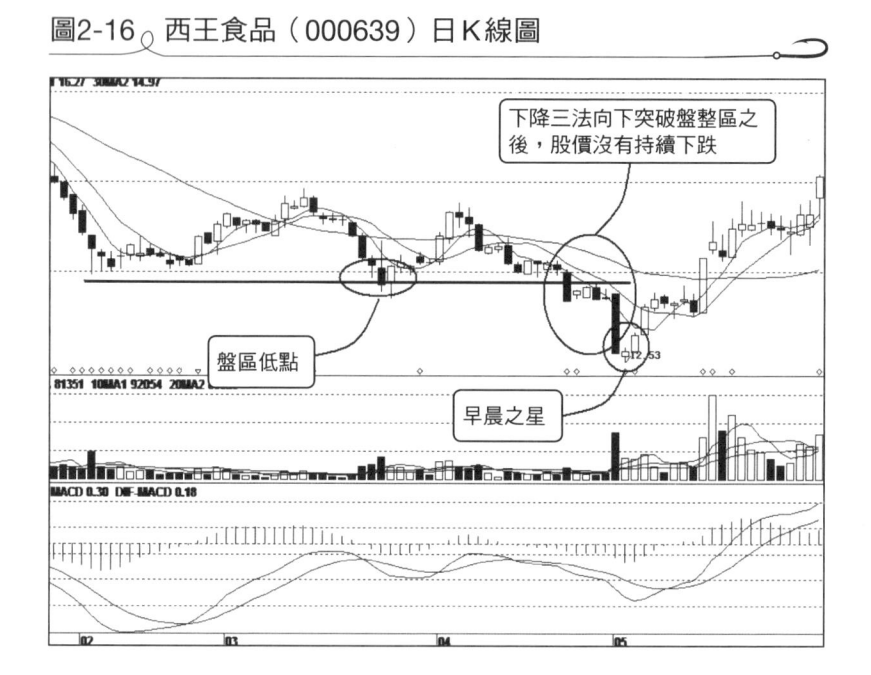

圖2-16 西王食品（000639）日K線圖

> 下降三法向下突破盤整區之後，股價沒有持續下跌

> 盤區低點

> 早晨之星

技術解盤▶ 這個下降三法形態有什麼技術意義呢？股價是否會繼續下跌？從K線圖中可以看出，該形態的下跌幅度並不大，這是因為前期累計跌幅非常大，股價處於歷史底部，後市的下跌空間有限。而且，在該形態產生後，股價並未出現持續下跌走勢，次日收出止跌十字星，隨後幾個交易日繼續收陽線，構成晨星形態，然後股價震盪回升。

投資者遇到這類個股時，可以從以下方面思考：

1. 出現下降三法形態時，如果股價處於明顯的下跌通道中，而且之前沒有任何止跌跡象，就不要盲目進場。持股者應在盤中逢高停損，以防後市快速下跌。
2. 在形態中間的回升過程中，漲幅不是很大，主動買盤也不是很積極，股價運行在10日均線之下。
3. 在形態出現的第二天，如果股價回升，只要未成功突破10日均線的壓力，成交量也沒有明顯放大，就不要輕易買進。

辨別與操作方法

（一）在下降三法形態中，應把握2個技術要點：一是把握中間的3根小K線，如果它們突破第一根陰線的最高價，則形態宣告失敗。二是把握第五天的陰線長度，原則上實體越長越有效，且股價要創出並收於新低。如果第五天收盤價沒有跌破第一根陰線的收盤價，則形態難以確立。

（二）**觀察成交量**。下降三法形態的成交量，不如上升三法形態那樣重要。第一天陰線的成交量可以與中間小K線的成交量持平，即使是無量空跌，殺傷力也相當強大。第五天的成交量必須放大，顯示賣壓沉重。

（三）**結合均線和乖離率**。股價前期下跌的乖離率大小，對後市具有重要參考作用。如果前期下跌的乖離率很大，股價遠離均線系統，即使經過3根小陽線的回升修復，乖離率仍然較大，當股價在第五天進一步下跌，就會導致乖離率進一步加大。這不利於空頭的持續發展，很可能出現見底回升，或形成底部震盪走勢。

（四）**觀察盤面**。該形態發生在盤跌行情中，可靠性比較高，但出現在跳水式暴跌行情後的下降三法形態值得注意。因為在暴跌行情中，空方短期消耗過大，乖離率也很大，很可能出現報復性反彈走勢，這時不應盲目做空。在實盤中，很可能會產生V形底，或是股價回升到起跌位置附近，此時技術高手可以積極參與，搏一輪可觀的反彈行情。

（五）**分析形態出現的位置**。反彈行情結束後出現的下降三法形態，可靠性比較高。在高位形成的下降三法形態要小心頭部，一旦頭部形成，股價將陷入中長期調整走勢。在長期下跌後的底部出現下降三法形態，可靠性比較低，可能是空頭陷阱。

第 3 章

技術形態看漲時，當心是主力的做多陷阱

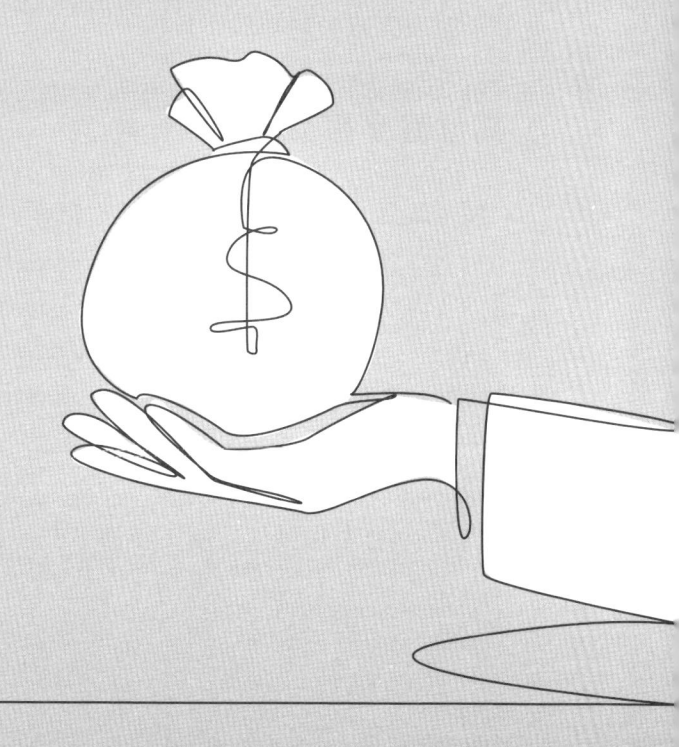

3-1 【V形底】掌握重點區分真假V形底，不追高就不被套

■ 常見虛假形態和訊號

V形底是非常猛烈的底部反轉訊號，標誌原本的空方突然翻多，使K線圖走勢突變，單憑這一點，V形底本身就是巨大的陷阱。常見的V形底假形態或失敗形態有以下幾種。

①高位假V形底

股價經過一輪炒作後，主力取得豐厚的帳面獲利，開始兌現籌碼，股價出現下跌走勢。由於主力很難一次完成出貨，股價下跌到一定程度就止穩反彈，再次向上拉高，在K線圖上形成V形底。

這時，不少投資者以為是V形反轉，股價將出現新一輪上漲行情，因此大舉介入做多。可惜，股價沒上漲多少就轉為下跌，使買進者落入高位V形底的陷阱。

圖3-1的川恒股份：這是典形的高位假V形底。股價被大幅炒高後，在2021年9月中旬見頂回落，持續下跌，直到10月中旬止穩反彈，強勢回升，在K線圖上構成V形底。少數投資者誤判，認為該股調整結束，

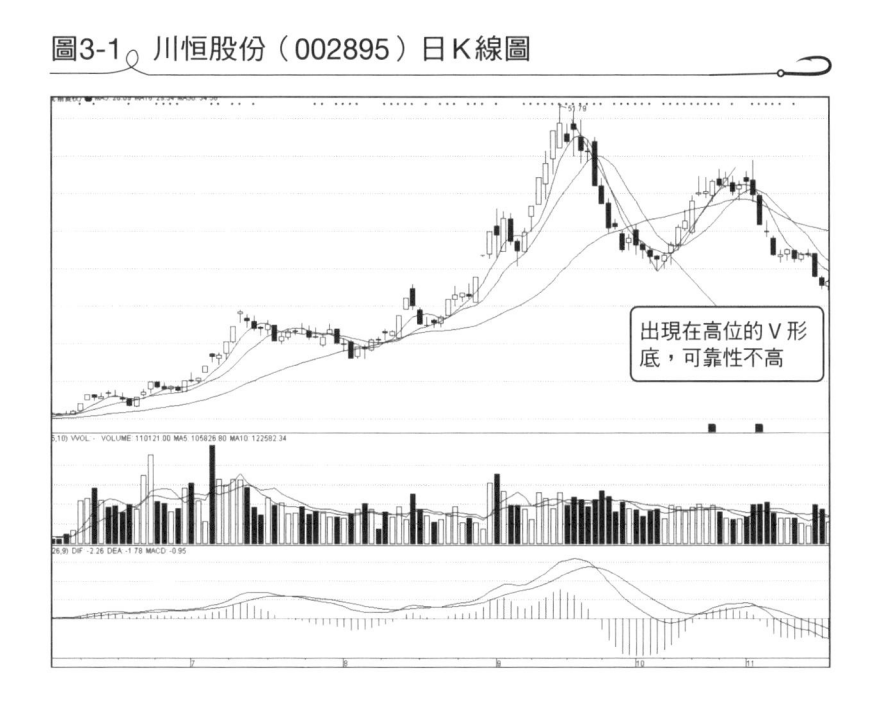

第 3 章　技術形態看漲時，當心是主力的做多陷阱

圖3-1 川恒股份（002895）日K線圖

> 出現在高位的V形底，可靠性不高

V形底確立，為介入做多的訊號，可是此後股價並未上漲，而且很快轉為下跌走勢。

技術解盤▶ 這個V形底不能作為買進依據，理由是：首先，該股處在高位。V形底的前提是股價必須經過大幅下跌，或突然遇到不尋常的打壓，處於底部區域，使絕大多數投資者被套在其中。然而，該股明顯處於高位，股價沒有出現大幅下跌，盤中大多數籌碼是獲利的。此處買盤介入非常少，不能構成V形反轉，這裡的走勢其實屬於見頂後的A浪下跌和B浪反彈，而B浪反彈屬於出貨階段，因此不是進貨時機。

其次，該股股價下跌不急。在V形反轉之前，要有一段持續的急速下跌，引發盤面極度恐慌，股價嚴重超賣，然後有出其不意的買盤介入，才會引發V形反轉走勢。該股顯然沒有這種盤面現象，股價只是短期超跌，盤面恐慌程度不強，所以很難出現V形反轉。

最後，該股的成交量不大。在股價回升時，成交量出現萎縮，不具備

131

主力操作的多空訊號

上漲動力,進一步否定 V 形反轉的可能。

由此可見,該股不符合 V 形反轉的基本特徵,屬於主力拉高出貨的盤面走勢。投資者遇到這種情形時,應逢高賣出,最佳賣點有 2 個,一是在前期高點附近,二是在股價跌破 30 日均線時全面清倉。

②回測假 V 形底

股價快速下跌一段時間後,一般會出現反彈行情,有時候反彈角度與前期下跌的角度相近,就形成 V 形反彈。在實盤操作中,成功抓住一波 V 形反彈行情的獲利,不亞於一波中級行情。但是,這種行情的風險很大,經常在股價急跌後沒有出現強勢反彈,取而代之的是一次弱勢反彈或橫向盤整,不久後,股價再次形成跌勢。

圖 3-2 的環旭電子:該股見頂後回落,2020 年 10 月 30 日出現大陰線向下突破 30 日均線,次日收出止穩的十字星,隨後幾日股價反彈,形成底部晨星看漲訊號,圖形也符合 V 形底,看似可以買進。可是,股價並沒有真正形成 V 形反轉,在大陰線起跌的位置附近就受阻回落,之後股價逐波下跌。

技術解盤▶該股為什麼沒有出現 V 形反轉呢?該股在高位已經形成盤整區,並構築標準的 M 頭形態,股價向下突破 30 日均線後,表明上方壓力越來越大。之後的股價回升走勢,只是對 M 頭和 30 日均線突破的回測確認,確認有效後,股價向下走弱。

而且,該股的成交量未能有效放大,在出現長下影陽線當天沒有放量,隨後幾天也未見補量。這表明場外資金猶豫不決,不敢貿然介入,再加上下跌慣性的影響,股價最終選擇下行也不意外。

當股價快速下跌一段時間後再快速上漲,即便下跌與上漲的角度在圖形上對稱,幅度也不一定會對稱。如果主力的籌碼沒有出貨完畢,股價剛開始下跌時,很容易出現 V 形反彈,強勢反彈的幅度可能與下跌的幅度大致相當。如果主力已經完成出貨,就不能指望有較大的反彈幅度。

一般情況下,強勢反彈可能達到下跌幅度的 1/3～2/3,一般反彈可能

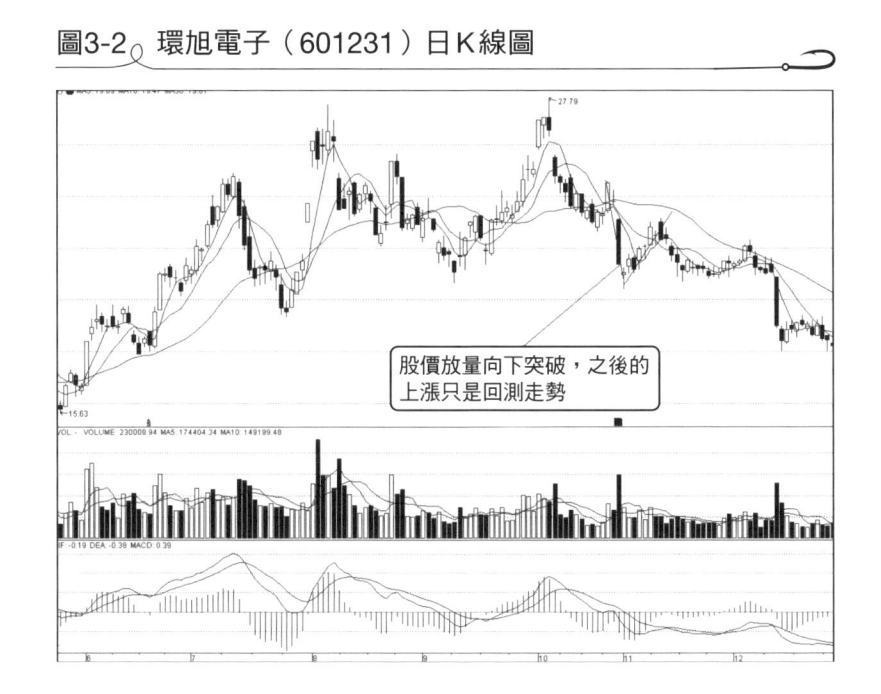

圖3-2 環旭電子（601231）日K線圖

股價放量向下突破，之後的上漲只是回測走勢

只有下跌幅度的 1/3 左右，弱勢反彈的漲幅更小，有時會以平台盤整代替反彈走勢。

③無量假 V 形底

大家知道，股價上漲必須有成交量支持，而且價量要配合得當，否則會影響股價上漲的力道和持續性。V 形反轉更需要成交量配合放大，無量或小量不可能出現反轉。如果只注重形態結構，忽視成交量，最終往往造成失敗。

圖 3-3（見 134 頁）的白雲機場：該股反彈結束後再次回落，2021 年 5 月 10 日，當股價下跌到前期低點附近時，獲得技術支撐而向上反彈，構成底部晨星看漲訊號，圖形也符合 V 形底，預示股價探底成功，後市將會回升，可以視為買進訊號。可是，隨後股價只是小漲，沒有出現預期

主力操作的多空訊號

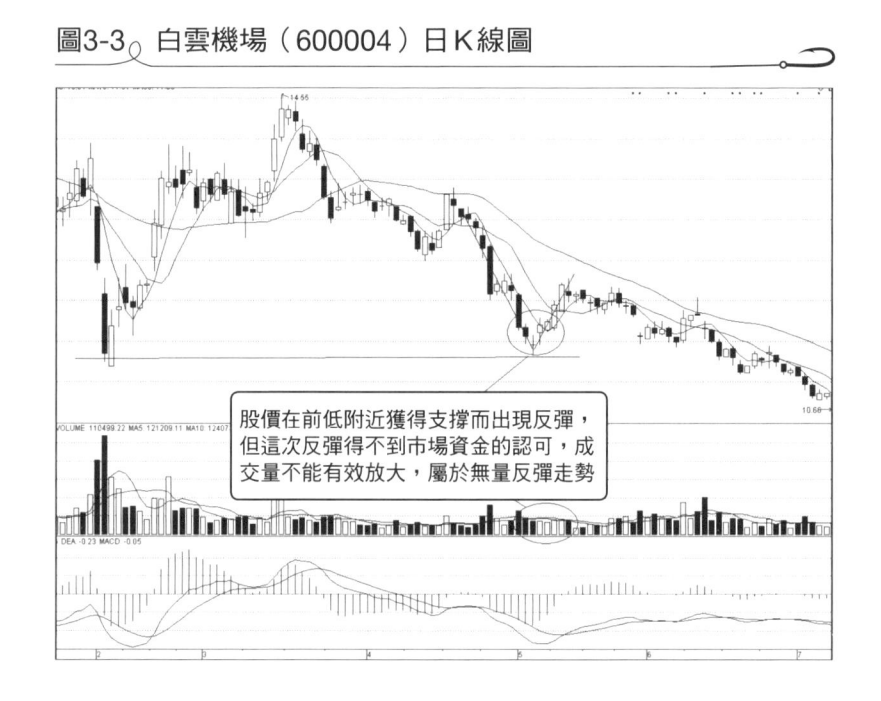

圖3-3 白雲機場（600004）日K線圖

> 股價在前低附近獲得支撐而出現反彈，但這次反彈得不到市場資金的認可，成交量不能有效放大，屬於無量反彈走勢

中的上漲行情，很快就轉為下跌，該形態演變成假 V 形底，套牢追高的買進者。

技術解盤 ▶ 為什麼該股形成 V 形底後，股價只有小幅上漲呢？理由是：從該股走勢圖可以看出，股價上漲得不到成交量的積極配合，在整個回升過程中，只有偶爾出現脈衝式放量，沒有持續的放量過程，所以後市存在許多變數。

該股之所以出現反彈走勢，主要是股價在前期低點附近獲得技術支撐，但市場並不認可這裡的支撐作用，所以後續反彈力道不大。

而且，該股前期下跌的幅度不大，速度不急，不具備 V 形反轉的形成條件。V 形反轉必須有急速下跌的過程，股價超跌是引發 V 形反轉的重要因素。該股剛剛脫離下跌中繼平台，沒有形成超跌走勢，不足以引發恐慌，也就很難構成 V 形反轉。

股價在回升過程中，受到前期低點和平台盤整區的壓力，前期低點由

支撐位變為壓力位，封堵股價的上漲空間。投資者遇到這種盤面時，應在壓力位附近賣出，或在股價再次跌破 30 日均線時清空。

辨別與操作方法

技術要點

在實盤中經常出現 V 形底，也伴隨許多假訊號，該如何正確判斷 V 形底呢？可以參考以下技術要點：

（一）必須有明顯的下降趨勢，一路少有反彈或只有微小反彈，並經常伴隨向下跳空，下跌幅度遠遠超出大多數投資者的預期。

（二）V 形底出現之前，股價要有比較長時間的下跌過程，並且跌幅較大，階段跌幅達到 30% 或 50% 以上。

（三）V 形底出現之前，股價應有加速暴跌的過程，在日線圖上明顯看到下跌速度加快，斜率趨陡。一般而言，股價暴跌的幅度越大，持續時間越長，則後市 V 形反轉的力道越大，上漲幅度越高。

（四）V 形底出現之後，股價應快速回升。回升的速度越快，V 形反轉的可能性和爆發性就越大。同時，回升的過程要很流暢，在壓力位只略做停留就一躍而過，這樣的 V 形反轉才可能形成大黑馬。

（五）V 形底出現之後，股價在幾天內就反彈到原先下跌幅度的 1/2 或 2/3 以上，這樣反轉的可信度更高。在股價回升過程中，成交量應明顯放大。

（六）股價必須遠離均線系統，短期出現明顯超賣。

（七）V 形的轉捩點如果以島形反轉的形式發生，則可信度較高。這種反轉走勢令人措手不及，因而在識別時，可以借助 K 線理論中的反轉訊號來分析，如晨星、底部錘子線、曙光初現等 K 線形態，都是明顯的見底訊號。另外，還可以結合短期下降趨勢線、均線、乖離率（BIAS）等技術指標綜合判斷。

主力操作的多空訊號

盤面現象

出現 V 形底時，如果伴隨單日（或雙日）反轉，確立訊號更清晰。這裡簡單解析單日（或雙日）反轉的盤面現象。

（一）出現單日反轉，表示下跌趨勢會改變。跌勢中出現單日反轉的當天，成交量不一定是一段時間內的最大量，但非常可能明顯增加。

（二）跌勢中出現單日反轉的當天，股價往往在開盤就逐步走低，低檔似乎毫無支撐，也可能開盤就大幅向下跳空，甚至以跌停板開盤。但是，盤中急劇震盪，未能以當天最低價或次低價收盤。縱使當天以最低價收盤，第二天的收盤價也會高於單日反轉當天的收盤價。

（三）出現單日反轉的當天，如果留有長下影線，或是以陽線實體收盤，對單日反轉的判斷可以更加確定。

（四）跌勢中出現單日反轉時，籌碼往往比較集中，且因主力持股較多，股價容易向上拉高，導致漲幅會比較大。

（五）跌勢中出現單日反轉的第二天，有時候盤中會略做下跌，這種現象是空頭的「回補點」，應積極買進。

（六）出現單日反轉後，股價通常會快速上漲，但假如出現單日反轉現象之後，股價上漲的速度甚慢，則漲勢可能會持續延長。

（七）單日反轉的現象並不限於大行情，有時也會出現在急速下跌之後，只影響最近幾天的走勢。突然發生單日反轉時，投資者可以考慮短線買進，以便短線賣出獲利。

（八）**底部雙日反轉是：**股價不斷下跌後，某天突然大幅下挫，成交量倍增，而且差不多以全天最低價收盤。可是，第二天在前一天收盤價附近開盤後，多方發力向上拉升，將前一天的跌勢拉回原形，最後差不多以全天最高價收盤，而且成交量跟第一天差不多，這反映買盤力道大，屬於利多訊號。

注意事項

（一）不論是標準的 V 形反轉，或擴張的 V 形反轉，大多出現在突發的重大利多或利空消息發布時，因此頭部或底部的成交量都不會異常增加或減少。

（二）V 形底雖然是很有上升潛力的形態，但它只給投資者一次買進機會，並不容易操作。由於股價會在短時間內暴漲，留給投資者研判的時間非常有限，而且股價在底部停留的時間極短，想在底部抄底買進幾乎不可能。因此，投資者可以在股價剛剛放量上漲時追漲買進。

（三）V 形底的安全係數遠比不上雙重底和頭肩底。圖形可能一時之間看起來像 V 形底，但不久後又回落測試底部，最終演變成雙重底或頭肩底。

（四）V 形底的走勢十分剽悍，上升角度和下跌時一樣陡峭，很快就漲回起跌位置，而且繼續向上飆升。但是一般來說，突破頸線之後就會變成震盪走勢，因此不必過分追高，只要把握回升時逢低買進的時機即可。

（五）V 形底來得急，去得快，經常讓人措手不及。重點是看成交量，如果你是敢於冒險的人，在盤中看到一路無量重挫的股票，突然出現異常大量時，就可以少量介入搶短。比較保守安全的做法是在股價突破均線，再回測均線時介入，這也是不錯的買點。

（六）若是主力因為被套牢而刻意營造 V 形底，通常會速戰速決，極力拉抬，只求解套脫身，所以在高檔一定會製造大量，用上沖下洗的方法出貨，屆時將對追高的投資者造成更大傷害，不可不慎。

（七）可以預估 V 形反轉的上漲高點，大多是距離反轉點較遠的形態頸線、趨勢線、波段高點和低點的水平支撐、壓力位，或是年線、半年線等附近。或者以底部至頸線之等倍距離，作為參考價位。

主力操作的多空訊號

3-2
【雙重底】主力試盤或出貨造成的假突破,該怎麼判斷?

▍常見虛假形態和訊號

雙重底是重要的底部反轉形態,具有強烈看漲意義,但它不一定都出現在趨勢底部,有時候在下跌行情的盤整過程中,也會出現小型雙重底。也就是說,雙重底形成後,後市繼續下跌的情況也經常發生,再加上主力利用技術形態製造假盤面資訊,使得市場上經常出現雙重底的假形態或失敗形態,增加判勢測市的難度。

①雙重底失敗形態

出現雙重底時,一般預示下跌行情結束,後市將迎來漲勢,可以積極買進做多,等待股價上漲。但在實盤操作中,經常看到雙重底失敗形態,股價沒有上漲反而下跌,使介入的投資者被套牢。

圖 3-4 的佳華科技:該股從 2020 年 8 月的 192 元一路下跌,2021 年 2 月初跌到 60 元以下,跌幅超過 68%。這時股價初步止穩並形成反彈,突破 30 日均線的壓力,待反彈到前期盤整區附近時,又受阻回落到前期低點附近,得到前低的技術支撐而再次反彈,並突破前期反彈高點(頸

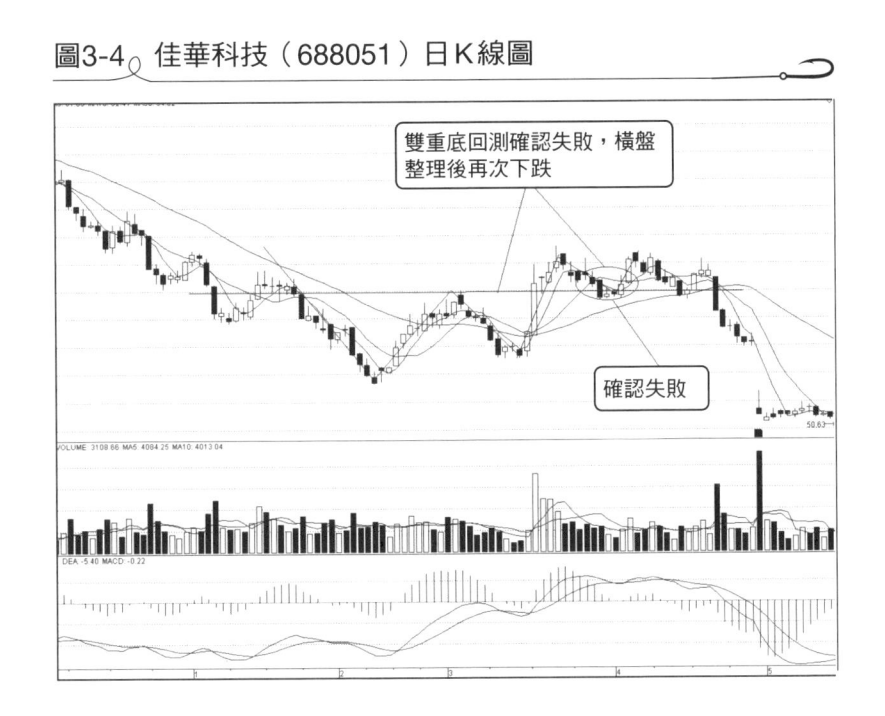

圖3-4 佳華科技（688051）日K線圖

雙重底回測確認失敗，橫盤整理後再次下跌

確認失敗

線），形成非常漂亮的雙重底，預示後市將有一段升勢行情。

這個形態吸引不少投資者介入，誰知道，之後股價向下回測時沒有成功拉起，經過短暫橫盤整理後，股價向下跳水，雙重底宣告失敗。

技術解盤▶這是典型的雙重底失敗形態。有經驗的投資者早已看出，該雙重底沒有成功構成，股價向上突破頸線時遇到強大壓力，無功而返。它的確很像雙重底，兩個底部很對稱，左邊放量上攻，時間跨度也適中，那麼為什麼會失敗呢？確切地說，這只是雙重底的雛形，能否成為現實還要看回測確認的結果，遺憾的是，最終回測沒有成功。

②無量假雙重底

通常來說，雙重底第二個低點的成交量，要比第一個低點小，在突破後回測確認時，成交量要有所萎縮，在第一個低點形成後的反彈，成交量

主力操作的多空訊號

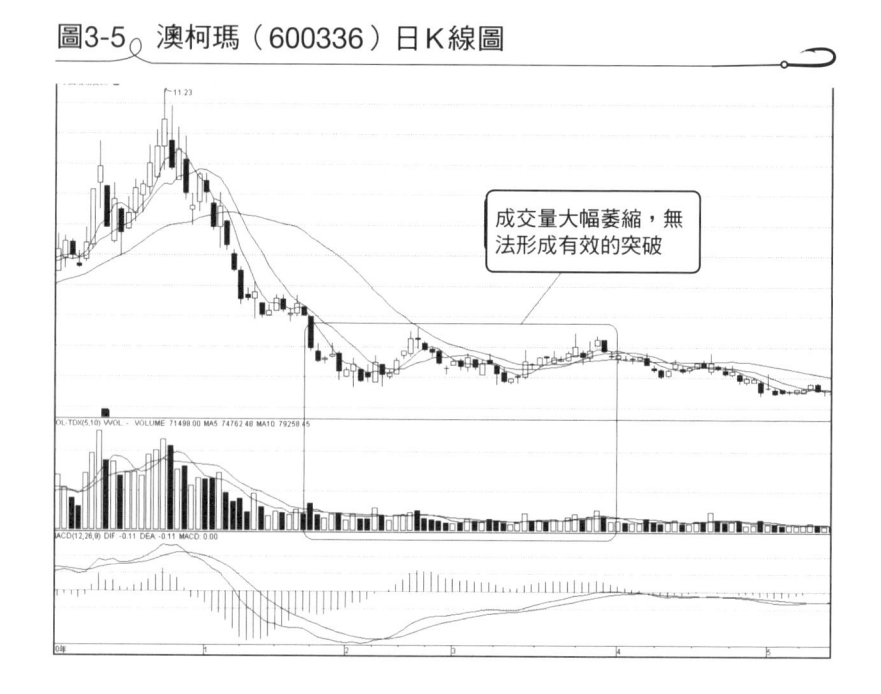

圖3-5 澳柯瑪（600336）日K線圖

> 成交量大幅萎縮，無法形成有效的突破

則要放大，但這些並非絕對要求。雙重底對成交量的特別要求是，股價向上突破雙重底頸線時，成交量必須明顯放大，才能推動股價上漲，否則就是虛張聲勢，十之八九是主力設置的陷阱。

圖3-5的澳柯瑪：該股經過一段持續下跌行情後，2021年2月上旬初步止穩並小幅反彈，但反彈力道不大。在隨後的震盪過程中形成雙重底，預示股價止跌回升，可以積極買進做多。可是買進後，股價只反彈到前期高點附近就掉頭下跌，此後漸行漸弱，不斷創出新低。

技術解盤▶為什麼該股不漲反跌呢？主要原因是雙重底形成後，成交量沒有放大，特別是第二次反彈時得不到成交量積極配合，表示場外資金謹慎，進場意願不強，所以反彈行情很難持續，更難形成突破走勢。

另外，還有來自2個位置的壓力：一是來自雙重底中間反彈高點的壓力，即頸線附近的壓力。股價到達此位置時，前期套牢盤和低位獲利盤大量湧出，股價最終無法突破，雖然偶爾衝破高點，但無法成功站穩。二是

來自前期成交密集區的壓力，該股的頸線恰好是前期成交密集區的底邊線，此處已由原本的支撐位轉為新的壓力位，一般來說很難攻克。

在實盤操作中，投資者在分析成交量時，要掌握4種盤面現象：無量向上突破、放出天量突破、突破後放量不漲或小漲、放量後快速縮量。這4種盤面現象都是量價配合失衡，要小心形態失敗，提防假突破。

③高位假雙重底

股價經過充分炒作後，主力獲利豐厚，開始兌現獲利籌碼。主力出貨需要真假手法併用，如果股價一路下跌，很難順利出逃，因此主力將股價維持在相對高價區震盪。在上下震盪的過程中會形成各種技術形態，雙重底就是常見的一種。出現雙重底之後，不少投資者以為回檔已經結束，期待後市上漲而匆忙進場，結果股價下跌，反而被套牢。

圖3-6（見142頁）的京投發展：2021年8月23日股價脫離底部後，出現一波快速拉升行情，主力的短期獲利非常豐厚。拉升結束後，主力為了出貨，使股價維持在高位震盪，上下起落就形成標準的雙重底形態。該形態吸引不少投資者跟進做多，以為主力將啟動第二波行情，沒想到股價回落，投資者被套牢在高位，一時無法解套。

技術解盤 ▶ 從走勢圖可以看出，這是明顯的雙重底失敗形態。首先，股價處在高價主力出貨區，而不是低價主力建倉區。其次，股價遇到前期成交密集區的壓力，尚處於盤整區，缺乏有效的突破走勢，而且該股的頸線恰好在前期成交密集區附近，對股價構成強大壓力。

④雙重底向上假突破

在雙重底的構築過程中，也經常看到向上假突破的情形。當股價第二次探底成功，然後向上反彈並一舉突破頸線的壓制，表明後市看漲。但是，正當市場預期繼續上漲時，股價在頸線附近盤整數日，又跌回頸線之下，股價繼續下行並創出新低，徹底打破雙重底，讓在突破頸線處買進的籌碼

主力操作的多空訊號

圖3-6 京投發展（600683）日K線圖

> 高位雙重底出現後，股價不漲反跌

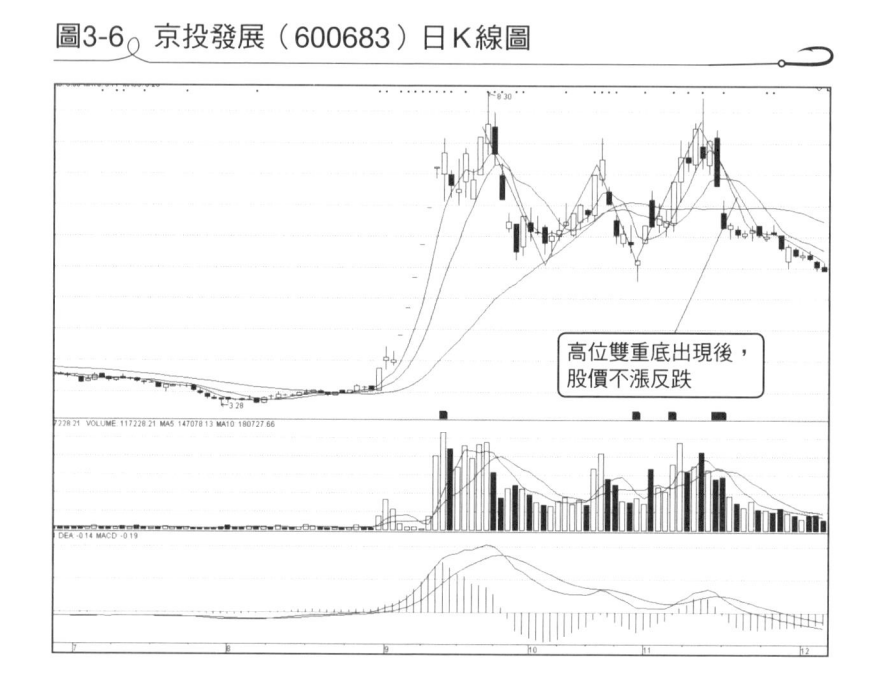

全都被套牢。

圖 3-7 的大地熊：該股上市後一路盤整下跌，直到 2021 年 1 月初止穩反彈。股價反彈到 30 日均線上方時，遭到低位獲利盤和前期套牢盤的打壓，再次回落。股價回落到前期低點附近時，看好後市的投資者逢低介入，股價獲得支撐而再次反彈。

股價再次反彈到前期高點附近時，似乎遇到壓力，使上漲速度放緩，但主力為了吸引場外跟風資金，拉抬股價向上突破雙重底的頸線，給人出現底部的錯覺，誘導投資者跟進做多。可是，市場跟風欠積極，股價很快回落到頸線之下，重新構築底部。

技術解盤 ▶ 該股雖然構築非常漂亮的雙重底，但美中不足的是，股價突破頸線時存在一些技術疑問：

1. 股價突破時沒有成交量積極配合，成交量與前期反彈時持平，顯然沒有太多新的資金進場。這種突破方式只是虛張聲勢，是主力刻意

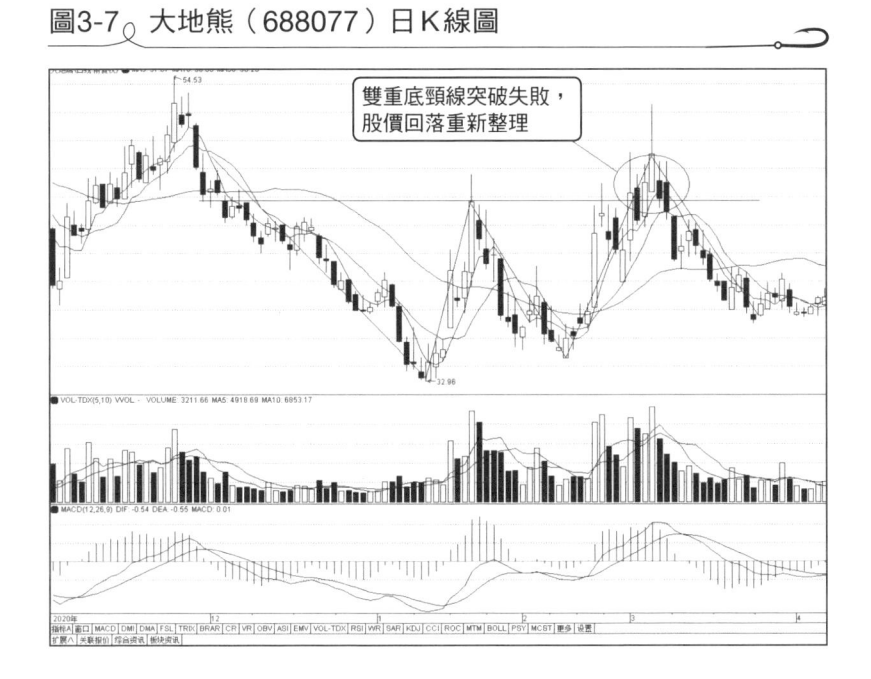

第 3 章 技術形態看漲時，當心是主力的做多陷阱

圖3-7 大地熊（688077）日K線圖

（圖中標註：雙重底頸線突破失敗，股價回落重新整理）

拉高試盤所致。
2. 股價向上穿過頸線後，日K線結構非常凌亂，說明突破氣勢不足。
3. 前期盤整區壓力較重，在成交量不大的情況下，股價很難形成有效突破。

遇到類似情形時，一定要等待突破後的回測，確認突破有效後再介入做多。如果股價突破失敗，先前低位買進的投資者應立即賣出離場。

辨別與操作方法

（一）等待突破頸線後的回測。雙重底是底部反轉訊號，但可靠性比頭肩底差，因為雙重底只經歷 2 次探底，不像頭肩底可以徹底清理盤面。這也是很多雙重底突破頸線後，又重新探底的原因。

主力操作的多空訊號

股價突破雙重底的頸線時，理論上是買進機會（通常稱第二買點），但實際上仍要冒較大風險，一旦股價上衝失敗，在這個點買進的投資者就會被套牢。因此，在突破頸線處買進的投資者，要隨時做好停損離場的準備。

當然，並不是說在突破頸線的地方不能買進。從趨勢來看，繼續上漲的機率大於重新下跌（通常是6：4），可見還是有機會。安全又穩健的做法是，在股價突破頸線並回測確認頸線的支撐有效，股價再次放量上攻時買進（通常稱第三買點），獲利的把握更大。

從統計數字來說，雙重底大多會有回測過程，通常不必擔心股價突破頸線後一路不回頭。即使遇到股價突破後一路飆升的情況，也不要緊，可以在上升趨勢明確後適量介入，因為股價漲勢一旦形成，就不會輕易改變，這時候買進的勝率還是很大。或者乾脆另覓良機，要知道股市裡多的是機會。

（二）**提前買進**。第一個底出現後股價上漲，反彈後的最高點與第一個底的差幅達到10%以上，而且反彈高點附近的成交量顯著減少。之後股價再度下跌，到第一個底附近又開始上漲，形成第二個底。如果第二個底的成交量未大於第一個底，可以判斷雙重底構成，考慮提早買進，這就是第一個買點。

或者，第一個底出現後，股價反彈到距離第一個底的10%以上，而這個底附近的圖形有構成圓弧底的跡象，並且成交量時大時小，呈現不規則變動。該圓弧底並未完成向上突破，股價就下跌到第一個底附近，這時可以判斷雙重底構成，出現第一個買點。

如果股價形態同時符合上述因素（具有未完成的圓弧底，以及第二個底的成交量未大於第一個底），則雙重底的構成將更可靠，應在第一個底附近的價位果斷買進。

（三）**分析形態出現的位置**。構成雙重底需要的時間比頭肩底更短，浮動籌碼也比頭肩底更少，因此不一定是出現在底部反轉階段。在下跌行情的盤整過程中，也會出現小型的雙重底。也就是說，頭肩底大多出現在行情大跌之後，雙重底除了出現在行情大跌之後，也可能出現在行情大漲

或大跌的中途。

（四）**和圓弧底的關係**。雙重底的一邊不一定是圓弧底，圓弧底也不一定會出現在第一個底。構築雙重底的過程中，經常會出現圓弧底上漲，至於在第一個或第二個底都有可能，並不影響預測結果。

（五）**結合其他技術分析方法做驗證**。在雙重底形成時，KDJ、RSI、MACD等技術指標經常出現背離。可以結合K線、技術指標及波浪形態綜合分析，相互驗證。股價突破時如果得到其他技術方法的支持，買進訊號的準確性更高。

（六）**從股價位置判斷真假突破**。若股價處於底部、中途盤整區、主力成本區附近，發生向上突破時，真突破的機率較大，而發生向下突破時，則假突破的機率較大。若股價處於高位，遠離主力成本區，發生向上突破時，假突破的機率較大，而發生向下突破時，則真突破的機率較大。

3-3
【三重底】比雙重底更扎實，但當心演變成箱形整理

■ 常見虛假形態和訊號

① 三重底失敗形態

　　三重底比雙重底多一個底，底部基礎更扎實。在技術圖形上出現三重底，通常預示下跌行情結束，後市迎來上漲行情，因此可以積極買進做多，等待股價上漲。但是，三重底也經常出現失敗形態，股價再陷調整走勢，或步入下跌行情，使投資者被套在其中。

　　圖 3-8 的博睿數據：該股上市後略做拉高，然後回落一路走低，2020 年 12 月 1 日拉起大陽線，形成反彈走勢。在此後一段時間裡，股價上下震盪，三落三起，形成非常漂亮的三重底，預示後市有一段升勢行情，可以買進做多。

　　可是，股價沒有成功突破，又回落到前期 3 個低點附近，經過一段時間的橫盤整理後，股價在 2021 年 4 月 22 日向下破位，三重底形態失敗。此後股價繼續回落，不斷創出新低。

　　技術解盤▶有經驗的投資者早已看出，這個三重底並未成功構成，股價向上突破頸線時遇到強大壓力，無功而返。那麼為什麼形態會失敗呢？

圖3-8 博睿數據（688229）日K線圖

> 三重底形態失敗後，股價向下突破

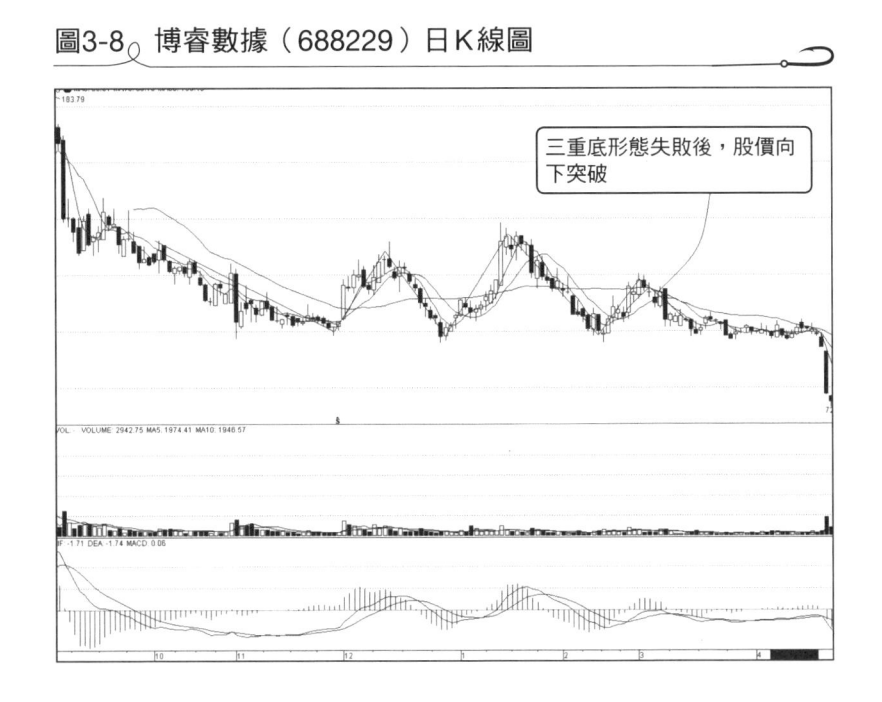

其實，這只是三重底的雛形，可謂萬事俱備，只欠最後的突破確認。若股價以3%以上的幅度向上突破三重底的頸線，就能形成有效突破，遺憾的是最終沒有實現。

失敗的主因是上攻能量不足，股價上漲時遇到前期反彈高點（即頸線附近）的壓力，此時如果沒有放量上漲，就很難突破，使股價回落到前面3個低點附近。這說明若不能有效突破上方高點，向下破位是最終的必然結果。

所以，在實盤操作中應耐心等待買點出現，不要過早下結論，更不要提前買進。在底部附近介入的投資者，可以在頸線突破失敗時賣出離場。

②三重底轉換為箱形

三重底是可靠的底部形態，但並非三重底出現之後，股價一定會上

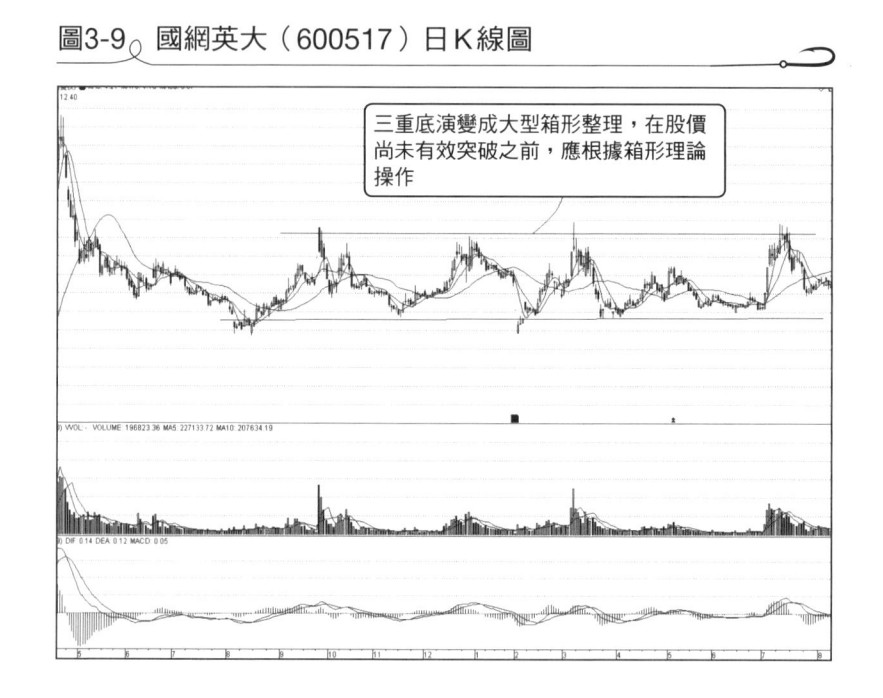

圖3-9 國網英大（600517）日K線圖

> 三重底演變成大型箱形整理，在股價尚未有效突破之前，應根據箱形理論操作

漲，有時候反而會陷入橫向盤整的泥沼中，逐步轉化為箱形整理，這也是三重底失敗形態。

圖 3-9 的國網英大：該股經過 9 個一字板後回落盤整，2019 年 7 月至 2020 年 7 月在底部幾起幾落，一開始就形成三重底，表示市場底部已經探明，為後市看漲形態。可是，股價始終無法突破前期反彈高點，多空雙方陷入僵持困境。此後，股價陷入橫向震盪走勢，逐步演變成不規則的、上有壓力下有支撐的大型箱形整理，三重底宣告失敗。

在實盤中遇到這種盤面情形，一定要等趨勢明朗或形態有效突破之後，再做買賣決策，短線高手可以根據箱形理論高賣低買。

■ 辨別與操作方法

（一）**等待突破頸線**。研判三重底時，最值得注意的要點是：三重底

不是有 3 個低點就能組成，3 次探底只表示股價走勢具有三重底的雛形，未來極有可能演化成真正的三重底，至於最終能否成功築底並形成一輪上升行情，還需要進一步確認。

即使在走勢上完成三重底的構造，只要無法放量突破頸線，就仍有變數。因此，大可不必在僅有 3 個低點，而形態還未定形時過早介入，雖然早點進場有可能得到更多獲利，但從風險報酬的比例來看，有時反而得不償失。

投資者在實際操作中，不能看到 3 次探底，就認定是三重底而貿然入市，這樣非常危險。應耐心等待股價成功突破頸線，才是最佳的買進時機。

（二）**觀察成交量**。三重底與頭肩底都相當看重成交量。市場的 3 次下探，應伴隨較小的成交量，直至第三個底仍無法跌破支撐位，股價開始反彈時，成交量要立刻大幅增加。而市場突破 2 個波峰連接而成的頸線時，成交量也要配合激增，否則突破的可信度將大打折扣。在很多趨勢反轉形態中，都可以看到這種特點。

在考察成交量時，一定要注意價與量的配合，如果量價失衡（成交量放大突破後回落、突破後放量不漲，或突破時成交量過小）則可信度差，要慎防主力以假突破的方式出貨。

（三）**「兩個高點」法則**。在三重底中，市場會經過回測確認的過程，且應以中間 2 個波峰連接的頸線為支撐線（注意：這條連線在三重底尚未完成時是一條壓力線，被突破後立即轉換角色，成為支撐線）。回測成功後，股價在支撐線的作用下再次放量上衝，超過突破頸線時形成的高點。也就是說，回測確認後的第一個高點，必須高於突破頸線時產生的高點，這是向上突破後回測確認的「兩個高點」法則，由此形成一個新的上升趨勢。

（四）**三重底和頭肩底**。應用和識別三重底的方法，基本上和頭肩底一樣，因為三重底在本質上就是頭肩底的變形。有些投資者不把三重底單獨看成一種形態，而是直接納入頭肩底。

兩者最大的區別是，三重底的頸線和上下邊線是水平的，這讓三重底具有箱形的特徵。和頭肩底比起來，三重底更容易演變成中繼形態，而不

是反轉形態。另外，如果三重底 3 個底的高度依次下降或上升，則三重底演變成直角三角形。這些都是投資者在應用三重底時應該注意的地方。

（五）**分析突破時的盤面細節**。這麼做有利於提高判斷準確性，例如分析突破時間的早晚。一般來說，突破發生的時間越早，就越可靠，在臨近尾盤時發生的突破，更值得懷疑。還有，觀察當天的突破氣勢，如果突破時一氣呵成，剛強有力，突破後能夠堅守在高位，可靠性就高；如果只是在盤中的瞬間碰觸頸線，這種突破不能成立。這些盤面細節十分重要，應細心觀察分析。

（六）**觀察均線**。由於三重底的構築時間比較長，中短期均線已由下降轉為走平，如果股價向上突破頸線的同時也突破 30 日均線，並帶動 30 日均線上行，中短期均線系統呈多頭排列，則成功突破的可靠性高，可以在 30 日均線附近買進。

（七）**結合其他技術分析方法**。結合 K 線、技術指標及波浪形態綜合分析，相互驗證。股價突破時如果得到其他技術方法的支援，買進訊號的準確性更高。

3-4 【頭肩底】小型頭肩底是主力常用的誘騙手法,因為……

■ 常見虛假形態和訊號

頭肩底是重要的底部反轉形態,具有強烈看漲意義,但不是所有的頭肩底後面都會出現上漲走勢。有時看似非常漂亮的頭肩底,實際上是巨大的技術陷阱或失敗形態。通常有以下幾種盤面表現。

①頭肩底失敗形態

股價經過 3 次下探後,底部基礎更扎實,在技術圖形上出現頭肩底形態,表明市場最悲觀的時刻已經過去,後市將迎來上漲行情,因此可以積極買進做多,等待股價上漲。但是,頭肩底也經常出現失敗形態,後續股價陷入調整走勢,或步入下跌行情,使投資者被套在其中。

圖 3-10(見 152 頁)的寧波聯合:股價見頂後持續走低,累積跌幅較大,在 2021 年 1～4 月的震盪過程中,形成一個複合頭肩底。特別是 4 月 7 日的大陽線,放量向上拉起,吸引一批散戶積極進場,他們認為頭肩底形態確立,預示後市將有一段升勢行情。

這個美麗誘人的頭肩底圖形,吸引不少投資者熱情參與,誰知道,最

主力操作的多空訊號

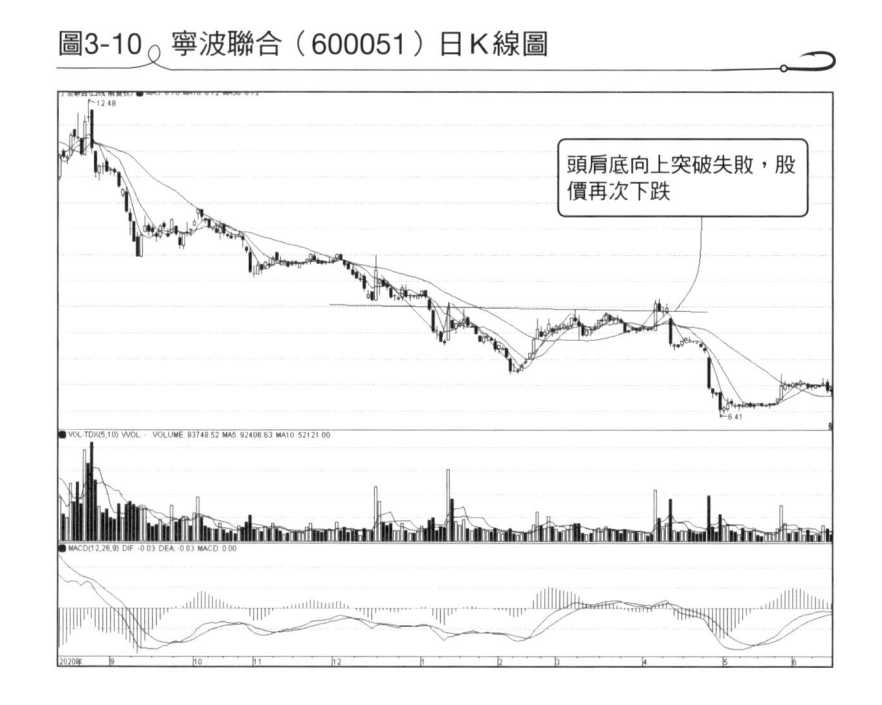

圖3-10 寧波聯合（600051）日Ｋ線圖

> 頭肩底向上突破失敗，股價再次下跌

終股價無法有效突破頸線，很快就回落形成新的跌勢，使頭肩底形態以失敗告終。

技術解盤▶有經驗的投資者早已看出，這裡的頭肩底並未成功構成，股價向上突破頸線時遇到強大壓力，結果無功而返。那麼，為什麼形態會失敗呢？

其實，這只是頭肩底的雛形，最終功虧一簣，沒有圓滿構成。失敗的主因是股價上漲時遇到前期反彈高點（即頸線附近）的壓力。股價到達該位置時，低位獲利盤和前期套牢盤大量湧出，多頭資金不敢輕舉妄動，股價最終無法有效向上突破。

另外，4月7日這根大陽線雖然有突破意義，但未能以決定性的3％以上幅度突破頸線，而且次日成交量大幅萎縮，盤面明顯偏弱，這也是導致形態失敗的重要原因。

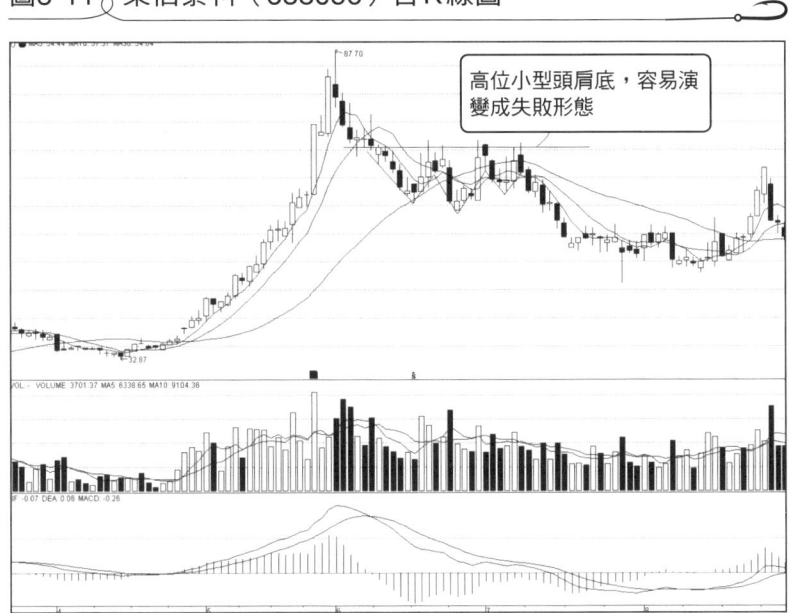

圖3-11 萊伯泰科（688056）日K線圖

高位小型頭肩底，容易演變成失敗形態

②高位小型頭肩底

　　頭肩底形態不一定都是反轉訊號，有時也會成為盤整形態，特別是小型頭肩底，因為構築的時間太短，所以觸底回升的訊號不太可靠，向上反彈後要隨時注意回落。主力常用這種手法誘騙投資者，要提高警覺。

　　小型頭肩底可能出現在下跌中繼盤整時，也可能出現在頭部。以下是出現在頭部的小型頭肩底實例。

　　圖 3-11 的萊伯泰科：該股前期大幅拉高，主力在高位賣出部分籌碼。由於主力持倉量較大，很難在高位一次完成出貨，因此使股價小幅下跌後進入震盪盤整走勢，形成一個小型頭肩底。該形態吸引不少投資者看漲進場，但這其實是主力精心製造的陷阱，待散戶進場後，股價就轉頭下跌。

　　技術解盤▶頭肩底通常出現在長期跌勢的底部，是預示趨勢即將擺脫下跌，重拾升勢的轉向訊號。一般而言，股價經過跌勢後，需要一段時間

主力操作的多空訊號

才能讓投資者恢復購買信心，多空雙方在低位會有一番對峙。因此，構築頭肩底所需的時間比較長，大約 2～3 個月甚至半年以上，時間太短的小型頭肩底不太可靠。週線圖中出現的頭肩底，比日線圖中的頭肩底要可靠得多。

該股只構成小型頭肩底，而且只花費一個多月，因此推測是下跌的抵抗性走勢。小型頭肩底可能是由市場震盪自然形成，也可能是主力故意構築（因為形態微小，容易做假圖形），但有一點可以肯定，主力選擇向上突破是為了吸引更多買盤，是主力故意拉高出貨。而且，這個頭肩底出現在高位，不符合形態的位置條件。

③無量假頭肩底

頭肩底的成交量模式是：在左肩，股價經過長期下跌後，成交量相對減少，持股者惜售，空手者觀望。之後，少數搶反彈的投資者介入，成交量有所增加，行情出現反彈。在底部階段的成交量往往比左肩少，底部上漲時再放大到左肩的水準。

右肩的成交量通常比左肩和底部小，右肩上漲時再放大。在頸線附近的成交量大量增加，突破頸線時的成交量必須持續放大。如果出現回測，成交量會快速縮小再放量上漲。

這些是一般情況，實盤中不見得會這麼標準。唯有一點必須要求，就是股價向上突破頸線時，成交量一定要明顯放大，才能推動股價上漲，否則就是虛張聲勢，十之八九是主力設置的多頭陷阱。

圖 3-12 的佳華科技：該股見頂後大幅回落，2020 年 8～10 月股價幾起幾落，形成頭肩底，預示將要止跌回升，吸引不少散戶看漲買進。可是，買進後股價沒有出現漲勢，反而漸漸走弱，形成新的下跌走勢。

技術解盤 ▶ 出現如此標準的頭肩底，為什麼股價就是不漲呢？主要原因是頭肩底形成以後，成交量沒有配合放大，特別是第三次反彈時得不到成交量積極配合，表明場外資金十分謹慎，進場意願不強，因此無法形成突破行情。

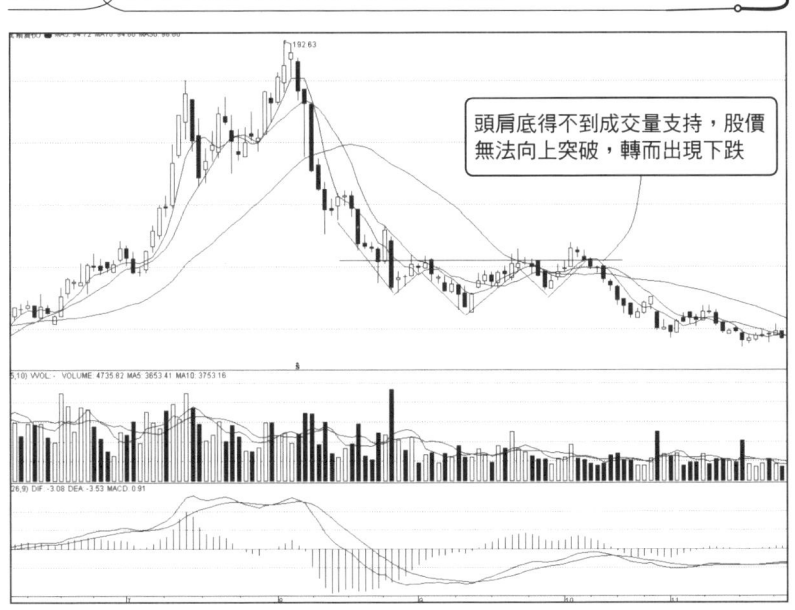

圖3-12 佳華科技（688051）日K線圖

頭肩底得不到成交量支持，股價無法向上突破，轉而出現下跌

　　尤其是股價反彈到頸線附近時，成交量仍然沒有明顯放大的跡象，因而難以形成有效突破，股價的上漲是虛張聲勢，是主力出貨所致。投資者在實盤中遇到無量頭肩底時，要小心形態失敗。特別是第三次反彈到頸線附近時，若成交量仍然不放大，可以在前期高點附近賣出。

　　股價向上突破時，必須得到成交量積極配合，市場才能進一步向突破方向發展。如果量價失衡（成交量放大突破後回落、突破後放量不漲，或突破時成交量過小），則形態的可信度低，要提防主力以假突破的方式出貨。

④頭肩底向上假突破

　　頭肩底的構成過程中，經常看到向上假突破的情形。股價成功構築右肩後，開始向上反彈，一舉突破頭肩底的頸線，預示後市出現漲升行情。

圖3-13 山東華鵬（603021）日K線圖

> 頭肩底向上假突破，股價再次大幅下跌

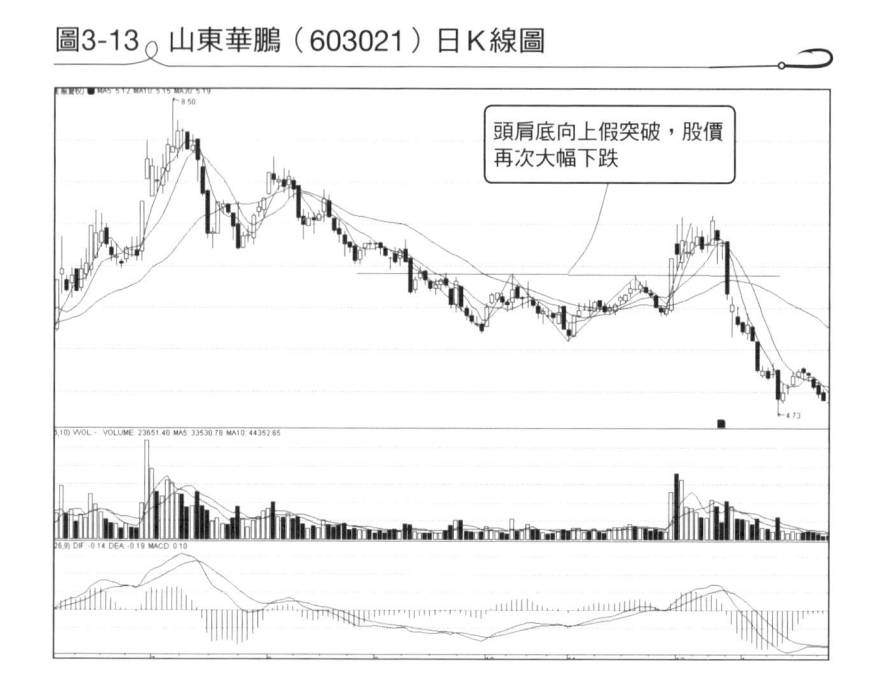

但是，股價卻在頸線附近盤整數日後，又跌回頸線之下，隨後形成新的下跌走勢。

股價突破時要有氣勢、有量能，這樣的突破才可靠。如果上漲有氣無力，盤面鬆散，這樣的突破值得懷疑。

圖3-13的山東華鵬：該股反彈結束後回落到前期底部，在上下震盪的過程中形成頭肩底。主力為了吸引場外跟風資金，在2020年11月3日使股價放量漲停，向上突破頭肩底的頸線，預示股價出現新一輪漲升。不少投資者跟進做多，可是股價在頸線附近短暫盤整後，無法形成上漲行情，最終選擇向下。

技術解盤 ▶ 該股突破頭肩底之後，為什麼股價不漲反跌呢？原因之一是股價拉高後，遇到前期盤整區的重大壓力，無法形成有效突破。而且，在漲停大陽線出現後，股價沒有持續上漲。真正的突破在穿過重要壓力位之後，必須迅速上漲才能有效，反觀該股在突破頭肩底之後，股價仍在壓

力位附近逗留,可見突破不堅決。

再說,這也是小型頭肩底,形態的構築時間太短,可靠性不高,後市存在許多變數,最終演變為假突破當屬預料之中。

辨別與操作方法

(一)**觀察成交量表現**。當後一個低點比前一個低點更低,但成交量卻比前一個低點更少時,是暗示頭肩底成立的先兆訊號。通常是左肩的成交量最大,頭部次之,右肩最小,反映市場賣盤逐漸減少。

股價向上突破頸線時,是頭肩底的第二個買點,此時成交量需配合增加,要超過左肩或底部的最高成交量。如果股價向上突破頸線時,成交量沒有顯著增加,其後幾日也未見補量,就可能變成假突破,投資者應考慮逢高賣出,以免受主力騙線困擾。

但是,如果股價向上突破時封住漲停板,使得投資者惜售而成交量未見放大,就不能視為假突破,只要日後出現補量,形態還是可以成立。

(二)**看回測突破頸線的情況**。假如突破頸線後數日的成交量仍然很少,經常會出現暫時的回測,使股價又回到頸線附近,但很少會穿過頸線。如果回測時跌破頸線達3%以上,要小心變成失敗的頭肩底,可以重新考慮賣出。

(三)**頭肩底的目標賣點**。頭肩底完成後,股價上漲到預估高點,再經過一陣盤整後,會產生另一段下跌行情。除了在預估高點附近賣出之外,也可以測量右肩到預估高點之間的距離,再從該高點向右量出相同長度,作為漲後盤整所需的時間,並在該預測點的末端賣出股票,避免行情由此繼續下跌。

根據經驗,由於K線圖座標取點的差異,用上述方法畫出來的距離會不太一樣,因此也可以在股價突破頸線後,計算完成頭肩底所用的交易天數,再用此交易天數除以2,作為漲後盤整需要的最少時間,並在該預測點附近考慮賣出。

(四)**頭肩底的停損點**。頭肩底是非常可靠的底部反轉形態,但還是

要設立停損點。在第一次急跌後買進者，停損點可設在虧損 10%；在右肩買進者，可設在股價有效跌破左肩的低點，且無明顯回升跡象時；在突破頸線後和回測確認時買進者，可設在股價再次下跌到頸線之下，走勢出現疲軟時。

（五）**參考波浪理論**。根據艾略特波浪理論，如果底部的低點與右肩的最低點之間，出現 3 波段上漲和 3 波段下跌，可以大膽假設頭肩底成形，應提早買進以待獲利。如果並未出現 3 波段上漲和 3 波段下跌，縱然股價已經突破頸線，但在達到向上突破的標準之前，應暫時以假突破視之。

（六）**頭肩底具有高度對稱性**。儘管左右肩的成交量不一樣，但在價格形態上趨於一致，構成左右肩所費的時間差不多，頸線趨於水平，左右肩的低位也大致相當。有些投資者會在頸線形成時，再繪出一條與頸線平行的直線，由左肩底部向右伸延，用來預測右肩的底部位置。由於右肩有時偏高、有時偏低，這個預測方法僅供參考，應等待進一步求證。

（七）**同時突破其他壓力位**。股價向上突破頭肩底的頸線時，常常會同時突破一條重要壓力線或 30 日均線，這會讓頭肩底更加可靠。

3-5 【潛伏底】切記別做3件事，才能成功抄底賺飽波段

▌常見虛假形態和訊號

潛伏底是長期蓄勢盤整後形成的底部反轉形態，之後股價一旦脫離底部，上漲潛力將非常大。但是，並非所有的潛伏底都會接續上漲走勢，有時看似非常漂亮的潛伏底，背後藏有技術玄機。常見的假突破或失敗形態有以下幾種。

①潛伏底失敗形態

股價到了跌無可跌的底部，但又缺乏上漲動力，多空雙方處於膠著狀態，主力耐心收集低價籌碼。一旦主力吸足籌碼，隨時可能發動上漲行情，且上漲幅度非常驚人。但是，潛伏底也經常出現失敗形態，投資者在操作時要加倍小心。

圖 3-14（見 160 頁）的恒泰艾普：股價反彈結束後再次回落，在前期低點附近獲得支撐，然後出現橫向窄幅盤整，成交量持續萎縮，形成非常漂亮的潛伏底，吸引抄底資金關注。然而，後市並未走出上升行情，股價略微上翹就轉向下跌，使潛伏底演變成失敗形態。

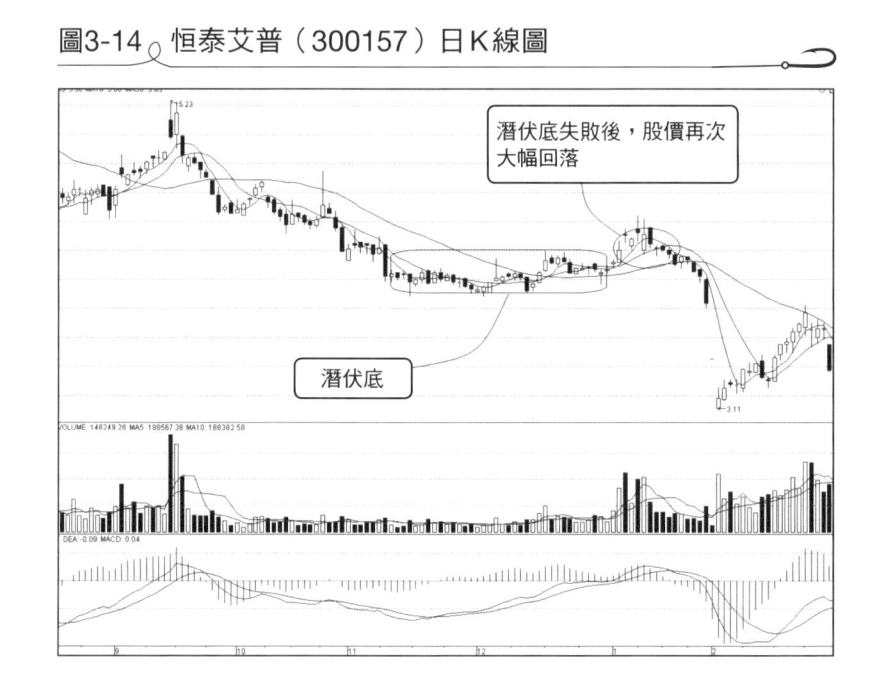

圖3-14 恒泰艾普（300157）日K線圖

（圖中標註：潛伏底失敗後，股價再次大幅回落；潛伏底）

技術解盤 ▶ 一個看似標準的潛伏底即將形成，卻在關鍵時刻功虧一簣，股價未能脫離底盤區域。主要原因是來自上方盤整區的壓力，需要強大的多頭力量才能形成有效突破。

可以看出，該股在試圖突破潛伏底時力道不夠，再次回落時也得不到有效支撐，導致股價滑落到形態之下，進一步加強形態失敗的可能性。投資者面對這種盤面時，不要過早介入，應等待有效突破再作抉擇。

②潛伏底無量突破

在股市中，只有放量上漲、量價匹配，才是健康的盤面，放量不漲或縮量上漲，都是不正常的盤面現象。以下是縮量上漲的潛伏底陷阱實例。

圖3-15的愛慕股份：該股上市時，連拉5個漲停後回落，股價下跌到上市首日的開盤價附近，進入震盪盤整，盤面維持橫向運行，形成潛伏

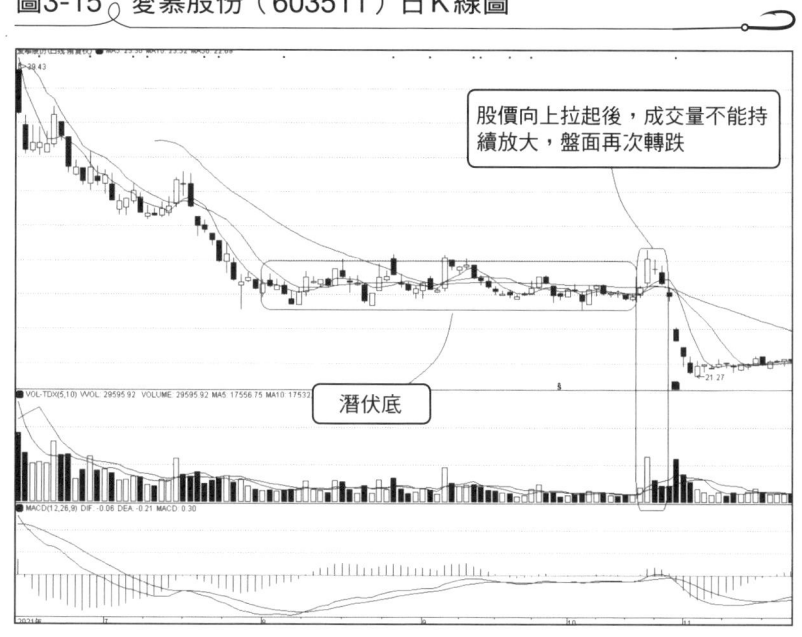

圖3-15 愛慕股份（603511）日K線圖

> 股價向上拉起後，成交量不能持續放大，盤面再次轉跌

潛伏底

底。主力為了啟動市場，吸引場外跟風資金介入，2021年10月25日使股票放量上漲，看似有脫離潛伏底的樣子，可是市場跟風資金明顯不足，次日立即縮量，之後股價快速下跌。

技術解盤▶這檔股票的問題之一，是成交量沒有同步放大。股價上漲得不到成交量積極配合，上漲行情肯定不能持續。

這種盤面走勢通常是弱勢反彈的表現，可能是受同期大盤或同板塊股票上漲的影響，或是主力特意推高股價出貨。其實，該股還沒完全脫離潛伏底盤整區的制約，也就是說，沒有成功突破。投資者在實盤中遇到無量上漲的潛伏底，要小心形態失敗。

③潛伏底向上假突破

股價向上突破潛伏底是理想的買進時機，表示黎明前的黑暗已經過

主力操作的多空訊號

圖3-16 北方國際（000065）日K線圖

潛伏底向上假突破

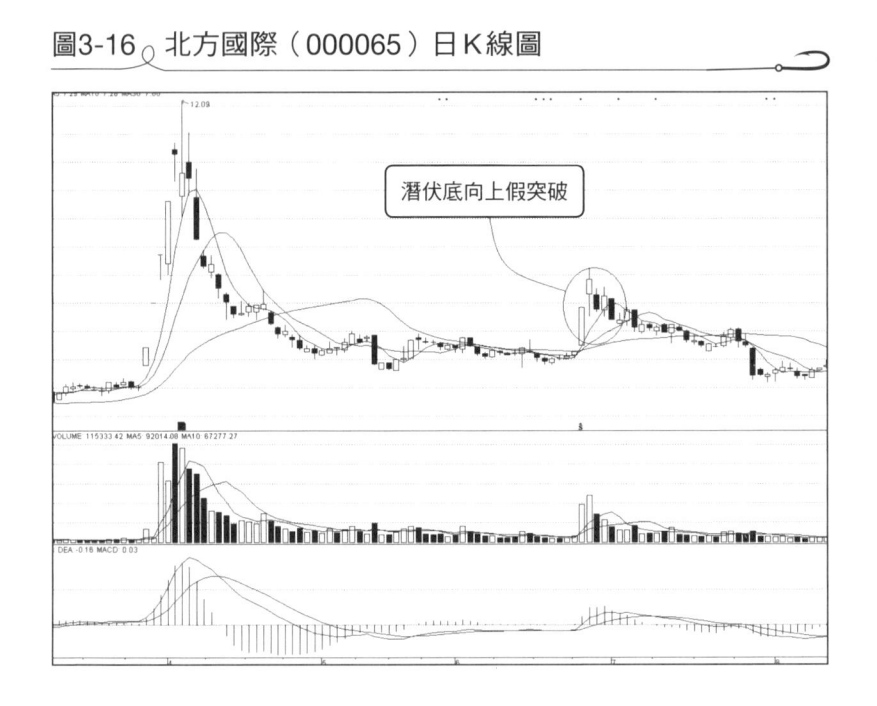

去，後市升勢可期。但是，潛伏底也經常出現假突破，股價突破後很快回落，並出現新的下跌走勢。

圖3-16的北方國際：該股完成一波快速拉高行情後，又快速回落到起漲點附近，然後橫向震盪盤整，交易十分低迷，盤面非常沉悶，一時淡出投資者的視野。2021年6月25日，一根漲停大陽線拔地而起，脫離潛伏底盤整區，預示將有一波升勢行情，吸引不少投資者跟進做多。

可是，股價僅在次日慣性上漲，接著又縮量震盪，重心不斷下移，盤面重歸沉寂，市場再度下跌。

技術解盤▶該股向上突破潛伏底之後，為什麼股價不漲呢？從走勢圖可以看出，一方面，前期股價快速回落，使大量短線籌碼被套牢，對股價上漲構成非常大的壓力。另一方面，成交量只放大2天就立即萎縮，明顯沒有外來的新資金援助，在這種情況下股價不可能走強。投資者遇到這種盤面時，不可盲目追高，低位持股者可以逢高了結，空手者應以觀望為宜。

▌辨別與操作方法

　　（一）考察均線系統。股價脫離潛伏底之後，均線跟隨而上，呈現多頭發散或形成黃金交叉，表明市場漸趨強勢，股價有進一步上漲的潛力，此時向上突破的可能性比較高。

　　（二）觀察成交量變化。雖然有「股價上漲要有量，下跌無須看量」的說法，但在關鍵技術位置，無論向上或向下突破，在突破的那一刻都必須有成交量配合，才能加強突破的有效性。「下跌無須看量」指的是，在突破之後的常態下跌過程中，成交量不高也能維持市場的下跌態勢。

　　（三）得到其他技術支援。股價突破時，如果得到 K 線、技術指標或波浪形態的相互驗證，可以提高買進訊號的準確性，例如 MACD、KDJ、RSI、DMI 等中短期技術指標，有無出現黃金交叉、背離或方向性提示等。

　　（四）分析是否突破重要技術位置。若股價處於底部吸貨區、中途盤整區、主力成本區附近，向上突破時，真突破的機率較大，向下突破時，假突破的機率較大。若股價處於高位，遠離主力成本區，向上突破時，假突破的機率較大，向下突破時，真突破的機率較大。

　　在下跌行情的後期出現向下突破，特別是在 3 浪之後出現向下突破，往往是最後的殺跌或洗盤，暗示跌勢接近尾聲，可以大膽逢低建倉。

　　（五）分析突破時的盤面細節。這麼做能提高判斷準確性，包括：
- 看突破時間的早晚。一般來說，當天的突破時間越早越可靠，臨近尾盤的突破比較可疑。
- 觀察突破的氣勢。如果突破時一氣呵成，剛強有力，可靠性就高。
- 如果突破後能堅守在高位，可靠性就高。如果只在當天盤中的瞬間碰觸，這種突破肯定不成立。

　　（六）雖然潛伏底有巨大的上升潛能，但是真正成功抄底，享受到飆升帶來的豐厚回報的人卻很少。主要原因為：
- **沒抓好進場時機**。潛伏底的特徵是構築時間很長，至少耗時幾個

月，而且成交量極低。有些投資者在形態構築過程中過早進場，承受不住漫長的盤整期，在股價發動行情前就離場，相當可惜。

・**不敢追漲**。潛伏底一旦爆發，上漲勢頭十分強烈，而且持續時間長，漲勢延續幾年的大牛股屢見不鮮。

・**急功近利**。散戶偏好短線操作，稍有蠅頭小利就落袋為安。不是不能這樣做，但那缺乏長遠的投資理念和戰略遠景，往往只能在大牛股身上抓到一撮牛毛，甚至虧損的人也比比皆是。

潛伏底由於築底時間長，盤整充分，浮籌較少，日後主力拉升起來輕鬆自如。因此，潛伏底的進場時機應選在股價放量上漲、蠢蠢欲動時，買進後要堅定信念，理性投資必定會獲利。

3-6 【對稱三角形】分析常見的3個失敗形態＋3個假突破

■ 常見虛假形態和訊號

對稱三角形是一種中繼形態，盤整結束後，大多會朝著原本的趨勢運行。但是，對稱三角形也經常出現假突破或失敗形態，常見的盤面現象有以下幾種。

■ 對稱三角形失敗形態

①螺旋形失敗形態

通常來說，三角形最終會選擇突破方向，突破點大約位於三角形橫向長度的 1/2～3/4，但也有市場在三角形的盤整區間迷失方向，不但超出橫向長度的 3/4，甚至延伸到三角形的尖端之外，都維持橫盤走勢，形成「螺旋形」形態。這說明市場喪失維持既有趨勢的動能，需要更多時間累積動力，三角形演變為失敗形態，不再具有分析意義。

圖 3-17（見 166 頁）的亞翔集成：該股快速反彈結束後逐波回落，然後止穩盤整，從 2021 年 2 月開始形成對稱三角形，成交量逐步萎縮，股

主力操作的多空訊號

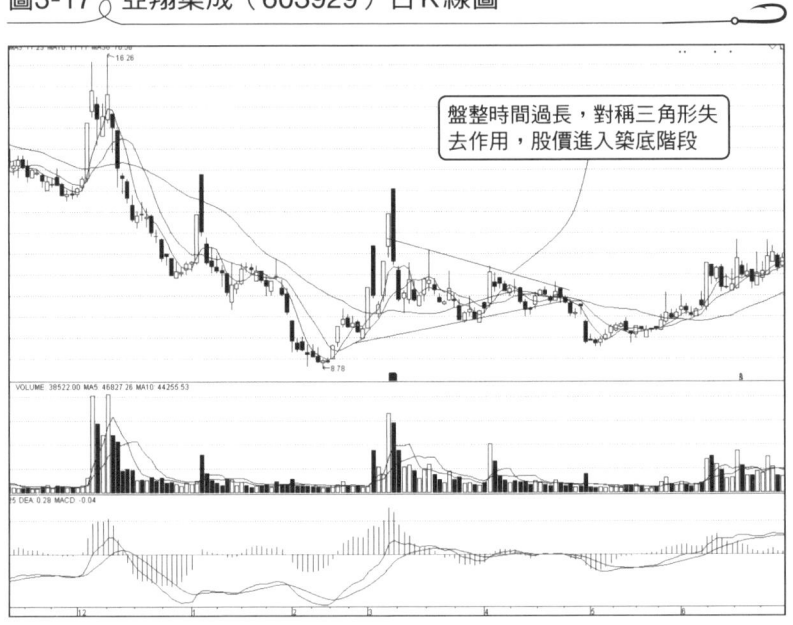

圖3-17 亞翔集成（603929）日K線圖

盤整時間過長，對稱三角形失去作用，股價進入築底階段

價始終難以突破形態的限制，橫盤延續到三角形的尖端之外，形成「螺旋形」形態。這種盤面說明原本的下跌趨勢失去力道，對稱三角形也失去作用，於是後市的突破方向不明，突破的力道也不會太大。

技術解盤▶投資者遇到這類情形時，應放棄形態的判斷法則，求證於其他技術分析方法。該股在形態的尖端之外盤整一段時間後，股價選擇向下運行，但下跌的力道明顯不足，接著止穩構築底部。

②對稱三角形變成頭部反轉形態

不同於將三角形視為中繼形態的傳統，在實盤操作中，對稱三角形演變為頭部反轉或底部反轉形態的頻率比較高，也為投資者熟悉。因為不同於傳統，這裡依然把它列為三角形的失敗形態做分析。

在漲勢行情中，對稱三角形盤整結束後，股價通常會向上突破，形成

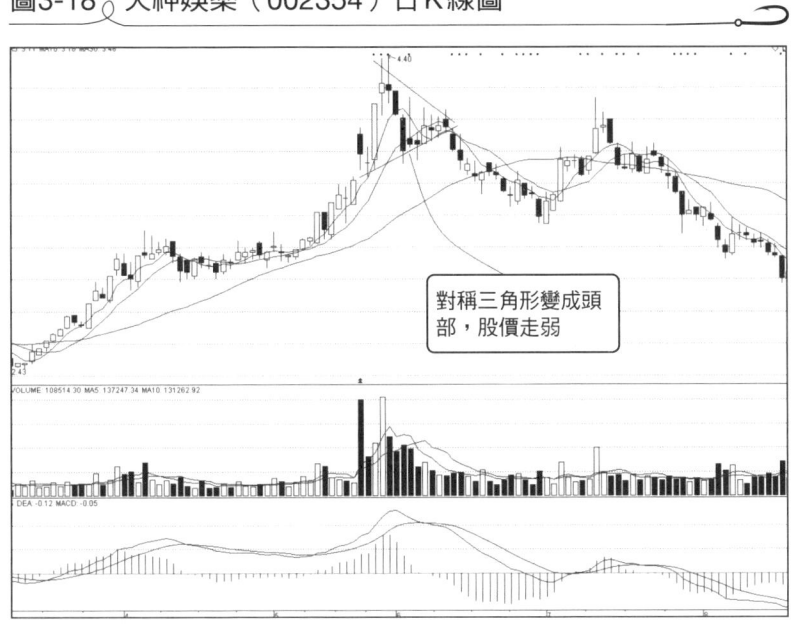

圖3-18 天神娛樂（002354）日K線圖

對稱三角形變成頭部，股價走弱

持續的上漲行情。但在實盤操作中，對稱三角形經常變成頭部反轉形態，結束上漲行情。

圖 3-18 的天神娛樂：股價經過兩波盤升行情後，在高位滯漲震盪，形成對稱三角形。2021 年 6 月 11 日在三角形的盤整末端，股價向下運行，此後漸漸走弱，在高位構成頭部，使對稱三角形變成頭部反轉形態。

技術解盤 ▶ 在這檔股票中，對稱三角形發生在股價短期大幅上漲後的高位，主力有兌現獲利籌碼的需求，形態的「持續上漲」功能明顯減弱，而且成交量持續萎縮，這些都說明短期上攻動能減弱。

③對稱三角形變成底部反轉形態

在跌勢行情中，對稱三角形盤整結束後，股價通常會向下突破，形成持續的下跌走勢。但在實盤操作中，對稱三角形經常演變為底部反轉形

主力操作的多空訊號

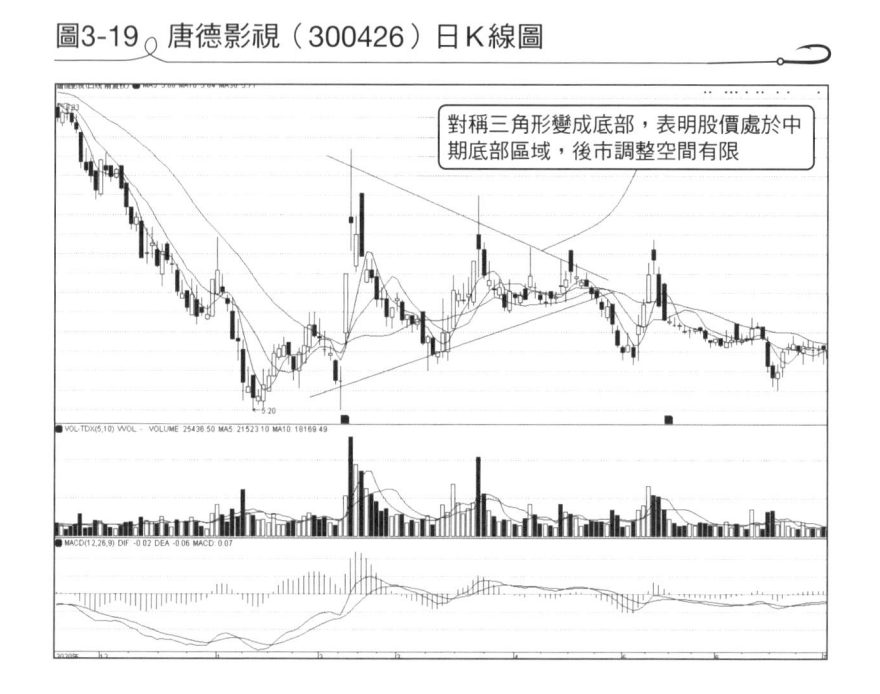

圖3-19 唐德影視（300426）日K線圖

對稱三角形變成底部，表明股價處於中期底部區域，後市調整空間有限

態，結束下跌走勢。

圖 3-19 的唐德影視：該股見頂後逐波下跌，累計跌幅超過 50％，2021 年 1 月止穩後形成盤整走勢，呈現對稱三角形，這通常是中繼形態，預示股價經過盤整後仍有下跌可能。但是，股價向下突破後，在前期低點附近盤穩，表明這是中期底部，接著逐步盤出底部區域，使對稱三角形變成底部反轉形態。

技術解盤▶ 從技術方面可以得到徵兆：
1. 股價跌幅較大，處於超跌狀態，下跌空間有限。
2. 股價運行到超過三角形的尖端才向下突破，此時突破力道有限，值得懷疑。
3. 向下突破的力道不大，不具備殺傷力，因此對稱三角形的「持續下跌」功能不強，容易演變為底部盤整形態。

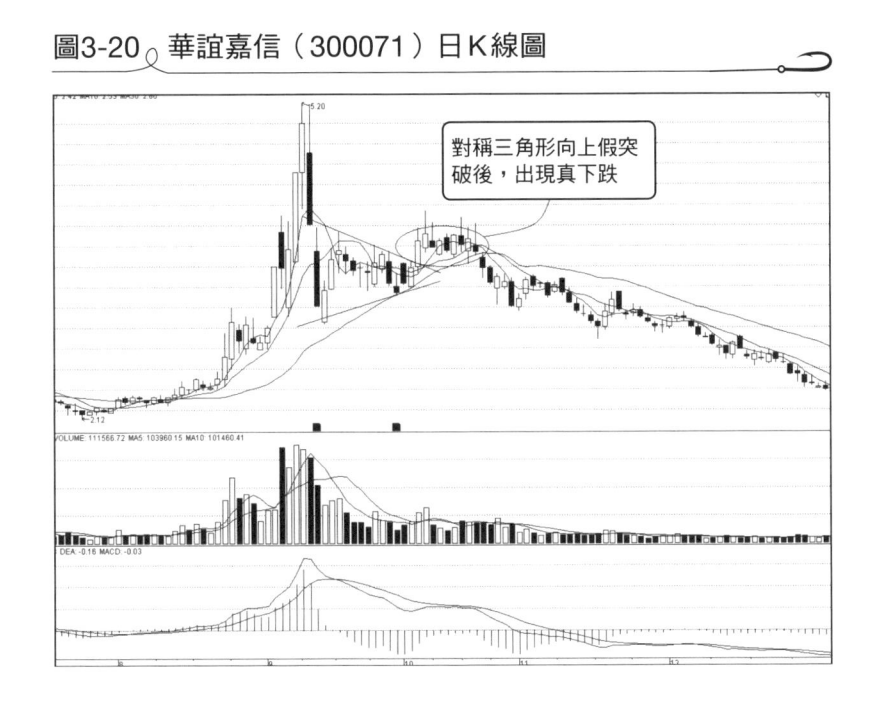

圖3-20 華誼嘉信（300071）日K線圖

> 對稱三角形向上假突破後，出現真下跌

對稱三角形向上假突破

　　對稱三角形的假突破經常是突破某條趨勢線，也就是三角形的上邊線或下邊線，但股價朝著突破方向走出不遠，便轉身退回，甚至反方向突破。這也稱為反向假突破，就是在真突破之前，先出現一個方向相反的假動作。

　　對稱三角形向上假突破是在盤整結束時，股價向上突破後不能維持上漲走勢，不久轉向下跌，突破三角形的下邊線，進入真正的下跌行情。

　　圖3-20的華誼嘉信：2020年9月，股價快速拉升後回落盤整，在調整過程中形成對稱三角形。股價運行到三角形的末端時，放量向上突破三角形上邊線的壓力，預示股價盤整結束，即將迎來新一輪上漲行情，可以積極買進做多。可是，之後回測確認失敗，股價回落到三角形裡面，且很快向下突破三角形下邊線的支撐，從此股價步入下跌行情。

技術解盤 ▶ 對稱三角形的向上假突破，往往可以從形態的成交量分布看出端倪。隨著形態發展，成交量必須遞減，以顯示市場的浮動籌碼減少，平均持股成本上升，為股價的進一步上漲打下基礎。最後股價必須以大陽線或跳空放量突破，成交量必須持續放大，且股價有效突破後，必須迅速遠離突破位置向上發展。

從該股的走勢圖可以看出，股價突破三角形的上邊線後，成交量只有間歇放量一、兩天，沒有持續放大，且很快就出現縮量，給人不踏實的感覺。在突破後的回測確認時，股價未能在三角形的上邊線站穩，也是導致形態失敗的原因之一。

此外，前期股價衝高回落後，對後續股價構成較大壓力，憑目前盤面的自身能量，很難形成有效的突破走勢。

對稱三角形向下假突破

在上漲行情的對稱三角形中，股價在恢復上升之前，先小幅下跌再重回升勢。其特點是，股價伴隨大成交量向下突破，隨後又快速拉起，恢復原本的上升趨勢。

圖 3-21 的江山股份：該股經過一波盤升行情後，在高位出現對稱三角形。股價調整到三角形的末端時，向下跌破三角形的下邊線，預示股價即將下跌，構成短期賣出訊號。但是，股價的下跌幅度並不大，很快就止穩並形成新的漲升行情。

技術解盤 ▶ 對稱三角形向下假突破，很難從成交量找到提示，因為股價下跌不需要成交量特別配合。較有效的分析方式是利用時間與幅度篩檢，該股的時間和幅度都沒有達到突破要求。

理論上來說，在上升趨勢出現的對稱三角形，大多會向上運行。實盤上來說，該股下方有前期盤整區的強力支撐，還有 30 日均線的向上牽引作用。理論與實盤吻合，因此持續下跌的可能性不大。

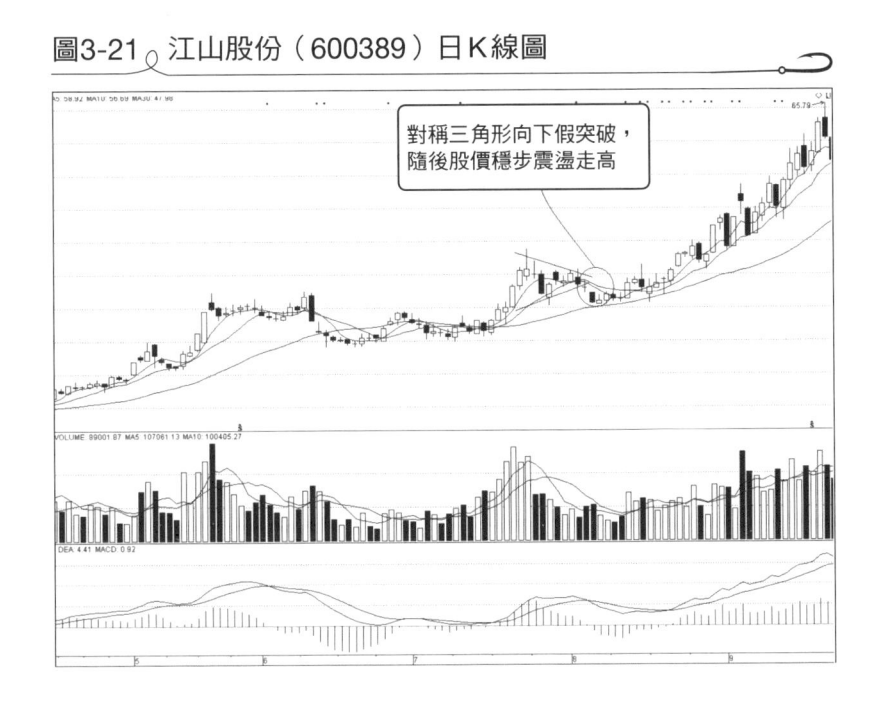

圖3-21 江山股份（600389）日Ｋ線圖

對稱三角形向下假突破，隨後股價穩步震盪走高

對稱三角形無量假突破

股價向上突破必須有成交量配合放大，否則很難進一步上漲，大多是虛張聲勢，十之八九是主力設置的技術陷阱。

圖3-22（見172頁）的豪美新材：該股上市後衝高回落，股價一路調整走低，2020年11月16日一根大陽線拔地而起，之後出現震盪盤整，形成對稱三角形。盤整結束後，股價2次試圖向上突破三角形上邊線的壓力，但市場跟風者寥寥，成交量無法有效放大，最終無功而返，股價向下突破，開啟新一波下跌行情。

技術解盤▶為什麼該股的對稱三角形向上突破失敗？根本原因在於成交量不大。在股價試圖突破形態時，成交量沒有出現相應的持續放量，表明場外資金十分謹慎，跟風意願不強，因此上漲行情很難持續，股價突破只是虛張聲勢，是主力出貨行為。

主力操作的多空訊號

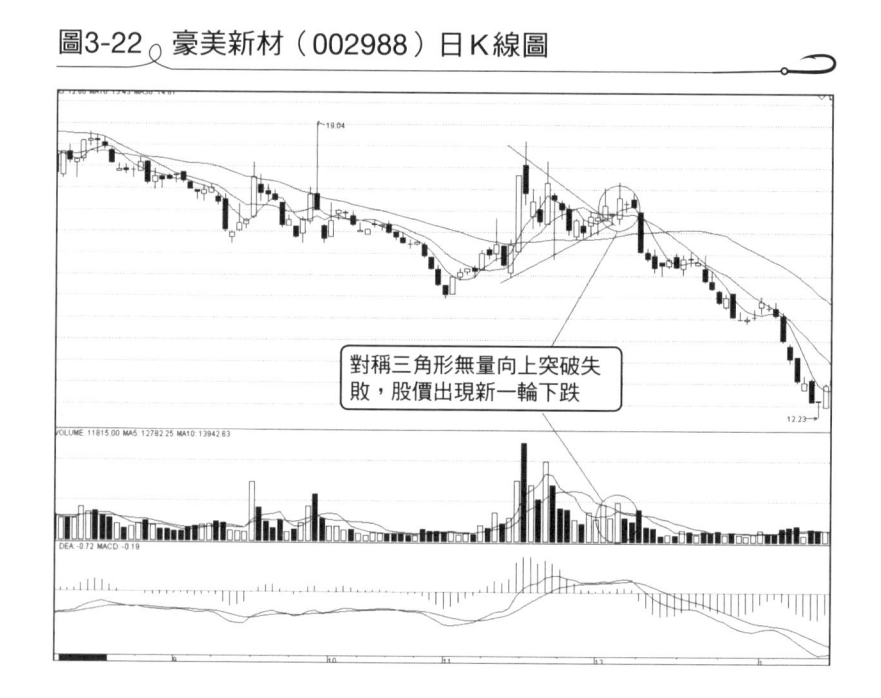

圖3-22 豪美新材（002988）日K線圖

對稱三角形無量向上突破失敗，股價出現新一輪下跌

投資者在實盤中遇到無量突破的情況時，要小心形態失敗，可以擇機逢高賣出。

▌辨別與操作方法

（一）一個標準的對稱三角形，必須具備至少2個明顯的高點及低點，形態的構成時間一般在1～3個月。對稱三角形反映多空實力平衡，股價向上或向下突破的機會均等。但在一般情況下，對稱三角形出現在上升趨勢中，後市看漲；出現在下跌趨勢中，後市看跌。此外，股價突破趨勢線後，有時會出現回測確認，隨後再度上漲或下跌。

（二）**觀察突破的位置和盤面細節**。股價太早或太遲突破都不理想，最佳的突破點是在三角形橫向長度1/2～3/4的位置。如果在三角形3/4以後的位置才突破，形態最終失敗的機會較高。

股價突破時，最好要超過形態內部壓力線的或支撐線的 2%～3%，並且以當日收盤價為準，才能視為成功突破。如果只在當日的交易時間內突破，未能堅持到收盤，就要懷疑是主力在玩把戲，屬於假突破的可能性較大。

（三）**觀察成交量變化**。對稱三角形股價變化與成交量的關係是：
- 在對稱三角形內，隨著股價的擺動幅度越來越小，成交量也越來越少。
- 在上升趨勢中，股價上升時成交量增加，股價下跌時成交量減少；在下降趨勢中，股價下跌時成交量增加，股價上升時成交量減少。
- 上升趨勢的量價關係比下降趨勢的重要。也就是說，在上升趨勢中，股價向上突破時，成交量必須增加；在下降趨勢中，股價向下突破時，成交量的增加雖然也重要，但沒有向上突破時那麼關鍵。
- 股價向上突破時，成交量上升反映買盤積極，才算有效突破。如果成交量未能配合增加，則構成騙線的可能性高，不宜跟進。
- 股價向下突破時，除了突破的關鍵時機外（突破當下要有量，才能有效擊穿支撐位），成交量不必配合增加。如果成交量大增，反而要慎防錯誤的賣出訊號。
- 構成三角形的過程中，如果成交量忽大忽小，往往會影響突破後的股價走勢，無法到達預測的高點或低點。

（四）在上升趨勢中，股價突破對稱三角形後，上邊的趨勢線變為支撐線，是極佳的買進時機。在下降趨勢中，股價向下突破對稱三角形後，下邊的趨勢線變成壓力線，是極佳的賣出時機。雖然對稱三角形大多屬於中繼形態，但也會出現在升市頭部或跌市底部，此時屬於反轉形態，中長期的趨勢將被扭轉。

（五）當股價向上突破對稱三角形的第一波高點（最高點），該位置將成為日後股價回落的重要支撐位，股價遇到支撐而回升時，應考慮買進做多。同樣，當股價向下突破對稱三角形的第一波低點（最低點），該位

置將成為日後股價反彈的重要壓力位,股價遇到壓力而回落時,應考慮賣出觀望。

(六)**觀察突破後 2 日內的股價表現**。如果股價向上突破(配合成交量)的當天或第二天,未出現中長陽線上升,或股價向下跌破的當天或第二天,未出現中長陰線下跌,將會影響預測高點或低點的出現。遇到這種現象時,應修正預測高點或低點,提前準備賣出或買進。

(七)**注意「逃命線」假突破**。對稱三角形突破後,可能出現短暫的回測,回測的低點和高點通常會止於趨勢線。向下突破三角形時,如果成交量顯著增加,則數日內股價會有反彈,先彈升到上邊線附近,再向下跌破下邊線,造成真正的下跌,這種現象是稱為「逃命線」的假突破,大多發生在對稱三角形中。

(八)**分析股價是否突破重要技術位置**。股價在向上或向下突破對稱三角形時,也突破一個重要技術位置,像是長期趨勢線、成交密集區或重要關口,則真突破的可靠性更高。

3-7 【上升三角形】收盤價超過上邊線3%且維持3天,才是真突破

■ 常見虛假形態和訊號

上升三角形是一種中繼形態,盤整結束後通常會向上突破,是後市看多的形態。但是,上升三角形也經常出現假突破或失敗形態,以下是常見的盤面現象。

①上升三角形失敗形態

上升三角形具有看漲意義,顯示多方力量較強,等空方敗陣後,多方發力向上突破,市場買氣越加旺盛,使股價進一步走高。此形態經常出現在上升過程中,股價短線震盪後,多方占據市場優勢,形成向上突破走勢。但在實盤操作中,上升三角形也經常演變成失敗形態,導致過分看好後市的股民被套牢。

圖3-23(見176頁)的蘇博特:該股經過長時間的調整後,2021年2月出現一波反彈行情,反彈結束後股價震盪,形成上升三角形。按照形態理論,這個三角形可視為上升中繼形態,對後市可以抱持謹慎樂觀的態度。但是,在三角形盤整末端,股價始終沒有突破三角形的上邊線,之後

主力操作的多空訊號

圖3-23 蘇博特（603916）日K線圖

上升三角形失敗，股價再次下跌

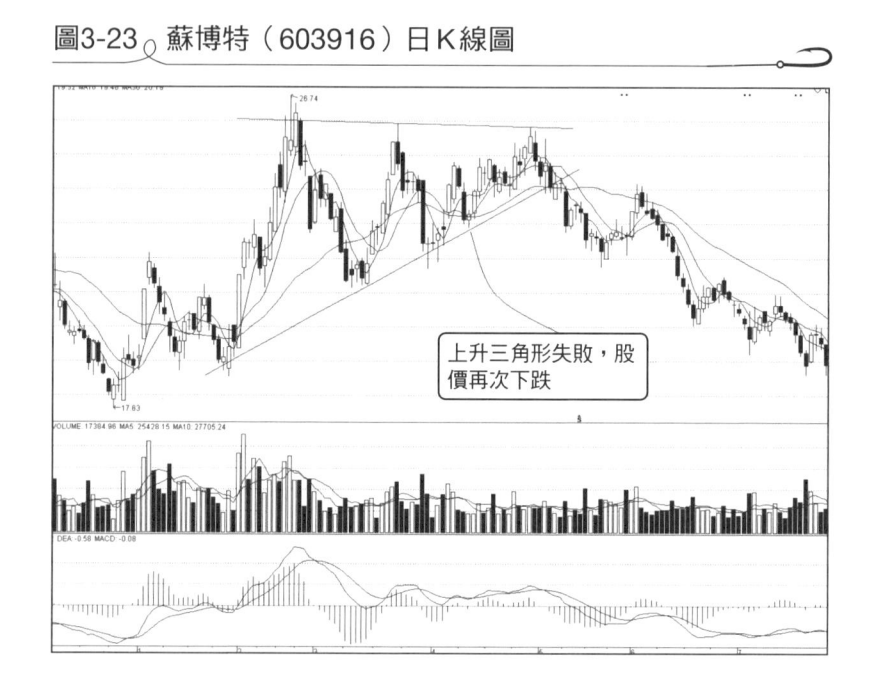

隨著成交量的逐步萎縮，股價選擇下跌，使上升三角形變成失敗形態，股價又回到起漲點。

技術解盤▶ 為什麼該股的上升三角形會失敗呢？從盤面分析可以發現，主要原因是該形態出現在長期下跌趨勢中，上方壓力較大，且成交量逐步萎縮。這時的上升三角形只是反彈行情形成的修正圖形，不具看漲意義，因此在評估上升三角形時，一定要結合長期趨勢做分析。

②高位上升三角形失敗形態

經過充分炒作後，股價高高在上，主力收穫十分豐厚，開始逐步兌現獲利籌碼。但是，如果股價一路下跌，主力很難順利出逃，所以會將股價維持在高位震盪，不會馬上下跌。

上下震盪的過程會形成各種技術形態，上升三角形就是常見的一種。

第 3 章　技術形態看漲時，當心是主力的做多陷阱

圖3-24　久之洋（300516）日K線圖

高位上升三角形失敗，
股價向下破位

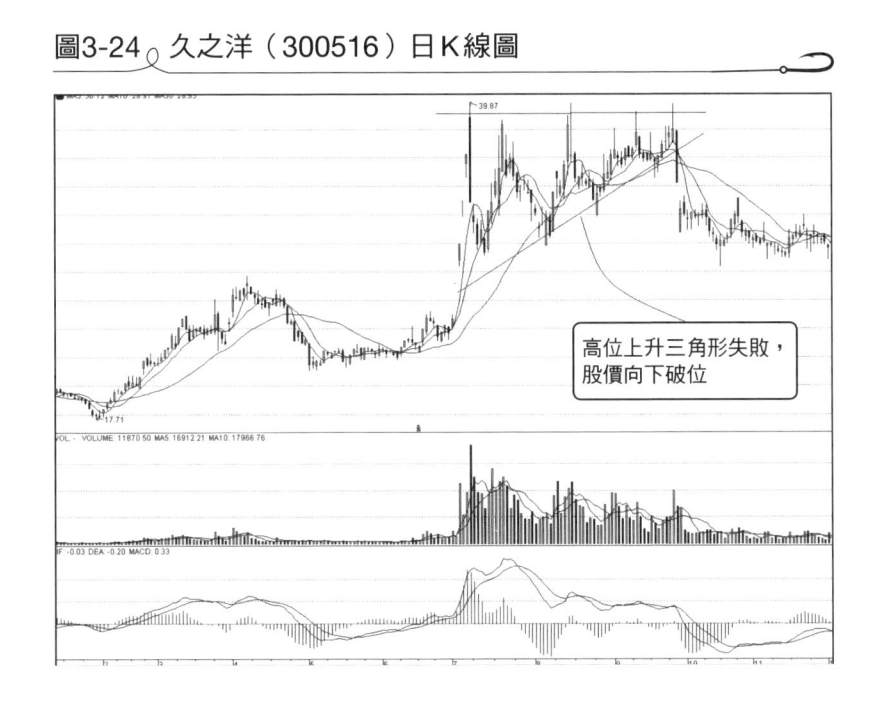

這時，不少投資者以為下跌力量不強、上升動力十分強大，因此進場做多。沒想到，股價調整到三角形的尖端附近時，選擇向下走勢，使上升三角形演變成頭部形態。

圖 3-24 的久之洋：2019 年 7 月 2 日連續拉出 4 個漲停後，股價在高位大幅波動，形成標準的上升三角形。通常來說，在上升過程出現上升三角形，後市具有看漲意義。可是，後續走勢卻完全相反，股價不漲反跌，上升三角形演變成失敗形態。

技術解盤▶從走勢圖可以看出，該股受到遊資炒作。遊資以炒短線為主，容易引發盤面大幅波動，一旦資金接力不足，股價很可能轉為下跌。

在上升三角形的盤整過程中，股價多次試圖拉起，但是市場跟風不積極，股價很快就回落並跌破三角形下邊線。可見，在評估上升三角形時，要結合股價所處位置做分析，對於已經炒高的個股，上升三角形演變為頭部形態的機率很高。

主力操作的多空訊號

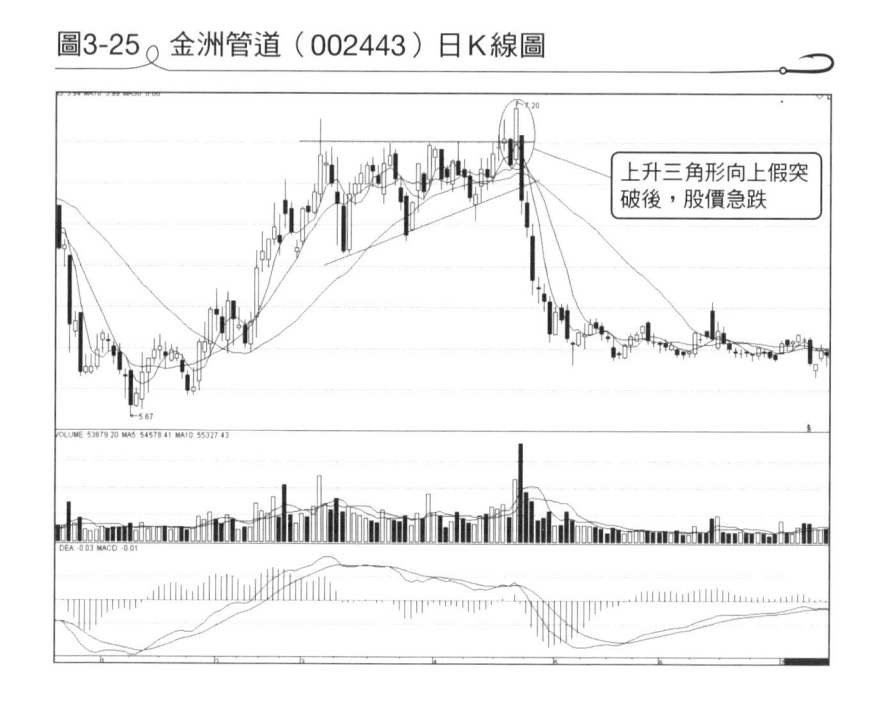

圖3-25 金洲管道（002443）日K線圖

上升三角形向上假突破後，股價急跌

③上升三角形向上假突破

上升三角形的假突破，常常是以突破三角形的上邊線為開端，不過往突破方向走出不遠就轉身退回，甚至反方向突破。

這種突破也叫「反向假突破」，即在突破之前，出現與真實突破方向相反的假動作。表現在上升三角形中，就是股價向上突破後不能維持上漲走勢，不久後轉為下跌，向下突破三角形的下邊線後，出現一輪真正的下跌行情。

圖3-25的金洲管道：2021年2月出現一波超跌反彈行情，反彈結束後形成震盪走勢，在一個多月的震盪過程中，構築出上升三角形。4月22日，在三角形盤整的末端出現一根放量大陽線，向上突破三角形的上邊線，技術上具有看漲意義。

從盤面來看，股價向上突破的力道非常強勁，後市股價看多，可以積

極買進。可是，第二天股價開低走低，一根大陰線向下突破三角形的下邊線，此後幾日出現急跌行情。

技術解盤▶「拉高是為了更好下跌」，該股就屬於這種走勢。從技術上來看，反彈遇到前期盤整區的重大壓力，股價屢攻不破，做多氣勢漸漸消失，最終演變為假突破走勢。

辨別與操作方法

上升三角形屬於利多的盤整形態，判斷原則與對稱三角形差不多。唯一差別是在對稱三角形中，向上或向下突破的機會均等，而在上升三角形中，向上突破的機會比較大，因為它通常出現在上升途中，突破方向取決於原先的上升趨勢。

（一）一個標準的上升三角形，至少要有 2 個明顯的高點和低點，形態的構成時間在 1～3 個月之間。上升三角形較常出現在週線圖中（可靠性也大於日線圖中的上升三角形），多半代表日後行情向上，投資者可以積極買進。

（二）**觀察突破的位置和幅度**。股價最理想的突破點，是在三角形橫向長度的 1/2～3/4 位置，判別突破有效的方法，是收盤價突破三角形上邊線達到 3％幅度，且維持超過 3 天。

股價得突破太早或太遲，都會影響參考價值。越接近三角形的頂點，股價的波動幅度越小，三角形的支撐和壓力功能越不明顯，對買賣操作的指導意義就越小。

當股價在三角形橫向長度的 3/4 位置之後，或接近三角形的頂點才向上突破，而且成交量未配合增加時，代表買方實力不大，有可能變成假突破。此時主力一旦達到出貨目的，上升三角形極有可能演變為雙重頂，股價的下跌無可避免，投資者務必提高警覺。

（三）**觀察成交量變化**。在形態構築過程中，股價震盪幅度越來越小，成交量也逐步減少，最後在向上突破三角形時，成交量要配合增加。

如果突破時成交量沒有配合，股價又回到三角形之內，則構成騙線的

可能性較高，應小心假突破並及時停損。特別在漲幅已經很大的股票中，主力往往利用假突破製造多頭陷阱，達到高位出貨的目的，盤面表現為股價很快又跌回盤整形態裡面，並形成頭部。

另一方面，股價向下突破三角形時，如果成交量顯著放大，則數日內往往會有反彈，股價先彈升到三角形的下邊線附近，再向下跌破，造成真正的下跌。這時，三角形下邊線附近是多方最後的逃命線，投資者應積極離場。

（四）上升三角形有時也出現在底部，也就是下降趨勢的末期，預示股價反跌為漲。此時，股價對三角形上邊線的突破，標誌著底部構成、上升行情開始，投資者可以積極買進。

（五）有時候股價會稍微跌破上升三角形，然後迅速回到形態內。遇到這種情況，只需根據第三個或第四個短期低點再畫一條支撐線，修訂成新的三角形即可。

第4章

形態看跌和缺口出現時，你如何跟莊致勝？

主力操作的多空訊號

4-1 【倒 V 形】遇到哪些支撐,能連續拉 9 個漲停板?

■ 常見虛假形態和訊號

倒 V 形是非常猛烈的頭部反轉訊號,標誌原本的多方突然翻空,使 K 線圖走勢突變,單憑這一點,倒 V 形本身就是巨大的陷阱。常見的倒 V 形假形態或失敗形態有以下幾種。

①低位假倒 V 形

股價經過一段時間的下跌後,主力進場吸收籌碼,完成建倉後開始向上拉抬或試盤,使股價快速上升。但是,由於股價剛剛脫離底部,賣盤仍然較重,因此主力順勢壓低股價,從而在圖表上形成倒 V 形。這時,不少投資者以為是倒 V 形反轉,預測行情即將下跌,因此紛紛賣出。可惜,股價沒下跌多少就轉為上漲走勢,開啟新的上升行情。

圖4-1 的上海電力:主力完成建倉後,股價向上拉起脫離底部盤整區,成交量溫和放大。2021 年 9 月 9 日在高位收出一根十字星,次日收出下跌大陰線,2 根 K 線組成夜星形態,扼殺反彈勢頭,同時也構成倒 V 形,說明股價即將下跌,是看跌訊號。

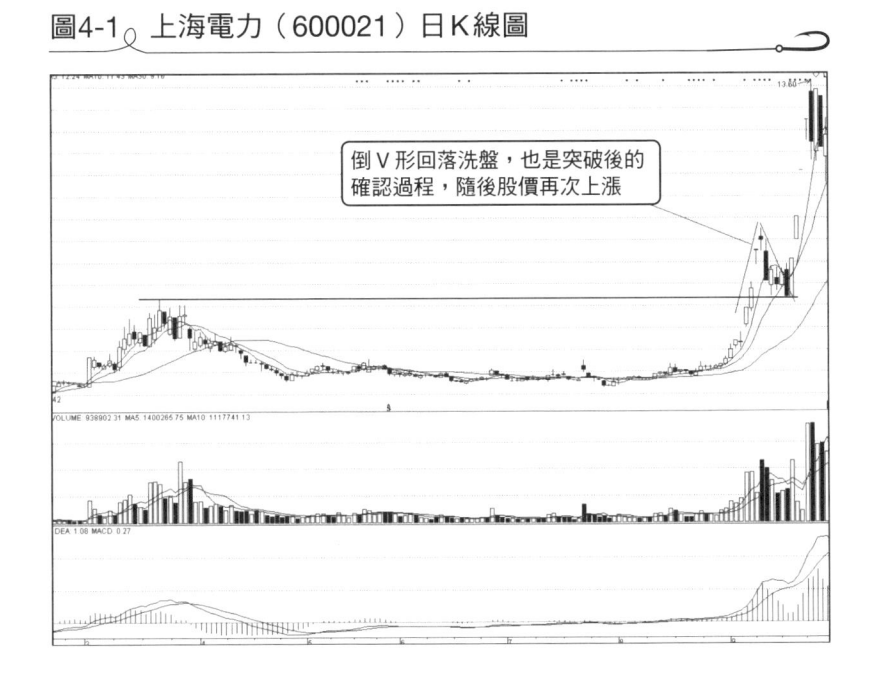

第 4 章　形態看跌和缺口出現時，你如何跟莊致勝？

圖4-1　上海電力（600021）日K線圖

倒 V 形回落洗盤，也是突破後的確認過程，隨後股價再次上漲

依據這種狀況，不少投資者擔心股價再次步入熊市，紛紛賣股離場。沒想到股價並沒有大幅下跌，而是小幅調整後就強勢上漲，連續拉出 4 個漲停。

技術解盤 ▶ 為什麼該股會形成假的倒 V 形呢？首先，該股股價處在低價區。倒 V 形反轉的前提是股價必須經過大幅上漲，或是突然出現飆漲行情，並處於頭部區域，使大多數投資者持有獲利籌碼。然而，該股距離起漲位置，才累積 30％ 左右的漲幅，屬於低價位區，因此不能構成倒 V 形反轉。

其次，該股股價上漲不急。在倒 V 形反轉之前，要有一段持續的急速上漲，引發盤面極度狂熱，股價嚴重超買，再出現出其不意的賣盤，才會引發倒 V 形反轉走勢。該股顯然沒有這種現象，股價只出現幾天反彈，不具備產生倒 V 形反轉的環境。

最後，股價向上突破 3 月的高位之後，需要回測確認，所以這時的回

落屬於自然規律，而且股價回測時，在前期盤整區上方獲得技術支撐。

由此可見，該股不符合倒 V 形反轉的基本特徵，屬於主力的洗盤或試盤行為，也是重要突破後的回測確認走勢。投資者遇到這種情形時，應以逢低買進為主，最佳時機有 2 個，一是在前期高點附近，二是在股價突破倒 V 形高點時加碼買進。

②無量倒 V 形

股價上漲要有量，下跌無須看量，是人們看盤的基本共識。但是，當股價在高位形成倒 V 形反轉時，要密切關注成交量變化。

一般來說，倒 V 形成為中級頭部時，在下跌過程中需要成交量放大配合。這是因為倒 V 形意味著原本的多方突然翻空，不惜一切地逃命，此時成交量放大可以驗證這種情況。如果沒有成交量配合，倒 V 形往往只是短期調整形態，後市仍有上漲潛力。

圖 4-2 的福建金森：該股經過長時間調整後，於 2021 年 3 月見底回升，成交量溫和放大，經過一輪盤升行情後再次回落，形成倒 V 形。這個形態具有很強的看空性質，股價幾乎回到前期起漲的位置。5 月 20 日，股價向上拉起，開啟一波強而有力的拉升行情。

技術解盤 ▶ 如何看待這個倒 V 形呢？從走勢圖中可以看出，股價在回落時成交量大幅萎縮，表明主力沒有大規模賣出籌碼，僅有小部分短線散戶獲利出場。而且，在股價回落到前期低點附近時，得到該位置的技術支撐，於是在抄底資金的介入推動下，股價向上拉升走強。

可見，這個倒 V 形只是股價回檔洗盤形成的圖形，不具備頭部反轉形態的技術特徵，投資者可以在股價向上拉起時，及時跟進做多。

③倒 V 形遇支撐形態

股價經過一段時間的快速上漲之後，回落形成倒 V 形，代表市場轉向空頭，是看跌形態。但是，股價沒有下跌多少就遇到有力支撐，而再次

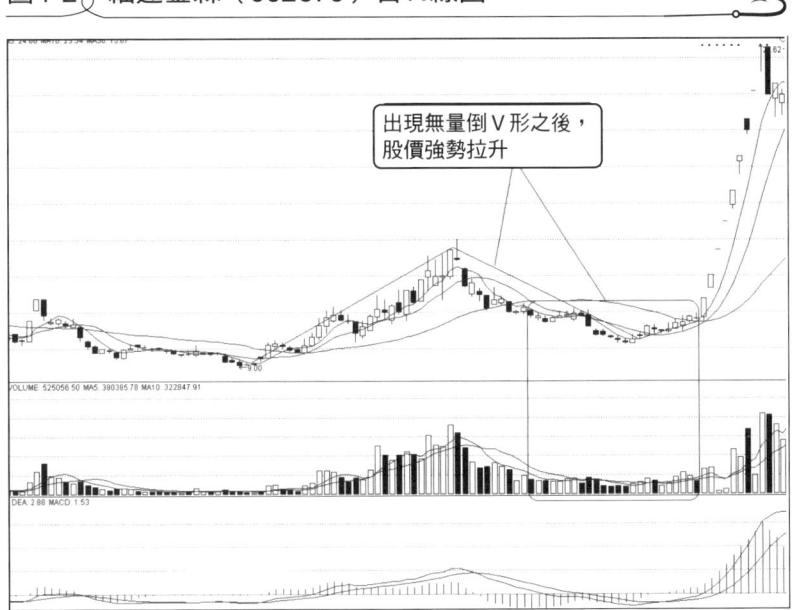

圖4-2 福建金森（002679）日K線圖

出現無量倒V形之後，股價強勢拉升

上漲。

圖4-3（見186頁）的美邦服飾：主力在低位完成建倉後，2021年3月15日開始連續拉出4個漲停。為了日後順利拉升，主力展開連續4天調整，股價大起大落，在圖形上呈現倒V形。由於盤面十分難看，不少投資者對後市不抱期望，離場觀望。可是，股價沒下跌多少就遇到30日均線和前期盤整區高點的有力支撐，股價止跌回升並連拉9個漲停。

技術解盤▶ 如何看待該股的倒V形呢？首先，雖然該股出現快速上漲行情，但整體漲幅不大，如果行情就此了結，主力的獲利並不多。從操盤成本的角度分析，行情結束的可能性非常小，反而更可能是主力借用技術形態進行洗盤。

其次，股價回落時雖然成交量放大，但屬於「價跌量增」的假訊號，這種情況如果出現在低位，往往是散戶出逃，不是主力出貨。

最後，股價下跌時遇到30日均線的支撐。不斷上移的30日均線有力

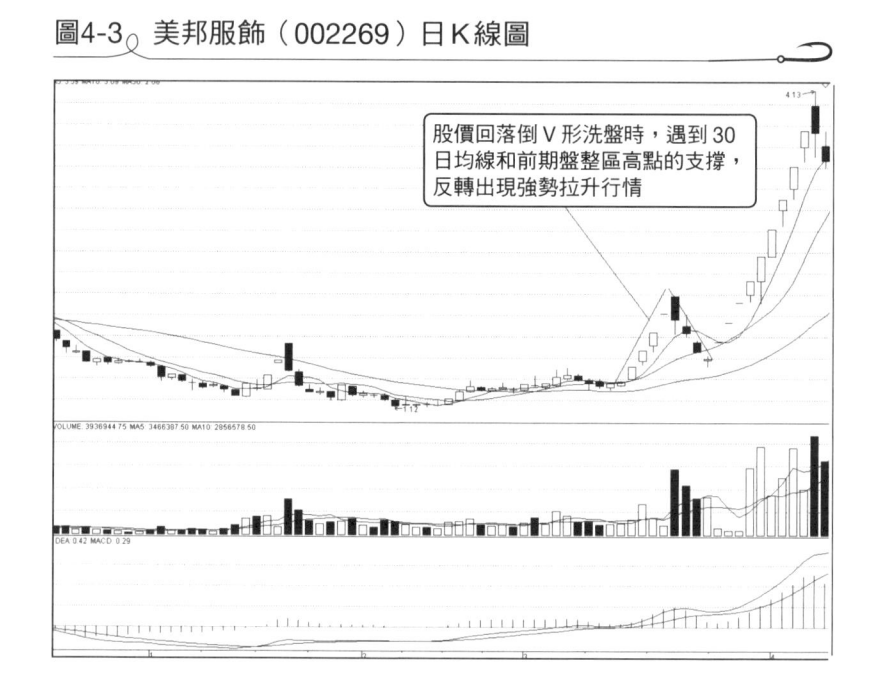

圖4-3 美邦服飾（002269）日K線圖

> 股價回落倒V形洗盤時，遇到30日均線和前期盤整區高點的支撐，反轉出現強勢拉升行情

地支撐股價進一步走高，而股價回落時，前期高點的壓力已成功轉化為支撐，阻止股價繼續向下，所以此時的股價下跌只是技術性回檔。

判斷倒V形的真假，要看價量、位置、均線。如果股價成功站上30日均線，且這條均線呈現上行，當股價第一次回落到30日均線附近時，有90％以上的機率會強勢反彈，當股價第二次回落到30日均線附近時，通常也會小幅反彈。但是，當股價第三次回落到30日均線附近時，就要結合其他技術方法綜合分析，當然最好是不參與行情。

辨別與操作方法

技術要點

（一）股價必須處於明顯的上漲趨勢中，而且持續上漲，其間很少回

檔或只有微小回檔,並經常伴隨向上跳空,漲幅遠遠超過投資者預期。

(二)投資者可以在股價上升途中的次頭部,分批賣出手中持股,以防不測。此時人氣最旺,黑馬狂奔,採取逢高減碼的策略比較穩妥。

(三)倒 V 形出現之前,股價要有加速暴漲的過程,在日線圖上明顯看到上漲速度加快,斜率趨陡。一般而言,股價暴漲的幅度越大,持續時間越長,則後市倒 V 形反轉的力道越大,下跌幅度越大。

(四)股價必須遠離均線系統,短期出現明顯超買。

(五)應事先設立停損點,不抱僥倖心理,股價一旦見頂回落,就要壯士斷腕、忍痛了結,保住資金以利再戰。

(六)如果倒 V 形的轉捩點以單日反轉或島形反轉的形式發生,可信度較高。這種反轉走勢會令人措手不及,因此在判斷時,可以借助 K 線理論中的反轉訊號來分析,例如夜星、頭部錘子線、烏雲蓋頂等 K 線形態,都是明顯的見頂訊號。(由於 V 形或倒 V 形反轉大多發生在一瞬間,這些短時間出現的反轉訊號能派上用場。)另外,還可以結合短期上升趨勢線、均線、乖離率(BIAS)等技術指標,進行綜合判斷。

盤面現象

出現倒 V 形時,如果伴隨單日(或雙日)反轉,確立訊號更清晰。這裡重點解析單日(或雙日)反轉的盤面現象。

(一)出現單日反轉,表示上漲趨勢會改變。漲勢中出現單日反轉的當天,成交量通常是一段時間內的最大量,形成天量天價的盤面。

(二)漲勢中出現單日反轉的當天,股價往往在開盤就節節升高,高檔似乎毫無壓力,也可能開盤就大幅向上跳空,甚至以漲停板開盤。但是盤中急劇震盪,未能在當天最高價附近收盤。

(三)出現單日反轉的當天,如果留有長上影線,或是以陰線實體收盤,對於這個單日反轉的判斷可以更加確定。

(四)漲勢中出現單日反轉的第二天,可能會在盤中略微上漲,這種現象應視為迴光返照的多頭逃命點,要積極賣出。

（五）出現單日反轉後，股價下跌的速度通常會很快，但假如下跌速度甚慢，則下跌的時間可能會持續延長。

（六）單日反轉的現象並不限於大行情，有時候也出現在急速上漲之後，只影響最近幾天的走勢。突然發生單日反轉時，可以考慮短線賣出。

（七）**頭部雙日反轉是**：股價不斷上升後，某天突然大幅上揚，成交量倍增，而且差不多以全天最高價收盤。可是，第二天在前一天收盤價附近開盤後，空方發力向下壓低股價，將前一天的升勢打回原形，最後差不多以全天最低價收盤，而且成交量與前一天差不多，這反映賣盤壓力大，屬於利空訊號。

（八）**頭部單日反轉是**：股價持續上升一段時間後，某天突然大幅推高，又馬上遭賣盤強力賣出，把當天的升幅全部跌去，甚至跌得更多，最後以全天最低價或接近最低價收盤，且成交量在賣出時大增。這種盤面預示升勢已近尾聲，隨時可能大幅回吐。

注意事項

（一）不論是標準或擴張的倒 V 形反轉，大多出現在突然發布利多或利空消息時，因此在正常情況下，頭部的成交量不會異常增加或減少。

（二）倒 V 形雖然是很有下跌動力的形態，但它只給投資者一次賣出機會，並不容易操作。由於股價在短期內暴跌，留給投資者分析的時間非常短，而且股價在頭部停留的時間極短，想逃頂幾乎不可能。因此，投資者可以在股價剛剛放量下跌時殺低賣出。

（三）倒 V 形的安全係數遠比不上雙重頂和頭肩頂。圖形可能一時之間看起來像倒 V 形，但不久後又反彈到高位，最終演變成雙重頂或頭肩頂。

（四）倒 V 形的走勢十分兇狠，下跌角度和上漲角度一樣陡峭，很快就跌到起漲位置，甚至繼續下跌。但是一般來說，突破頸線之後就會變成震盪走勢，此時應把握時機逢低買進。

（五）倒 V 形來得急，去得快，經常讓人措手不及。有經驗者可以

在看到頭部出現「盡頭線」時，提早賣出觀望。

（六）如果是主力刻意營造的倒 V 形，通常會速戰速決、極力拉抬，只求自己解套脫身，所以在高檔一定會製造大量，用上沖下洗的方式出貨，屆時將對逢高追進的投資者造成更大傷害，不可不慎。

（七）雖然無法預測漲幅，但可以估計倒 V 形反轉的下跌低點。大多是距離反轉點較遠的形態頸線、趨勢線、波段高點和低點的水平支撐、壓力位，或是年線、半年線等附近。

主力操作的多空訊號

4-2 【雙重頂】當股價位於主力成本區，慎防向下假突破

■ 常見虛假形態和訊號

　　雙重頂是重要的頭部反轉形態，具有強烈看跌意義，但它不一定都出現在趨勢頭部，有時候在上漲行情的盤整過程中，也會出現雙重頂。也就是說，雙重頂形成之後，經常發生後市繼續上漲的情況，再加上主力利用技術形態製造假盤面資訊，使得市場上存在許多雙重頂的假形態或失敗形態，增加判勢測市的難度。

①雙重頂失敗形態

　　出現雙重頂時，一般預示上漲行情結束，後市將以下跌調整為主，因此可以賣出做空，等待股價下跌。但在實盤操作中，經常看到雙重頂失敗形態，股價不但沒有下跌，反而強勢上漲。

　　圖 4-4 的陝西黑貓：股價見底後，有實力強大的主力入駐，充分準備後達到高度控盤，股價悄然脫離底部。經過一波上揚後，股價回落調整，釋放部分獲利籌碼後再次上攻。當股價接近前期高點時，無力突破上方壓力，稍做調整後再度上攻，又因量能不足而回落，形成雙重頂形態，是短

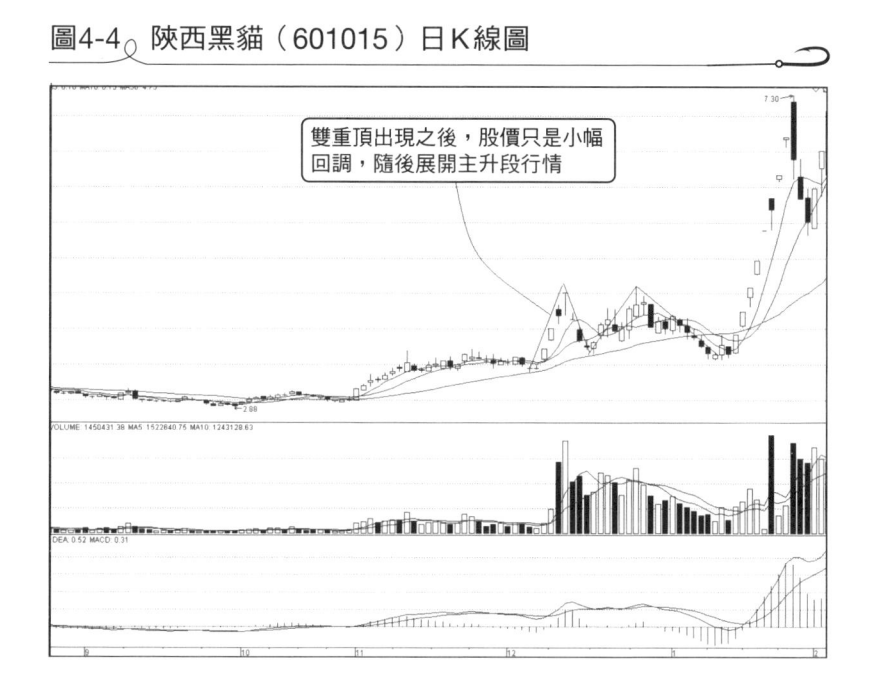

圖4-4 陝西黑貓（601015）日K線圖

> 雙重頂出現之後，股價只是小幅回調，隨後展開主升段行情

線賣出訊號。

誰知道，股價小幅回落後很快止穩，2021年1月15日開始放量上漲，進入主升段行情。

技術解盤 ▶ 這是典型的雙重頂失敗形態。表面上看起來像雙重頂，2個頭部很對稱，時間跨度也適中，那為什麼會失敗呢？其實，有經驗的投資者早已看出雙重頂沒有成功構成，股價向下突破頸線時遇到強大支撐。確切地說，這只是雙重頂的雛形，能否成為現實還要看最終能否有效突破。原因有4個：

1. 得到雙重頂中間回落低點的支撐，即頸線附近的支撐。股價到達此位置時，買盤逐漸增加，將股價逐步推高。
2. 得到前期成交密集區的支撐。該股的頸線恰好是前期成交密集區的上邊線，此處已經由原本的壓力位轉化為新的支撐位，對股價起到有力的支撐作用。

3. 雖然股價一度回落到 30 日均線之下，但 30 日均線仍保持上行，一時不會對股價構成威脅，仍有向上牽引作用。
4. 股價調整時成交量大幅萎縮，做空動能不足，主力沒有出貨機會。

②低位假雙重頂

股價經過充分調整後，處於市場底部，這時主力開始逐步建倉。然後，股價出現一波小幅反彈，反彈到一定幅度後，遇到壓力而出現震盪，在震盪過程中形成雙重頂形態。

這時候，不少投資者以為反彈行情結束，股價將出現新一輪下跌走勢，因而賣出籌碼。但是，不久後股價重拾升勢，步入上漲行情。

圖 4-5 的萊伯泰科：這是典型的低位雙重頂，股價見底後小幅上漲，反彈到前期高點附近時，受到一定的壓力而形成震盪走勢，然後構成標準的雙重頂。

這時主力為了鞏固底部，在 2021 年 4 月 1 日故意向下打壓，拉出一根大陰線突破雙重頂的頸線，造成技術上的破位走勢，不少投資者因此賣出持股。但是，股價很快就在前期盤整區附近獲得技術支撐，之後走出一波強勢拉升行情。

技術解盤 ▶ 從該股的圖表可以看出，有以下幾點技術疑問：
1. 股價處在低價主力建倉區，離底部不遠，下跌空間不大。
2. 股價回落後距離前期底部盤整區很近，這裡具有較強的技術支撐，有構築大型雙重底的可能。
3. 成交量大幅萎縮，說明下跌動能不足，主力牢牢控制盤面。

由此可見，這是主力為了建倉、洗盤而設置的空頭陷阱。有趣的是，該股的圖形是大型雙重底包著較小的雙重頂，大形態比小形態的技術含量更強，因此後市看漲。

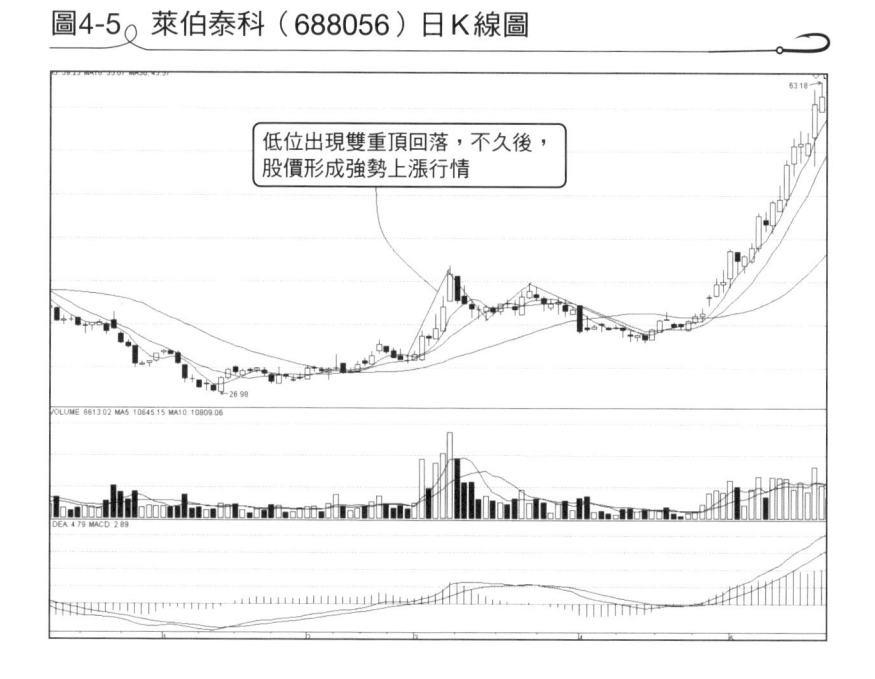

圖4-5 萊伯泰科（688056）日K線圖

> 低位出現雙重頂回落，不久後，股價形成強勢上漲行情

③小型假雙重頂

雙重頂不一定都是見頂反轉訊號，有時也會成為盤整形態，特別是小型的雙重頂，因構築時間太短，見頂訊號不可靠，股價下跌僅是短暫的調整，一段時間後將出現新的漲勢，甚至是大幅上漲行情。

圖4-6（見194頁）的恒林股份：主力完成建倉任務後，2020年5月13日以一字板向上突破，次日也是漲停板，之後衝高回落，然後在震盪過程中再次衝高受阻，形成小型的雙重頂。見此形態，不少投資者賣股離場，沒想到經過一段修復性橫盤走勢後，6月18日再次向上拉起，股價進入強勢上漲行情。

技術解盤▶雙重頂通常出現在長期漲勢的頭部，是預示趨勢轉跌的訊號。股價經過一段漲勢後，投資者往往比較興奮，而主力出貨需要一定的時間，因此雙重頂的構成時間較長，理想上需要1～2個月，甚至更久。

主力操作的多空訊號

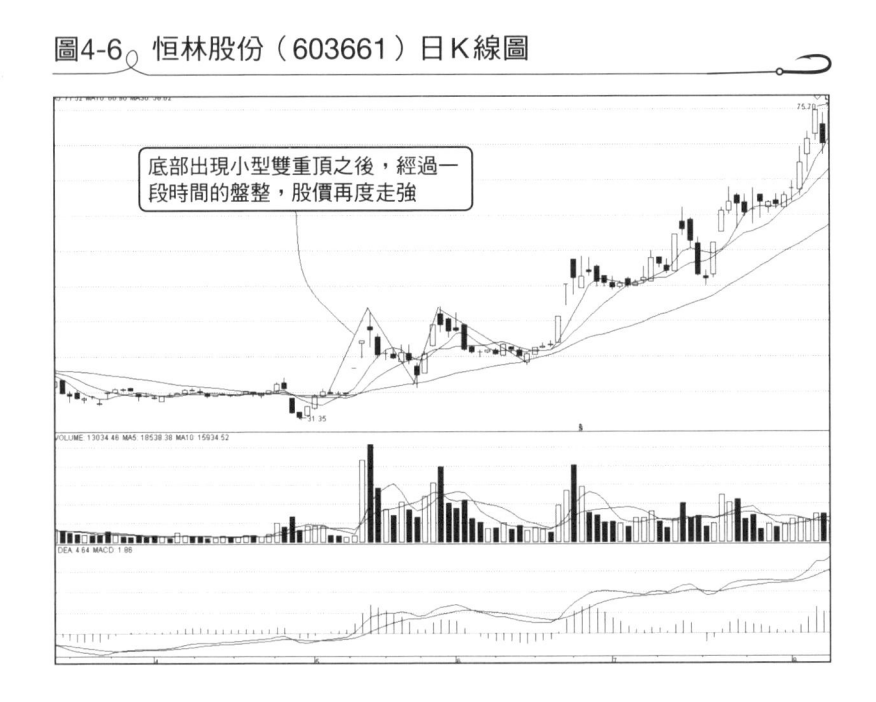

圖4-6 恒林股份（603661）日K線圖

> 底部出現小型雙重頂之後，經過一段時間的盤整，股價再度走強

　　時間太短的微型雙重頂不太可靠，週線圖中出現的雙重頂，比日線圖中的雙重頂要可靠得多。小型雙重頂可能出現在上漲中途的調整階段，也可能出現在底部建倉階段，要特別小心。

　　從該股的圖表可以看出，這只是小型雙重頂，兩個高點相距不足一個月，因此只是上漲過程中的盤整走勢，並非高位頭部形態。小型雙重頂可能是市場震盪自然形成，也可能是主力故意構築（因為形態微小，容易做假圖形），但有一點可以肯定，主力選擇向下突破是為了嚇出更多賣盤，從而達到洗盤震倉的目的。

④雙重頂切換為雙重底

　　在實盤操作中，有些個股在中低位形成雙重頂，當股價回落到雙重頂的頸線（前低）附近時，獲得有力的支撐而再度回升，並突破前面2個高

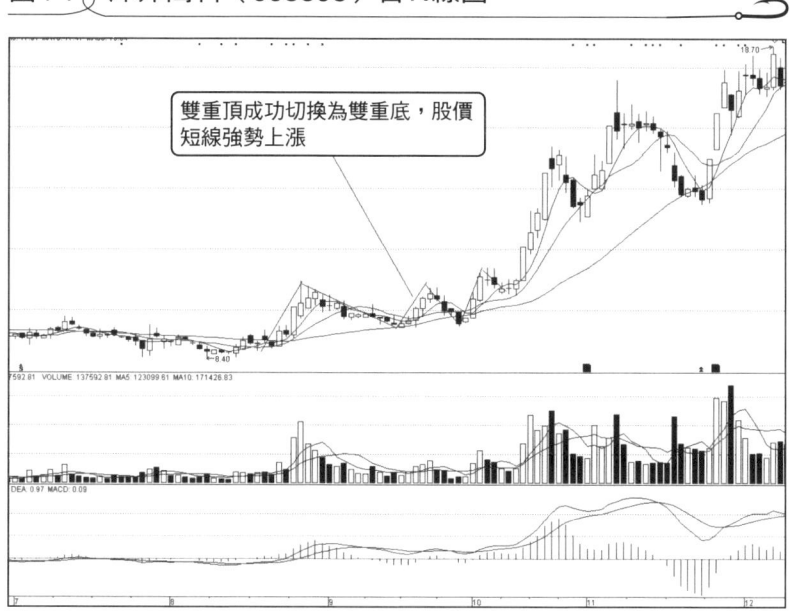

圖4-7 沐邦高科（603398）日K線圖

雙重頂成功切換為雙重底，股價短線強勢上漲

點的壓力，使雙重頂轉換為雙重底，開啟一輪強勢上漲行情。

圖 4-7 的沐邦高科：2021 年 8～9 月，盤面二起二落之後，股價最終向上突破，使雙重頂成功切換為雙重底。在股價向上突破前期的 2 個高點時，投資者可以積極跟進做多。

技術解盤▶
1. 股價漲幅不大，處於底部區域。
2. 雙重頂還沒完全形成，在頸線（前低）附近獲得技術支撐。
3. 股價回落時成交量明顯萎縮，說明做空動能不足。
4. 30 日均線保持上行，支援股價向上走高。

辨別與操作方法

（一）**提前減倉**。一些有經驗的投資者在雙重頂形成之前，就採取減

倉措施，取得很好的成效，具體做法是：第一，如果第一個頂點出現後，股價下跌幅度較深，當股價再次上漲到第一個頂點附近，而成交量與前期相比明顯減少時，就要預期可能構成雙重頂。這時候應賣出一部分籌碼，不要等到雙重頂成形才行動。

第二，如果第一個頂點出現後，在股價跌到低點時，突然發現第一個頂點的圖形有構成圓弧頂的跡象，但這個圓弧頂尚未完成向下突破，且成交量呈現不規則變動，那麼當股價再度上升到第一個頂點附近時，也可以預期即將構成雙重頂，並考慮賣出籌碼。

第三，如果盤面同時符合上述的2個條件，則構成雙重頂的可能性更大，應斷然賣出。

（二）**觀察突破頸線後的回測**。雙重頂的2個高點經常不在相同價格水平，如果第二個高點低於第一個高點3%以下，尚屬正常範圍，不過第二個高點常會稍微高於第一個高點，顯示經過之前的上漲後，仍然有部分投資者看好後市，企圖推高股價，但是在高位遇強大壓力而回落。

當股價向下跌破雙重頂的頸線達3%以上，是強烈賣出訊號。股價跌破頸線時，可能會短暫反彈，此時以收盤價為基準，假如反彈不超過頸線達3日以上就停下來，可以視為回測，後市仍會下跌，持股者應及時抓住最後的賣出機會。

當股價跌破頸線後，反彈到接近第一個高點時沒有停下來，而且收盤價超過第一個高點達3%以上，要慎防雙重頂演變為失敗形態。

（三）**分析形態出現的位置**。構成雙重頂需要的時間比頭肩頂更短，套牢的浮動籌碼也比頭肩頂更少，因此不一定是出現在趨勢頭部。在漲升行情的盤整過程中，也會出現小型的雙重頂。也就是說，頭肩頂大多出現在行情大漲後的頭部，但雙重頂除了出現在行情大漲後，也可能出現在行情大漲或大跌的中途。

（四）**和圓弧頂的關係**。雙重頂的一邊不一定是圓形頂，圓形頂不一定會出現在第一個頭部。在構築雙重頂的過程中，經常會出現圓形頂下跌，至於在第一個或第二個頭部都有可能，不會影響預測結果。

（五）**觀察成交量**。股價下跌不需要放量，但在向下突破頸線的那幾

天如果出現較大成交量,則突破訊號更強烈。當然,股價跌破雙重頂的頸線時,如果成交量不上升,也可視為有效的賣出訊號。另外,雙重頂第二個頭部的成交量比第一個低,才能反映買盤減弱,預示雙重頂即將構成。

(六)關注支撐位的突破。股價的走勢、形態等,會反映趨勢運行的方向。上升趨勢是由K線、形態、均線、軌道線等構成,這些圖形簡單明瞭,一旦股價下跌破壞原本的上升軌跡,圖形就會變得非常難看。

通常來說,當股價下跌到某個成交密集區或關鍵位置時,會得到支撐而不再下跌,或者說抵抗下跌。如果股價由升轉跌,並跌破那些應該有支撐的位置時,就會產生破位的圖形,後市將繼續看跌。

那麼,股價應該在哪些地方有支撐呢?包括以下位置:
- 主力的持倉成本或平均成本附近有支撐。
- 當股價突破較大的技術形態之後再回檔,這個形態的密集成交區附近有支撐。
- 10日、20日、30日均線有一定的支撐作用。
- 主力出貨完畢之前,在主力預定的出貨區附近有支撐。
- 從未炒作過的股票,如果市場定位合理,在密集成交區附近也有較強的支撐。

大多數情況下,股價在底部震盪時具有一定的支撐。如果主力需要擊碎包括技術派在內所有看多者的信心,而進行洗盤時,各種形式的破位是在所難免,這時股價幾乎沒有支撐,主力正好藉此吸貨洗盤。

(七)從股價位置判斷真假突破。若股價處於底部、中途盤整區、主力成本區附近,發生向上突破時,真突破的機率較大,而發生向下突破時,則假突破的機率較大。若股價處於高位,遠離主力成本區,發生向上突破時,假突破的機率較大,而發生向下突破時,則真突破的機率較大。

(八)結合其他技術分析方法。在雙重頂形成時,KDJ、RSI、MACD等技術指標經常出現背離。因此,可以結合K線、技術指標及波浪形態綜合分析,相互驗證。股價突破時如果得到其他技術方法的支援,賣出訊號的準確性更高。

4-3 【三重頂】只要最終無法跌破頸線，仍存在許多變數

▌常見虛假形態和訊號

①三重頂失敗形態

股價 3 次衝高都無法突破高點，表明頭部壓力非常大，形態的可靠性更高。但是，在實盤中也經常出現假的盤面資訊或失敗形態，三重頂形成後股價不跌反漲，使賣出者踏空。

圖 4-8 的匯頂科技：股價逐波上漲後，在高位出現震盪走勢。2019 年 9 月至 2020 年 1 月，在上下震盪過程中形成三重頂，表明股價上漲遇到強大壓力，將要下跌調整，為看跌形態。因此，不少投資者選擇賣出，獲利了結，以免股價下跌而被套牢。

可是，經過一段時間的盤整後，2020 年 1 月 10 日股價放量漲停，向上突破盤整區，將失敗的三重頂形態踩在腳底下。

技術解盤▶ 為什麼形態會失敗呢？其實，這只是三重頂的雛形，尚未成功構成。從圖中可以看到，股價向下調整時遇到頸線的強大支撐，在頸線附近短暫盤整後漸漸走強。

從主力意圖來分析，可以看到成交量一直很活躍，表明有大資金活

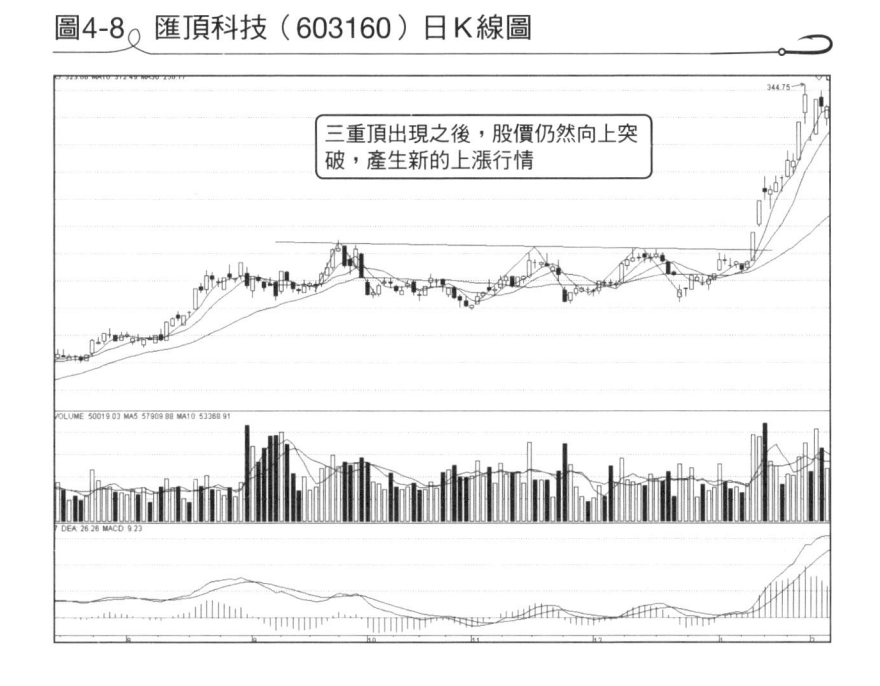

圖4-8 匯頂科技（603160）日K線圖

三重頂出現之後，股價仍然向上突破，產生新的上漲行情

動，主力並未出貨，仍有拉高意圖。因此，投資者在實盤中遇到這類現象時，不要過早下結論，可以觀察幾天再行決定。如果股價有效跌破頸線，就立刻出場；如果重新走強，就堅定持股或加碼買進。

②三重頂轉換為盤整形態

　　三重頂通常是可靠的頭部形態，但並非所有的三重頂出現後，股價都會下跌，有時候股價既不向上突破，也不向下突破，而是陷入橫盤整理的泥沼，或變成箱形整理。這時候操作難度很大，投資者可以參考箱形理論。

　　圖4-9（見200頁）的眾望布藝：該股上市後僅小幅上漲就回落震盪，盤面氣勢不強。2021年3～7月的走勢形成3個顯著高點，是標準的三重頂。但是，後來股價並未大幅下跌，只是繼續陷入盤整。

　　技術解盤 ▶ 該股的三重頂並非出現在股價大幅上漲後的高位，而是處

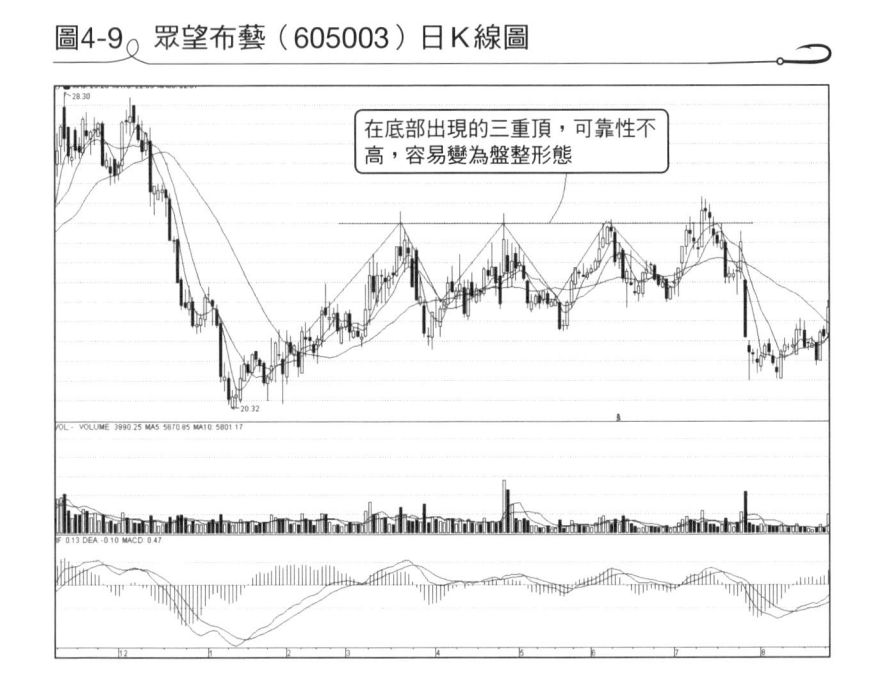

圖4-9 眾望布藝（605003）日K線圖

> 在底部出現的三重頂，可靠性不高，容易變為盤整形態

在底部區域，下跌空間不大，但同時缺乏資金挹注，要上漲也很難。遇到這種盤面時，可按照箱形理論低買高賣。

辨別與操作方法

（一）**等待突破頸線**。研判三重頂時，最值得注意的要點是：三重頂不是有3個高點就能組成，3次衝高只表示股價走勢具有三重頂的雛形，未來極有可能演化成真正的三重頂，至於最終能否成功構築，並形成一輪下跌行情，還需要進一步確認。

即使在走勢上完成三重頂的構造，只要最終無法跌破頸線，就仍有許多變數。因此，大可不必在僅有3個高點，而形態尚未定型時過早賣出。雖然早點賣出有可能減少損失，但很容易與大牛股失之交臂。

投資者在實際操作中，不能看到3次衝高動作，就一廂情願認定是三

重頂而匆忙離場。應耐心等待形態構築完成,股價有效跌破頸線,才是最佳的賣出時機。

（二）「**兩個低點**」**法則**。在三重頂中,市場會經過回測確認的過程,並且以中間 2 個低點連接的頸線為壓力線（注意:這條連線在三重頂尚未完成時是一條支撐線,被突破後立即轉換角色,變成壓力線）。回測成功後,股價在壓力線的作用下再次向下跌,超過突破頸線時形成的低點。也就是說,回測確認後的第一個低點,必須低於突破頸線時產生的低點,這是向下突破後回測確認的「兩個低點」法則,由此形成一個新的下降趨勢。

（三）**三重頂和頭肩頂**。可以用頭肩頂的應用法則來識別三重頂,因為三重頂本質上就是頭肩頂的變形。兩者最大的區別是,三重頂的頸線和上下邊線是水平的,這讓三重頂具有箱形的特徵。

和頭肩頂比起來,三重頂更容易演變成中繼形態,而非反轉形態。另外,如果 3 個頂點高度依次下降或上升,則三重頂演變成直角三角形。這些都是投資者在應用時應該注意的地方。

（四）**觀察形態出現的位置**。雙重頂有時會出現在多頭市場中的盤整階段,三重頂卻幾乎只出現在下跌趨勢的起始階段,因此一旦出現三重頂並正式向下突破,之後需要的盤整時間通常比較久。所以,投資者在判斷三重頂之前,要先了解股價趨勢,如果上漲趨勢已經維持一段時間,股價已經處於高位,此時三重頂的可靠性更大。

（五）**分析突破時的盤面細節**。這麼做有利於提高判斷準確性,例如分析突破時間的早晚。通常來說,突破發生的時間越早,就越可靠,臨近尾盤時發生的突破,較值得懷疑。還有,觀察當天的突破氣勢,如果突破時一氣呵成,力道較大,可靠性就高;如果突破後能迅速脫離突破區域,可靠性也高;如果股價只是在盤中瞬間碰觸頸線,這種突破不能成立。這些盤面細節十分重要,應細心觀察分析。

（六）**變異三重頂**。其盤面表現為,主力製造再次上攻並突破前期高點的假像,以掩蓋出貨的真實意圖。

市場狂熱時,由於看好後市的投資者眾多,主力不急於出貨,可以在高位慢慢賣出。股價第一次回落後,主力利用市場的狂熱氣氛,再次向上

推高股價，製造第一次回落只是回檔的假像，並利用市場的惜售心態，使投資者誤以為股價有創新高的潛力，藉此減輕推高股價的壓力，並在推高過程中繼續賣出。

如此來回震盪令投資者麻痺，以為只是震盪洗盤。在出貨接近尾聲時，主力持有的股票已經不多，沒必要繼續維持股價的良好走勢，於是加大拋售力道。在前期高位附近，由於主力不再托盤，賣壓加大使股價直線下跌，最終形成變異三重頂。

當然，變異三重頂也有一些形態要求：
- 股價已經累積一段相當可觀的漲幅。
- 3個高點依次向上傾斜，幾乎連成一條直線，這樣欺騙性比較強。
- 形態完成時往往會出現一根大陰線，股價由此進入暴跌。

（七）結合其他技術分析方法。結合K線、技術指標及波浪形態綜合分析，相互驗證。股價突破時如果得到其他技術方法的支援，買進訊號的準確性更高。

4-4 【頭肩頂】實戰中注意3個要點，才能遠離重大傷害

■ 常見虛假形態和訊號

頭肩頂是股市最常見的形態，也是最著名、最可靠的頭部反轉形態，具有強烈看跌意義。但是，有時候看似非常標準的頭肩頂，其實是技術陷阱或失敗形態。

①頭肩頂失敗形態

在頭肩頂形態中，股價經過3次上漲，仍無法形成持續的上漲行情，表明市場風險開始聚集，最樂觀的漲勢已經過去，後市將出現跌勢，可以及時賣出做空。但是，頭肩頂也經常出現失敗形態，股價經過短暫的調整蓄勢後，形成一波新的多頭力量，展開強勢上漲行情。

圖4-10（見204頁）的科達製造：主力完成建倉計畫後，股價從2020年10月開始穩步走高，短期漲幅達到一倍。受到獲利盤的賣壓影響，股價在高位震盪，形成一個複合的頭肩頂，預示上漲行情結束，後市即將下跌。不少投資者因而賣出持股，可是股價圍繞頸線盤整一段時間後，在2021年3月重新走高，經回測確認後再次強勢上漲。

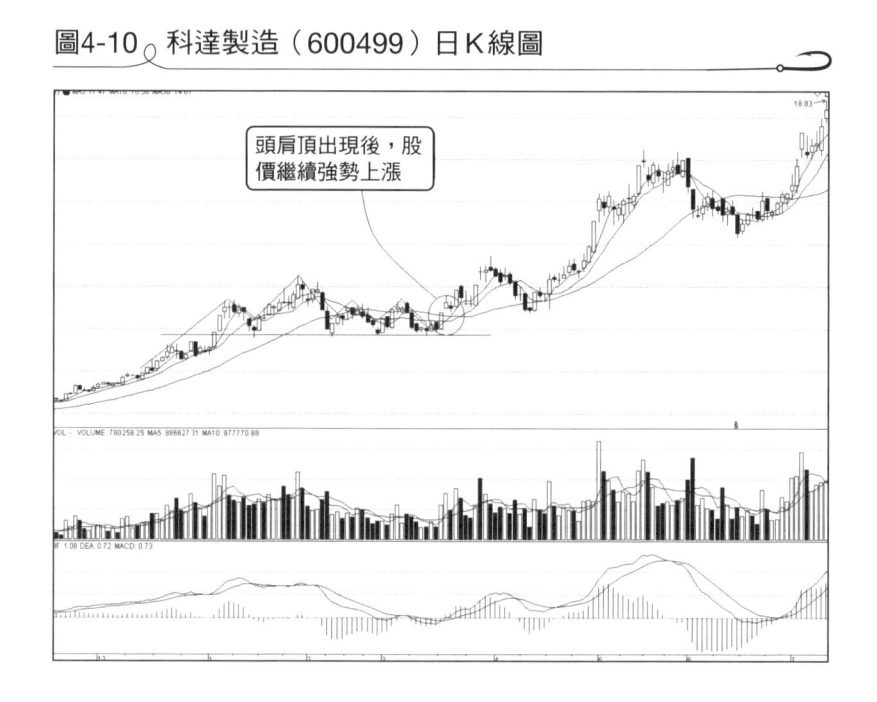

圖4-10 科達製造（600499）日K線圖

（圖中標註：頭肩頂出現後，股價繼續強勢上漲）

技術解盤 ▶ 這是典型的頭肩頂失敗形態。從技術圖形可以看出，該股雖然具備頭肩頂的部分要素，但最終並未有效成形，主要原因是股價向下突破失敗，在頸線附近得到支撐。

從成交量分析，股價調整時成交量大幅萎縮，達到地量水準，說明下跌動能衰竭，主力不僅沒有出貨，還牢牢控制盤中籌碼，因此是失敗的頭肩頂。

②低位假頭肩頂

股價經過長時間下跌後，處於市場底部，此時主力開始建倉。然後，股價展開一波小幅反彈行情，上升到一定幅度後，遇到上方壓力而出現震盪，並在震盪過程中形成頭肩頂。

或者，主力為了吸收更多低價籌碼，進行箱形建倉，在震盪過程中形

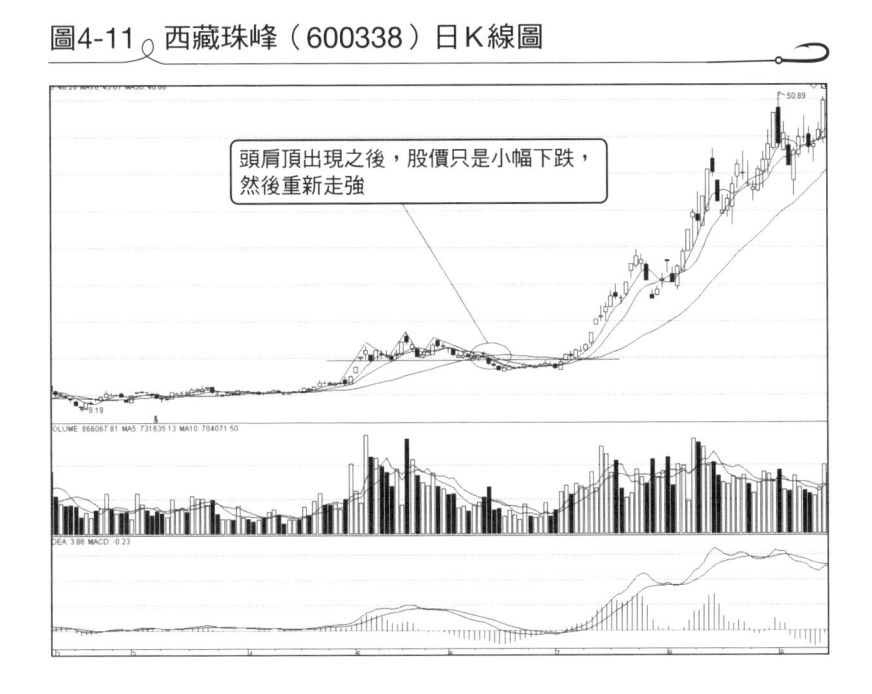

圖4-11 西藏珠峰（600338）日K線圖

（圖中註解：頭肩頂出現之後，股價只是小幅下跌，然後重新走強）

成頭肩頂，且為了加強恐慌的盤面氣氛，故意使股價向下突破頭肩頂的頸線，造成破位之勢。不少投資者以為後市即將下跌，紛紛賣出籌碼，豈料不久後，股價止穩回升，步入上升通道。

圖 4-11 的西藏珠峰：這是典型的低位假頭肩頂。股價見底後出現小幅反彈，受到低位獲利盤的賣壓而形成震盪走勢，然後構成標準的頭肩頂。主力為了進一步鞏固底部，開始操縱股價，從 2021 年 6 月 11 日起連續拉出 3 根大陰線，向下突破頭肩頂的頸線，造成技術上的破位走勢。

不少投資者看到這種情形，紛紛賣出籌碼，但股價經過小幅下跌後，先是短暫縮量盤整，然後穩步上漲，開啟一輪主升段行情。

技術解盤 ▶ 如何分析該股的頭肩頂呢？從圖表可以看出這是明顯的空頭陷阱，原因如下：

1. 股價漲幅小，還在成本區附近，距離底部不遠，所以下跌空間不大。
2. 股價脫離底部後經過一次回測確認，且回測時得到前期成交密集區

主力操作的多空訊號

的支撐，具有較強的心理支撐作用。
3. 成交量大幅萎縮，已經縮減至地量水準，說明下跌動能不足，主力已經控制盤面。
4. 股價向下突破頸線後，沒有出現持續下跌走勢。由此可見，這是主力為了建倉、洗盤而製造的假頭肩頂。

③底部小型頭肩頂

在實盤操作中，頭肩頂經常演變為盤整形態，特別是小型頭肩頂，因為構築的時間太短，見頂訊號不太可靠，最終往往變成中繼形態。主力常用這種手法洗盤換手，投資者應有所了解和掌握。

圖 4-12 的三洋新材：股價見底後緩緩向上，回升到前期高點附近時，遇到賣壓而出現震盪走勢，在上下震盪過程中形成一個小型頭肩頂。正當投資者擔心股價下跌時，2020 年 7 月卻開始強勢上漲，成交量也溫和放大，延續一輪盤升行情。

技術解盤 ▶ 頭肩頂通常出現在長期漲勢的頭部，是預示漲勢將要結束的轉向訊號。一般而言，股價經過上漲後，主力需要一段時間才能完成高位出貨，多空雙方在高位會有一番較量。因此，構築頭肩頂的時間較長，需要 3～4 個月甚至半年以上，時間太短的小型頭肩頂不太可靠。

週線圖中出現的頭肩頂，比日線圖中的頭肩頂要可靠得多。小型頭肩頂可能是由市場震盪自然形成，也可能是主力故意構築的形態（因為形態微小，容易做假圖形）。

該股只花了一個多月構成小型頭肩頂，屬於上漲過程的正常回檔。而且，30 日均線依然呈現上行，MACD 指標位於 0 軸上方，說明中期趨勢仍屬強勢。另外，股價沒有向下突破頭肩頂的頸線，且成交量大幅萎縮，說明賣盤不大，籌碼沒有鬆動。無量突破讓人不得不起疑，因此這樣的頭肩頂不可靠。

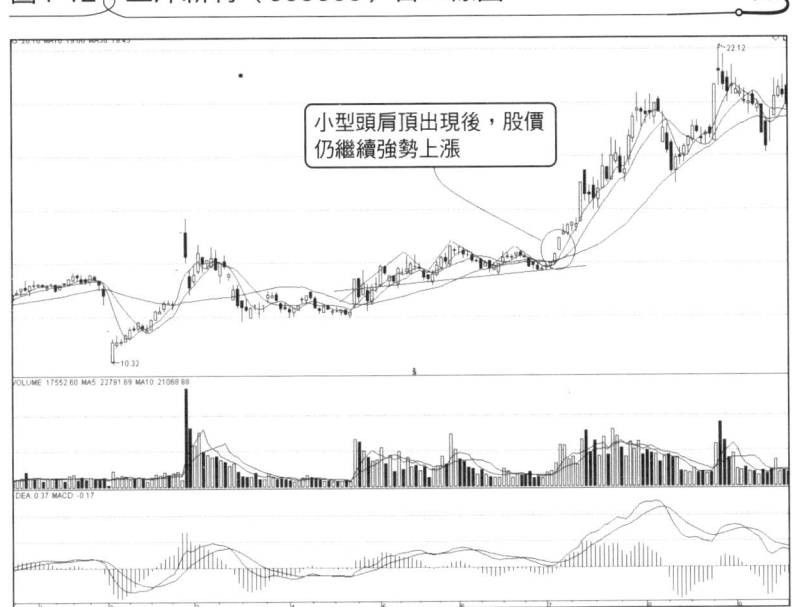

圖4-12 三洋新材（603663）日K線圖

小型頭肩頂出現後，股價仍繼續強勢上漲

④頭肩頂向下假突破

頭肩頂是頭部反轉形態，向下突破是基本特徵，但在實盤中經常看到向下假突破的情形。

股價成功構築右肩後，開始向下回落，一舉突破頸線，完成標準的頭肩頂，預示後市出現下跌行情。但是，股價在頸線附近盤整數日後，又回到頸線之上，隨後出現強勢上漲行情。

圖 4-13（見 208 頁）的天通股份：主力完成建倉後，股價開始走高，上漲到一定幅度後形成震盪走勢，在上下震盪的過程中形成頭肩頂。主力為了洗盤換手，在 2020 年 3 月 30 日使股價跳空開低，向下跌破頭肩頂的頸線，造成技術上的破位，預示股價繼續下跌。不少投資者紛紛賣出，但股價很快就止跌回升，重新回到頸線之上，並出現新一輪盤升行情。

技術解盤 ▶ 該股形成頭肩頂之後，為什麼股價不跌反漲呢？從走勢圖

主力操作的多空訊號

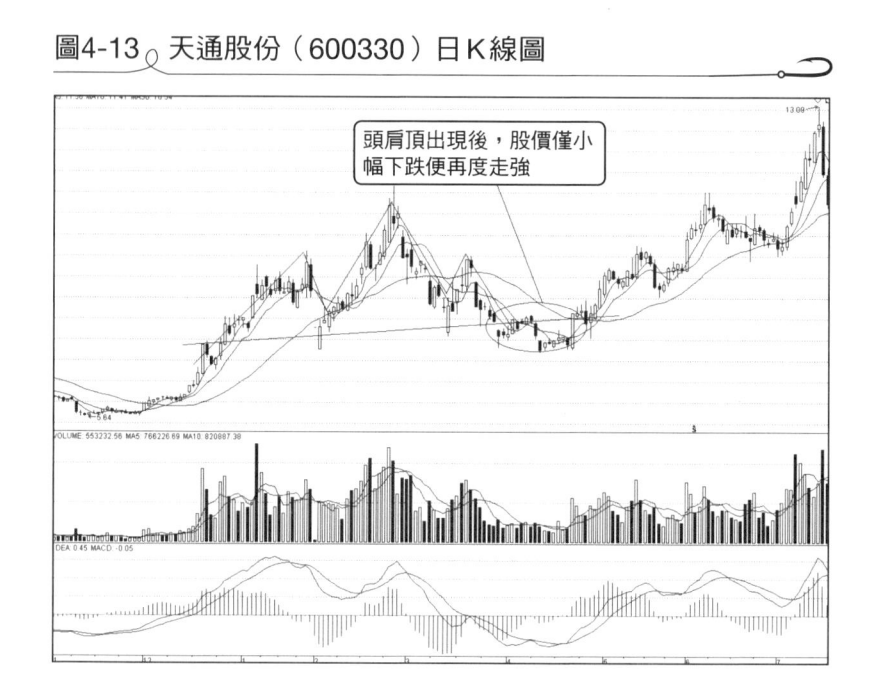

圖4-13 天通股份（600330）日K線圖

（圖中標注：頭肩頂出現後，股價僅小幅下跌便再度走強）

可以看出，該形態存在幾個技術疑問：首先，股價向下突破時，成交量沒有放大，無量空跌說明籌碼出逃不明顯，此時的突破值得懷疑。

其次，股價下跌距離前期低點不遠，此處是多方的堅強防線，不宜過分看空後市。在實盤操作中，投資者應密切關注這一位置的盤面變化，觀察股價是否獲得支撐，再採取相應的操作策略。

最後，股價向下突破後不久，就直接回到頸線之上，說明頸線對股價沒有形成壓力，也就是說，頸線的支撐作用未能有效地轉化為壓力作用。當股價重返頸線之上，將進一步鞏固頸線的支撐作用，短期股價很難跌破這條線。

由此可見，股價向下突破頭肩頂是假動作，為主力洗盤所致，投資者不必驚慌，反而可以逢低介入。

辨別與操作方法

（一）**觀察成交量表現**。當後一個高點的成交量比前一個高點更低，是暗示頭肩頂成立的先兆。通常是左肩的成交量最大，頭部次之，右肩最小，反映市場買盤逐漸減少。當第三次反彈的股價無法漲到上次高點的位置，且成交量繼續下降時，有經驗的投資者就會把握機會賣出。

（二）**頭肩頂的 3 個賣點**。無論頭肩頂是否成形以及成交量多寡，當股價第二次上升後回跌，且收盤價跌破潛在左肩的頂點時，可視為警告訊號。也就是說，不管右肩是否出現，都可以在股價跌破左肩頂點時提早賣出，這是第一個賣點。

股價第三次上升後，可以畫出頸線，然後從左肩頂點向右穿過頭部，拉出一條與頸線平行的直線，用來預測右肩反彈的最高位置。（由於右肩有時偏高、有時偏低，這個預測方法僅供參考，應進一步求證。）當右肩達到或接近這條平行線時，是第二個賣點。

最後，當股價向下跌破頸線時，是第三個賣點，這是最強烈的賣出訊號。

（三）**下傾頸線的賣壓較大**。標準的頭肩頂具有高度對稱性，也就是頸線接近水平。儘管左肩和右肩的成交量不一樣，但在價格形態上趨於一致，構成左右肩所費的時間差不多，左右肩的高位也大致相當。

但在實盤中，頭肩頂的頸線大多會上傾或下傾。「下傾頸線」的第二個低點比第一個低點更低，大多為市場人氣轉弱的指標，屬於弱勢頭肩頂，要小心大幅下跌。「上傾頸線」的第二個低點比第一個低點更高，代表市場買氣旺。在上傾頸線附近會有較強的支撐，但最終也會被跌破。

（四）**看回測跌破頸線的情況**。股價向下跌破頸線時，成交量通常會增加，假如跌破頸線後數天的成交量仍然很少，通常會出現暫時的回測彈升，使股價又回到頸線附近，但很少會穿過頸線。如果回測時突破頸線達 3% 以上，要小心變成失敗的頭肩頂，可重新考慮買進。

（五）**頭肩頂的目標買點**。形態完成後，股價下跌到預估低點，並經過一段盤整後，會出現另一段漲升行情。除了在預估低點附近買進之外，

主力操作的多空訊號

也可以測量右肩到預估低點之間的距離，再從該低點向右方量出相同長度，作為跌後盤整所需時間，並在該預測點的末端買進股票，等待行情往上再做漲升。

根據經驗，由於 K 線圖座標取點的差異，根據上述方法畫出來的距離會不太一樣，因此也可以在股價跌破頸線後，計算完成頭肩頂所用的交易天數，再將此交易天數除以 2，作為跌後盤整需要的最少時間，並在該預測點附近考慮買進。

（六）**參考波浪理論**。根據艾略特波浪理論，如果頭部的高點與右肩的最高點之間，出現 3 波段下跌和 3 波段上漲，就可以大膽假設頭肩頂成形，應趁早賣出以確保獲利。如果並未出現 3 波段下跌和 3 波段上漲，即使股價已經跌破頸線，但是在達到向下突破的標準之前，應暫時將其視為假突破。

（七）股價向下突破頭肩頂的頸線時，常常同時突破一條重要支撐線或 30 日均線，使頭肩頂更加可靠。當股價無量向下突破頸線，但是跌幅不足以確認為正式突破時，有假突破的可能。如果股價在向下突破後不久，又再度回到頸線之上（注：並非頸線回測），投資者應買進。

（八）為避免頭肩頂造成重大傷害，在實戰中要密切注意以下幾點：

- 股價形成頭肩頂的雛形時，就要提高警覺。此時雖然還未跌破頸線，但可以先賣出一部分籌碼，減輕倉位，日後一旦跌破頸線，就將剩餘籌碼全部清倉。
- 上漲需要成交量，下跌則不一定。對頭肩頂來說，主力可以用很小的量突破頸線，然後放量下跌，甚至繼續維持較小的量下跌，使投資者在不知不覺中被深度套牢。
- 頭肩頂對多方的殺傷力道，跟構成時間的長短成正比。因此，投資者不能只看日 K 線圖，更要重視週 K 線圖、月 K 線圖，如果在這些圖形中出現頭肩頂，說明股價的長期走勢趨弱，將展開較長時間的跌勢。

4-5 【潛伏頂】股價滑落卻沒有明顯賣盤，你應保持觀望

■ 常見虛假形態和訊號

　　潛伏頂是經過長期盤整後形成的頭部反轉形態，股價一旦脫離頭部，下跌空間將非常大。但在實盤操作中，有時候看似非常標準的潛伏頂，後市卻沒有形成跌勢。

①潛伏頂失敗形態

　　股價經過一段漲升行情後，缺乏持續上漲的動力，但也沒有下跌的理由，多空雙方在高位勢均力敵，形成平衡格局。此時股價一旦向下突破，跌幅往往非常驚人。但是，潛伏頂也經常以失敗形態作結，表現為股價下探盤整後，重回升勢之中。

　　圖 4-14（見 212 頁）的神思電子：股價經過小幅上漲後，在前期盤整區附近出現震盪走勢，形成上有壓力、下有支撐的窄幅震盪區間。其間成交量逐漸萎縮，K 線圖呈小陰小陽交錯排列，隨後股價漸漸下移，形成小型的潛伏頂。

　　可是，股價並未出現明顯下跌走勢，在 30 日均線附近獲得技術支撐

主力操作的多空訊號

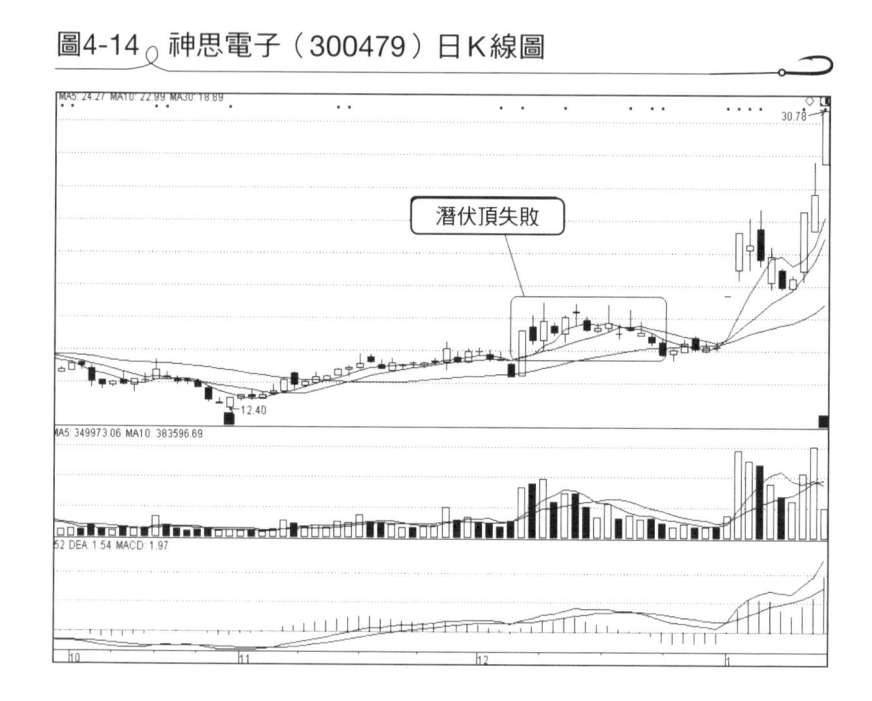

圖4-14 神思電子（300479）日K線圖

後，2021年1月4日以一字板突破，次日放量漲停，隨後回測確認突破有效，再開啟一波強勢拉升行情。

技術解盤▶ 這個小型潛伏頂出現後，雖然股價回落，但殺跌動能不足，在30日均線附近得到有力支撐。同時，前期股價調整充分，底部基礎扎實，下跌空間不大。而且，股價在向下滑落時，成交量未見放大，說明籌碼沒有出逃，下跌動能不足。投資者遇到這類盤面走勢時，最好的辦法是觀望，等待有效突破後再做決策，否則容易操作失誤。

②潛伏頂向下假突破

股價向下突破潛伏頂是較好的賣出訊號，表示樂觀的上漲行情已經過去，市場被烏雲籠罩，後市將迎來跌勢。因此，當股價明顯向下突破時，應立即賣出。但是，潛伏頂也經常出現假突破，股價突破後很快止穩回升，

圖4-15 華海藥業（000850）日K線圖

（潛伏頂向下假突破）

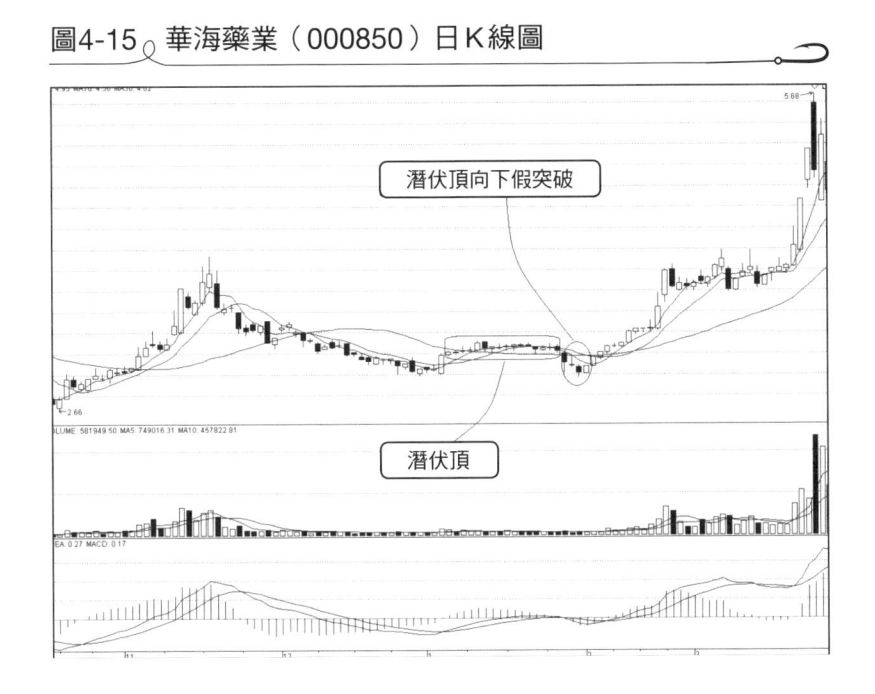

（潛伏頂）

並出現新的上漲行情，從而形成向下假突破陷阱。

圖4-15的華海藥業：該股在2019年1月4日以一根大陽線向上拉起，之後在大陽線上方橫盤運行，形成窄幅震盪區間，K線圖呈小陰小陽交錯排列，交易十分低迷，形成潛伏頂。

1月29日開始，股價連續幾日下跌，跌破潛伏頂的底邊線，預告一波新的下跌走勢，這不免令人擔憂，於是有些散戶選擇賣出。但是，股價小幅下跌後，很快就止跌回升，開啟一波向上盤升行情。

技術解盤▶該股向下突破潛伏頂之後，為什麼股價不跌反漲呢？從走勢圖可以看出，股價回落時受到前期低點支撐，新的買盤介入，封堵股價下跌的空間。而且，股價跌破潛伏頂時，沒有出現明顯的賣盤，主力已經鎖定籌碼，持續縮量就能說明這一點。

而且，該股價位不高，前期沒有大漲行情，因此下跌空間有限。可見，此時的股價波動屬於正常盤整，而不是下跌行情的開端。投資者遇到這種

盤面時，不必過分悲觀和擔憂，應等待後市方向明朗再做決策。

辨別與操作方法

（一）**考察均線系統**。股價脫離潛伏頂之後，均線跟隨而下，呈現空頭發散或形成死亡交叉，表明市場漸趨弱勢，股價有進一步下跌的可能，此時向下突破的可能性比較高。

（二）**觀察成交量變化**。雖然有「股價上漲要有量，下跌無須看量」之說，但在關鍵技術位置，無論向上突破或向下突破，在突破的那一刻都必須有成交量配合，這樣才能加強突破的力道。「下跌無須看量」指的是，在突破之後的常態下跌過程中，成交量不高也能維持市場的下跌態勢。

（三）**得到其他技術支援**。股價突破時，如果得到K線、技術指標及波浪形態的相互驗證，可以加強訊號的準確性，例如MACD、KDJ、RSI、DMI等中短期技術指標，有無出現死亡交叉、背離或方向性提示等。

（四）**分析股價是否突破重要技術位置**。例如趨勢線（或通道）、均線、技術形態、成交密集區或整數點位等，若有效突破這些位置，則形態比較可靠。

（五）**結合波浪理論做分析**。如果上升5浪已經運行結束，此時潛伏頂剛好向下突破，則突破的準確性更高，隨後將是A、B、C下跌3浪的調整走勢。

（六）**分析突破時的盤面細節**。這麼做能提高判斷準確性，比如：
- 看當天突破時間的早晚。突破時間越早越可靠，臨近尾盤時的突破比較可疑。
- 觀察當天的突破氣勢。突破時一氣呵成，剛強有力，可靠性就高。
- 如果突破後能堅守在高位，可靠性就高。如果只在當天盤中的瞬間碰觸，這種突破肯定不成立。

4-6 【下降三角形】出現放量向下突破，會加強突破的有效性

■ 常見虛假形態和訊號

下降三角形也是中繼形態，大多後市看跌，但也經常出現假突破或失敗形態，常見的盤面現象如下。

①下降三角形失敗形態

下降三角形具有看跌意義，顯示空方力量較強，等多方敗陣後，空方發力向下突破，使股價快速下跌。

下降三角形的突破位置在形態橫向長度的 1/2～3/4，但也有市場在三角形的盤整區間迷失方向，不但超出橫向長度的 3/4，甚至延伸到三角形的尖端之外，仍維持橫盤走勢，就演變成三角形失敗形態。這說明市場喪失維持既有趨勢的動能，需要更多時間累積動力，於是這個三角形不再具有分析意義。

圖 4-16（見 216 頁）的金山股份：股價小幅反彈後進入震盪盤整，在震盪過程中形成下降三角形。一般而言，該形態可以看作反彈行情的終結，後市有可能重回跌勢。可是，股價運行超過下降三角形的盤整區間，

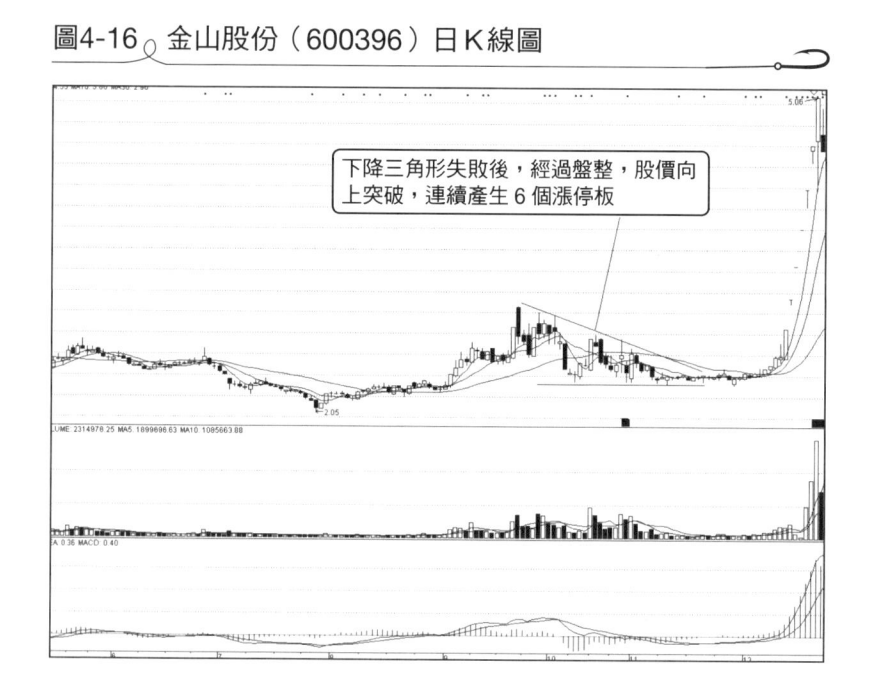

圖4-16 金山股份（600396）日K線圖

> 下降三角形失敗後，經過盤整，股價向上突破，連續產生6個漲停板

仍繼續橫向窄幅震盪，不但沒出現預期中的下跌行情，重心還逐漸向上抬高。2021年12月13日放量漲停，股價向上拉起，連續拉出6個漲停。

技術解盤▶ 該股的三角形盤整時間較長，突破時間較晚，超過形態的3/4位置。這說明向下突破的力道大大減弱，下降三角形失去對股價的制約作用。而且，股價處於低位，下方為前期盤整區，對股價具有較強支撐作用，若無強大的做空力量，很難突破此位置。因此，這時的下降三角形容易演變為失敗形態，投資者不必恐慌，可以等待有效突破再做決策。

②下降三角形向下假突破

下降三角形的假突破表現為股價向下跌破下邊線之後，沒有持續下跌，而是小幅下跌便止穩回升，形成新一輪上升行情。

圖4-17的力合科技：股價經過長時間的下跌行情後，止穩盤整形成

圖4-17 力合科技（300800）日K線圖

> 下降三角形向下假突破，表明股價中期底部已經出現

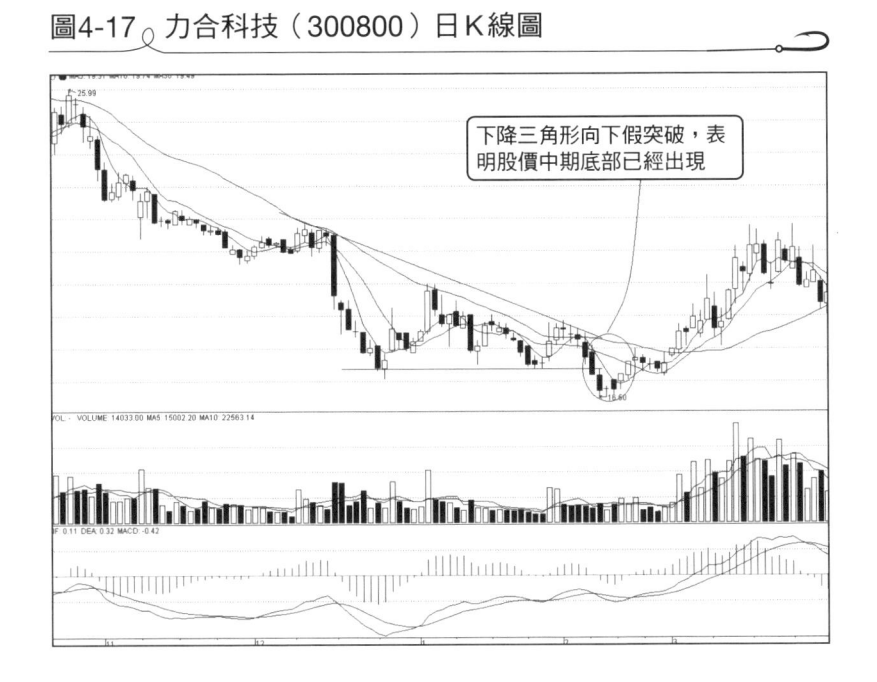

下降三角形。當股價運行到三角形的末端時，從 2021 年 2 月 4 日開始，連續拉出 3 根大陰線向下跌破三角形的下邊線，預示後市進入下跌走勢，是賣出訊號。但是，股價的下跌幅度並不大，很快就止跌止穩，之後震盪走高，形成扎實的中期底部。

技術解盤 ▶ 從該股走勢圖可以看出，股價向下突破時，成交量沒有明顯放大，這種無量下跌的盤面，大有主力虛晃一招的嫌疑。這表明主力鎖定盤中籌碼，沒有大規模出逃跡象，反倒是透過下跌突破走勢，進一步鞏固籌碼，以利後市順暢上漲。

而且，股價前期調整充分，累計跌幅較大，即使後市再次下跌，幅度也不會太大，所以無須恐慌。針對這種盤面，投資者不應盲目看空後市。持股者斬倉殺跌顯然不可取，但空倉者也不必馬上介入，應等待股價真正走強後逢低買進，因為後市很可能出現橫盤整理。

主力操作的多空訊號

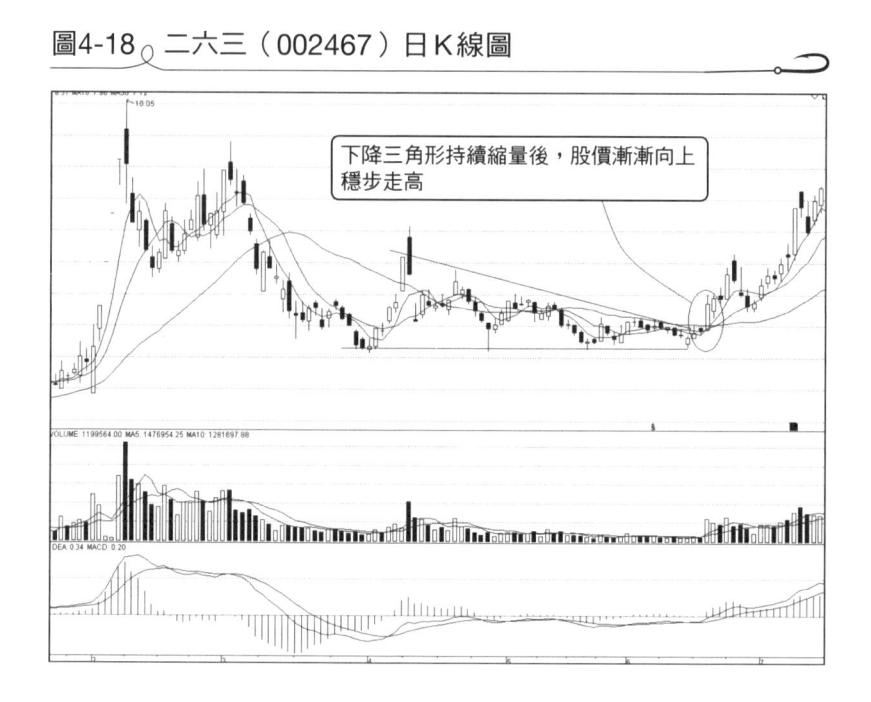

圖4-18 二六三（002467）日K線圖

下降三角形持續縮量後，股價漸漸向上穩步走高

③下降三角形無量向下假突破

　　股價下跌時，雖然理論上並不強調成交量的大小，但在突破時若有成交量配合，可以加強突破的有效性。

　　下降三角形的假突破盤面，也經常表現為股價向下突破三角形時，成交量沒有配合放大，結果股價小幅下跌後，很快止穩回升，形成新一輪上升行情。或者，在下降三角形盤整的後期，成交量持續萎縮，這也反映做空動能的衰弱。

　　圖4-18的二六三：該股見頂後回落，出現長時間的震盪走勢，形成一個下降三角形中繼形態。在盤整過程中，成交量持續萎縮，最終沒有向下突破，反而經過一段時間的橫盤後，逐步形成向上盤升走勢，下降三角形宣告失效。

　　技術解盤▶該股出現下降三角形後，股價為什麼沒有下跌呢？該股在

盤整階段，成交量持續萎縮，說明主力鎖定盤中籌碼，沒有大規模出逃跡象，屬於無量空跌走勢，可靠性不高。針對這種盤面，持股者可以等待真正突破再採取減倉，空手者應等待股價真正止穩，再試探性逢低介入。

辨別與操作方法

下降三角形的分析重點及判斷技巧，如收盤價、突破時間和幅度等，與對稱三角形差不多，同上升三角形剛好相反。

（一）一個標準的下降三角形，至少要有2個明顯的高點和低點，形態的構成時間在1～3個月之間。下降三角形較常出現在週線圖中，多半代表日後行情向下，投資者應及時賣出。

（二）**觀察突破的位置和盤面細節**。股價最理想的突破點在三角形橫向長度的1/2～3/4位置。如果在三角形3/4以後的位置才突破，形態最終失敗的機率較高。股價突破得太早或太遲，都會影響參考價值。

股價突破時，最好要超越形態內支撐線或壓力線的2%～3%，並且以當日收盤價為準。如果只是在盤中出現突破，不能堅持到收盤，就可能是主力設置的技術陷阱。

（三）**觀察成交量變化**。下降三角形股價變化與成交量的關係是：

- 在下跌趨勢中，當股價反覆震盪並跌破三角形的支撐線時，無論成交量是否放大，都能視為有效突破，是利空訊號，應立即賣出觀望。一般在跌破後的2～3日，成交量才明顯增加。
- 如果出現放量向下突破，會加強突破的有效性。
- 如果股價向上突破下跌三角形的壓力線，且伴隨成交量大增，可以積極跟進。

（四）有時股價突破後，會短暫做反方向的回測確認，再繼續往突破方向發展。如果股價向下突破並出現回測後，不能衝破之前以低點連成的支撐線，則後市仍將走弱。

（五）在股價跌破下降三角形時，最小跌幅的預測方法如下：由第一

個回升高點開始，畫一條與下邊線平行的直線，當股價跌破形態時，可以預期股價將下跌至相同高度。然而在一般實盤中，實際跌幅將大於預期跌幅。

（六）下降三角形通常出現在下跌趨勢的途中，預示股價向下的傾向較大。但偶爾也出現在市場頭部，也就是上升趨勢的末期。此時，股價對三角形下邊線的突破，標誌著頭部形態構成、下降行情開始，投資者應積極賣出。

4-7 【跳空缺口】這樣透視13個假缺口，能正確把握行情

▌缺口識別偏差

K線圖中有各式各樣的缺口，通常分為普通缺口、突破缺口、逃逸缺口、竭盡缺口，後3種統稱為功能缺口。

缺口數量的統計

很多投資者不知道怎麼統計缺口的數量，進而導致操作失誤。通常來說，會將連續出現的相同性質缺口視為一個缺口，例如連續出現的一字板，或非常相似的實體K線。也就是說，跳空缺口之間必須有一根或多根相異的K線，才能產生不同性質的2個缺口。為了方便理解，以下用實例分析。

圖4-19（見222頁）的九安醫療：該股在2021年11月的行情中，缺口性質非常清晰。11月16日為普通缺口，沒有突破意義。11月17日和18日為2根T字線缺口，可以視為一個突破缺口。

11月22日開始連續出現4個一字板，可以視為一個逃逸缺口，它與前面的突破缺口之間，夾著一根19日的實體K線。之後隔2個交易日，

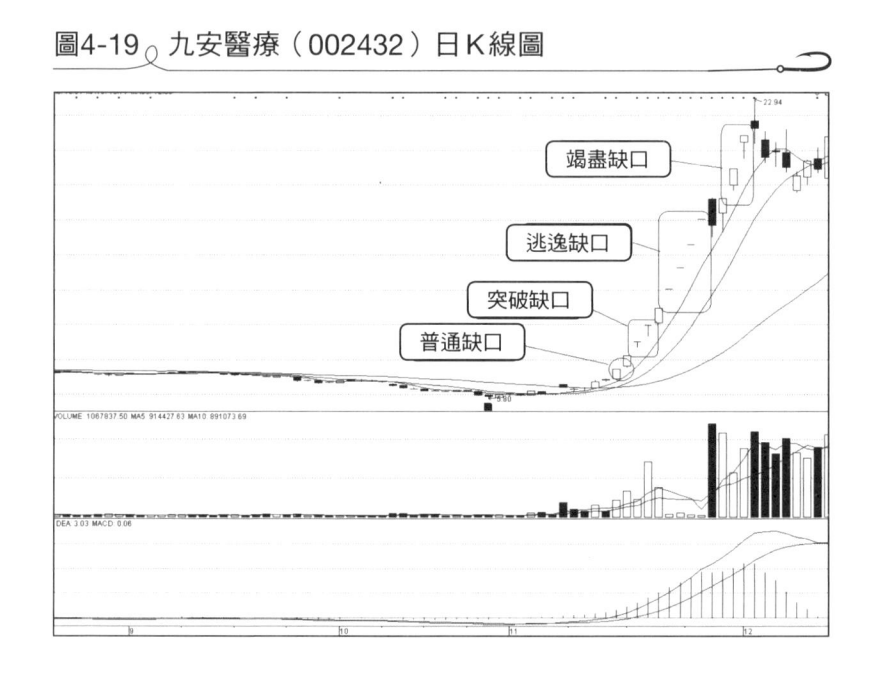

圖4-19 九安醫療（002432）日K線圖

標示：竭盡缺口、逃逸缺口、突破缺口、普通缺口

11月30日和12月1日的2個跳空，可以視為一個竭盡缺口。

圖4-20的京城股份：該股在2021年11～12月的行情中，出現3個不同性質的缺口，分別是：11月22日的突破缺口，12月2～9日的逃逸缺口（其間有6次跳空，視為同一性質的一個缺口），12月17日的竭盡缺口。

功能缺口與普通缺口的區別

- 功能缺口形成後，股價會很快遠離缺口，出現持續走勢。普通缺口形成後，股價很難擺脫缺口的牽制，出現震盪或徘徊走勢。
- 功能缺口通常有大成交量積極配合，量價配合得當。普通缺口很難得到成交量支持，即便有放量也是主力刻意為之。
- 功能缺口大多出現在股價成功脫離底部或頭部的位置，普通缺口

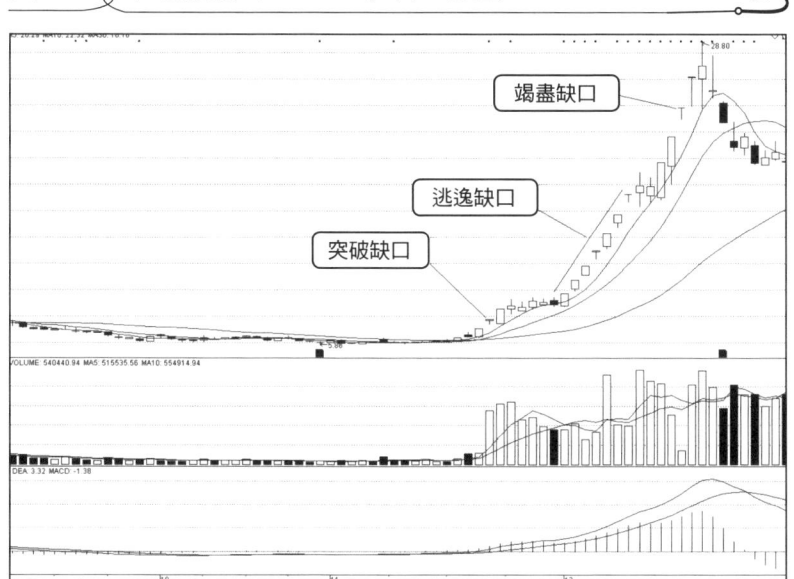

圖4-20 京城股份（600860）日K線圖

（圖中標註：竭盡缺口、逃逸缺口、突破缺口）

通常出現在盤整區域，很難脫離震盪走勢。
- 功能缺口形成後，股價不會在短期內回補，即使有回測也會在缺口附近遇到支撐或壓力。普通缺口出現後，股價會在短期內回補，通常沒有太大的支撐和壓力作用。
- 功能缺口出現之前，市場通常會有跡象，來得合乎規律。普通缺口出現之前毫無徵兆，來得似乎有些勉強。
- 功能缺口是市場充分盤整之後產生的必然趨勢，如平台盤整、形態盤整、趨勢盤整、成交密集區的技術性突破。普通缺口很少經過充分盤整，是隨意的市場波動，可能受到外界因素影響，如周邊市場的暴漲暴跌、街頭傳聞、無關大局的消息等。
- 功能缺口形成後，原先市場自然形成的支撐和壓力，不會對股價構成太大影響，股價會成功穿越這些位置。在普通缺口中，原先市場自然形成的支撐和壓力，會對股價構成很大的影響，股價到

主力操作的多空訊號

達這些位置附近時，會遇到一定的支撐和壓力。

▌假普通缺口

A股市場存在大量普通缺口，增加投資者的判斷困難，再加上主力的人為影響，假缺口更是五花八門。常見的假普通缺口有以下幾種。

①漲勢中的向下跳空缺口

在股價上升過程中，主力設置空頭陷阱時，經常出現向下跳空缺口。其實，當股價整體處於上升趨勢，出現回檔是正常的，只要基本趨勢沒有變，那麼回檔中出現的向下跳空缺口，就是難得的進場機會。整體的上升趨勢最終會讓股價回到上升通道中，只要股價沒有大幅上漲，就仍會保持原來的上升趨勢。

同時，這種向下跳空缺口很容易在一兩天內就回補，從短線角度來看可以進場，等待股價上升回補缺口的機會。

圖4-21的陽光電源：該股洗盤結束後形成新的漲勢，均線系統呈多頭排列，股價穩步盤升。2021年6月4日，主力為了洗盤，使股價跳空開低，當日收出一根小陰線，留下沒有回補的向下跳空缺口，預示股價將要回落。這讓一些投資者開始擔心，因此選擇離場觀望，可是該股很快止跌回升，後市漲勢依然強勁，漲幅也非常大。

技術解盤▶從該股走勢圖可以看出，盤中的向下跳空缺口只是普通缺口，預示股價將要回落，沒有突破功能，也就是沒有任何技術層面上的突破跡象（即重要技術位置的突破），因此不具技術分析意義，很快就會被後面的漲勢回補。

而且，從上漲趨勢來看，股價回檔時遇到30日均線的有力支撐，上升趨勢完好無損，不足以引起恐慌。因此，持股者要堅定信心，空手者可以在30日均線附近買進。

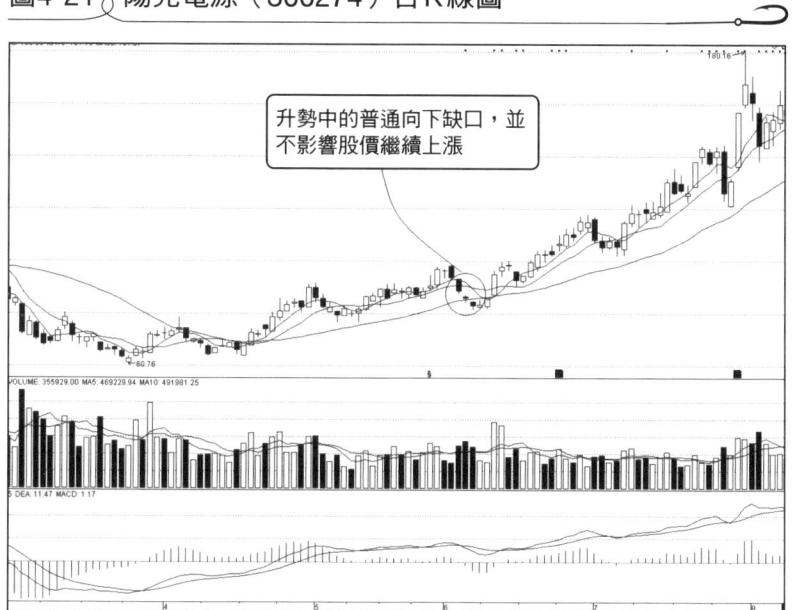

圖4-21 陽光電源（300274）日K線圖

升勢中的普通向下缺口，並不影響股價繼續上漲

②洗盤中的向下跳空缺口

在實盤操作中，主力為了加大洗盤力道，經常製造向下跳空缺口，盡可能造成盤面恐慌。投資者紛紛拋售籌碼時，正是洗盤成功結束之際，股價立即反轉向上，從而形成向下跳空缺口陷阱。

圖4-22（見226頁）的金鴻順：2021年9月22日開始股價連拉2根漲停，向上突破前期盤整區。主力為了洗盤，在9月29日打壓股價，當日跌停收盤，次日慣性開低走低，留下一個沒有回補的缺口。這個缺口讓散戶心生擔憂，認為股價再現弱勢，紛紛賣出籌碼。可是，第三天股價就止跌回升，並以漲停板收盤，之後出現主升段行情。

技術解盤▶從該股走勢圖分析，股價向下跳空突破30日均線的支撐，乍看像是突破缺口，但此處離前期低點非常近，需要觀察後市演變，才能確認突破缺口的真偽。也就是說，必須有股價快速下跌來確認這個缺口的

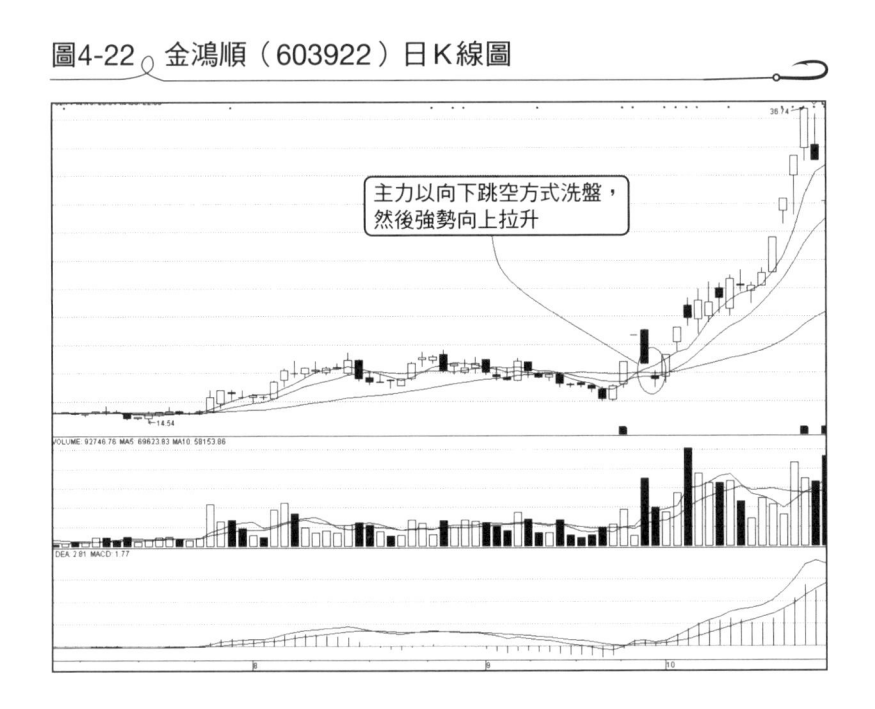

圖4-22 金鴻順（603922）日K線圖

> 主力以向下跳空方式洗盤，然後強勢向上拉升

「突破」功能，否則仍以普通缺口視之。

結果，該股第三天就止跌回升，沒有出現持續下跌走勢。股價在此處止穩回升並回補缺口，說明這只是主力的洗盤動作，向下跳空缺口只是為了製造盤面恐慌。而且，該股本身處於底部，下跌空間不大，且在股價跳空下跌時沒有恐慌盤出現，說明下跌動能已經衰竭。

③跌勢中的向上跳空缺口

股價下降過程中經常出現向上跳空缺口，這是因為，雖然股價整體處於下降趨勢，但通常不會連續下跌，其間可能出現回測或反彈，因而產生跳空缺口。

只要股價還沒大幅下跌，這些跳空缺口基本上不會改變原有的下跌趨勢，缺口也不會持續太久，股價最終會回到下跌通道中。由此可見，向上

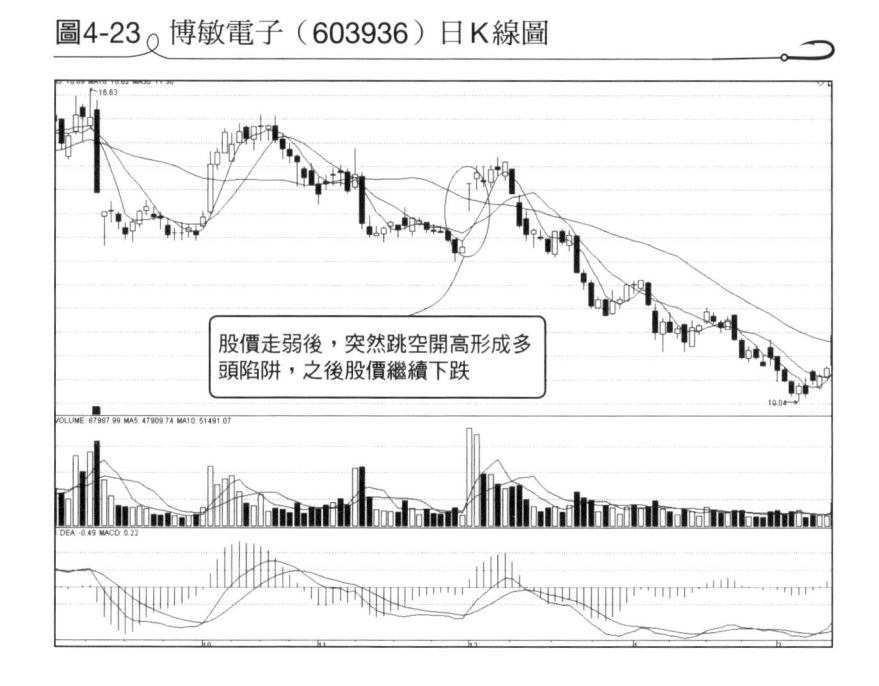

圖4-23 博敏電子（603936）日K線圖

> 股價走弱後，突然跳空開高形成多頭陷阱，之後股價繼續下跌

跳空缺口是難得的離場機會。

在實盤操作中，主力經常在跌勢中製造向上跳空缺口，造成股價向上突破的假像，吸引散戶追漲介入，然後股價轉身下跌，將散戶全線套牢。

圖4-23的博敏電子：股價反彈結束後向下回落，在前低附近形成小型盤整區。2020年11月27日跌破前低的支撐，形成加速下跌之勢。這時主力設置多頭陷阱，12月1日大幅跳空，以漲停價開盤，盤中開板後回封，當天收出漲停T字線。

有的散戶被騙，認為股價跌破前期低點後，將出現有力的反彈行情，因而貿然介入。可是，股價並未強勢上漲，盤整幾日後開始下跌，套牢買進者。

技術解盤▶從該股走勢圖可以看出，股價跌破前期低點後，均線系統呈空頭排列，對股價起到助跌和壓制作用。雖然出現向上跳空缺口，但股價仍受制於均線，沒有形成任何技術性突破，所以只是普通缺口，無法改

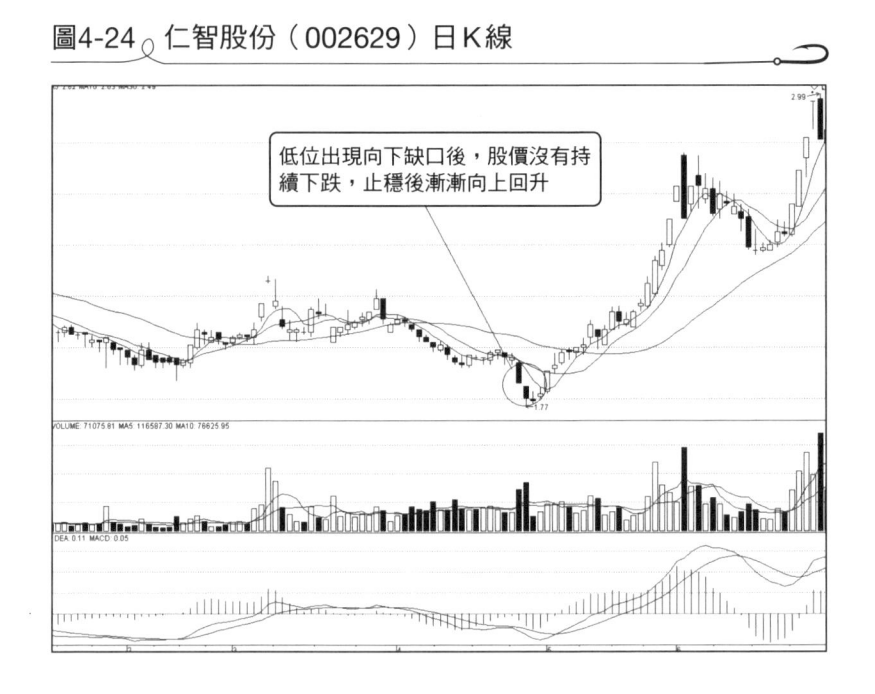

圖4-24 仁智股份（002629）日K線

> 低位出現向下缺口後，股價沒有持續下跌，止穩後漸漸向上回升

變股價的整體跌勢。

而且，這個缺口位於上方盤整區，股價很難產生有效的突破。由此可見，該缺口是對股價突破前期低點的回測確認，也是主力埋下的多頭陷阱，投資者應抓住最後的逃命機會。

④底部向下假跳空缺口

表現為股價在底部震盪，尚未脫離，或是剛剛脫離盤整區，然後再次下跌，出現向下跳空缺口。這類在底部的向下跳空缺口，往往是最後的探底走勢，大多為空頭陷阱。投資者不必驚慌，反倒要抓住買進的良機。

圖4-24的仁智股份：該股長期處於下跌走勢，空頭氣勢強大，股價累計跌幅大。2021年4月28日股價開低走低，留下一個向下跳空缺口。

此時，不少投資者心生恐慌，以為股價將繼續下跌，因而紛紛離場。

第 4 章　形態看跌和缺口出現時，你如何跟莊致勝？

可是，第二天股價小幅下跌後立即止穩，經過短期盤整後逐漸回升，且盤面氣勢逐漸加強。

技術解盤 ▶ 分析該股走勢圖，有以下盤面現象需要思考：
1. 從價位分析，股價經過長期下跌後，已經處於市場底部，下跌空間被封閉，跌無可跌。
2. 從成交量分析，在長期的下跌過程中，空方能量得到充分釋放，成交量十分低迷，呈現地量水準，下跌動能已經衰竭。
3. 從形態分析，股價離前期低點不遠，該低點附近會有技術支撐。
4. 從力道分析，股價下跌氣勢不強，力道不大，缺口產生後立即止穩，沒有出現持續下跌走勢，因而不足為慮。
5. 從缺口性質分析，股價向下突破盤整區的低點支撐，初看是突破缺口，但其實只是普通缺口。因為，股價離前期低點非常近，若要真正成為突破缺口，股價必須快速下跌來強化該缺口的「突破」功能。

綜合上述理由，可見這個缺口是主力刻意打壓的建倉、試盤動作，目的是製造盤面恐慌，有利於構築底部形態。

⑤頭部向上假跳空缺口

表現為 2 種情況，一是股價位於大幅上漲後的頭部，投資熱情未退，此時容易出現向上跳空缺口。二是在大幅上漲後的高位，股價受慣性作用，出現向上跳空缺口。

這類缺口有時是主力行為所致，屬於普通缺口，一旦股價向下回補，就會引發賣盤，進而形成頭部。因此，在高位或頭部出現的向上跳空缺口，大多是多頭陷阱，應謹慎對待，可以在跳空缺口形成的當天逢高賣出。

圖 4-25（見 230 頁）的宜華健康：該股在主力完成低位建倉後，出現一波強勢拉升行情，短期漲幅達到 200%，接著主力出貨導致盤面在高位震盪，股價重心下移。2021 年 5 月 31 日，股價再次強勢漲停，次日跳空放量漲停，留下一個向上跳空缺口。這時，不少投資者以為該股開啟第二

主力操作的多空訊號

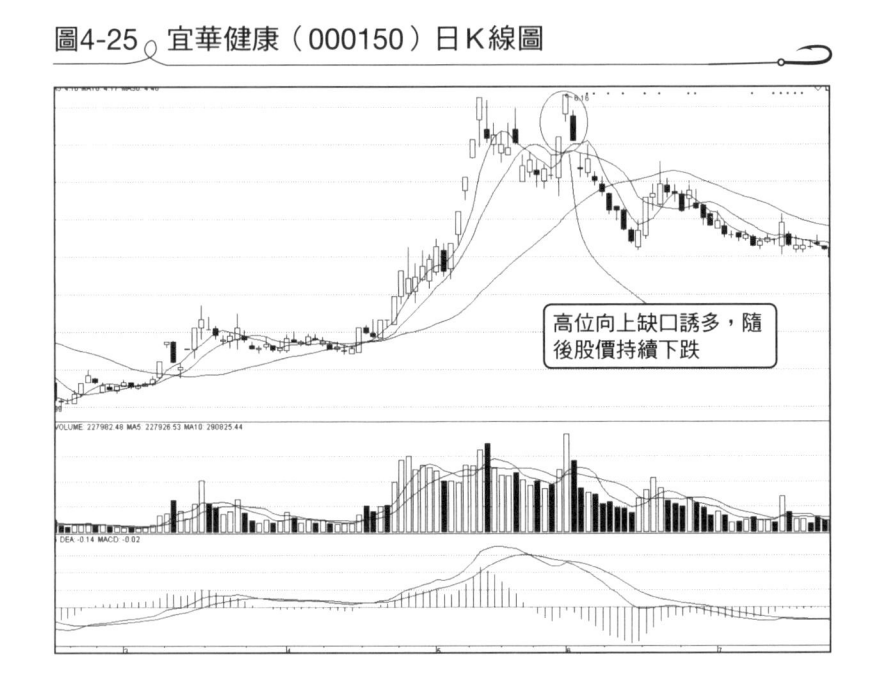

圖4-25 宜華健康（000150）日K線圖

> 高位向上缺口誘多，隨後股價持續下跌

波上漲行情，紛紛追漲進場。可是，第二天股價開低走低，以跌停板收盤，此後漸漸走弱，套牢追漲資金。

技術解盤 ▶ 如何解讀這個假跳空缺口呢？可從以下2方面分析：

1. 從價位分析，股價經過短期暴漲後，已經處於高位，多方消耗力量過大，短期持續上漲的可能性不大，即使後市有豐富題材，也需要一段休整過程，此時面臨短線回檔的風險眾人皆知。
2. 從力道分析，股價上漲氣勢漸漸不足，滋生「懼高」心理。一般而言，在如此強勢的市場中跳空漲停，次日很有機會出現開高，可是次日直接開低跌停，套牢前一天進場的籌碼，主力出貨的意圖非常明顯。

由此可見，這是頭部向上假跳空缺口。投資者遇到這種情形時，可以不考慮缺口性質，也不要對後市有太高期望。

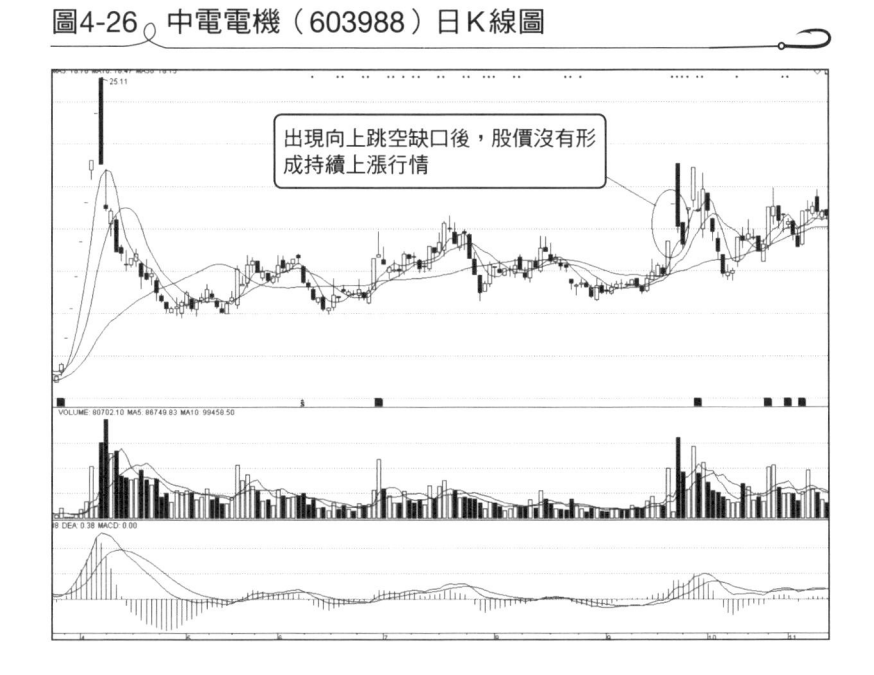

圖4-26 中電電機（603988）日K線圖

出現向上跳空缺口後，股價沒有形成持續上漲行情

⑥盤整平台向上假跳空缺口

股價經過一段時間的平台盤整後，經常以跳空缺口的形式向上突破。這時的缺口是做買賣決策的最佳參考訊號，只不過，主力也常利用這些缺口製造假突破。

圖4-26的中電電機：該股連拉7個漲停後大幅回落，展開橫盤整理，2021年9月17日放量漲停，次日一字板漲停，留下一個向上跳空缺口。這時，有些投資者以為股價盤整結束，將展開新一波上漲行情，因而看多後市。可是，股價並未強勢上漲，連續下跌2天後缺口完全封閉，之後再次拉起也沒能持續上漲，股價重新陷入盤整走勢。

技術解盤▶ 對於該股，應該關注的不是漲幅大小，而是缺口性質。從走勢圖可以看出，該跳空缺口屬於普通缺口，而非突破缺口。也就是說，從幅度和時間上來看，股價都沒有突破盤整平台，該缺口只是盤整過程中

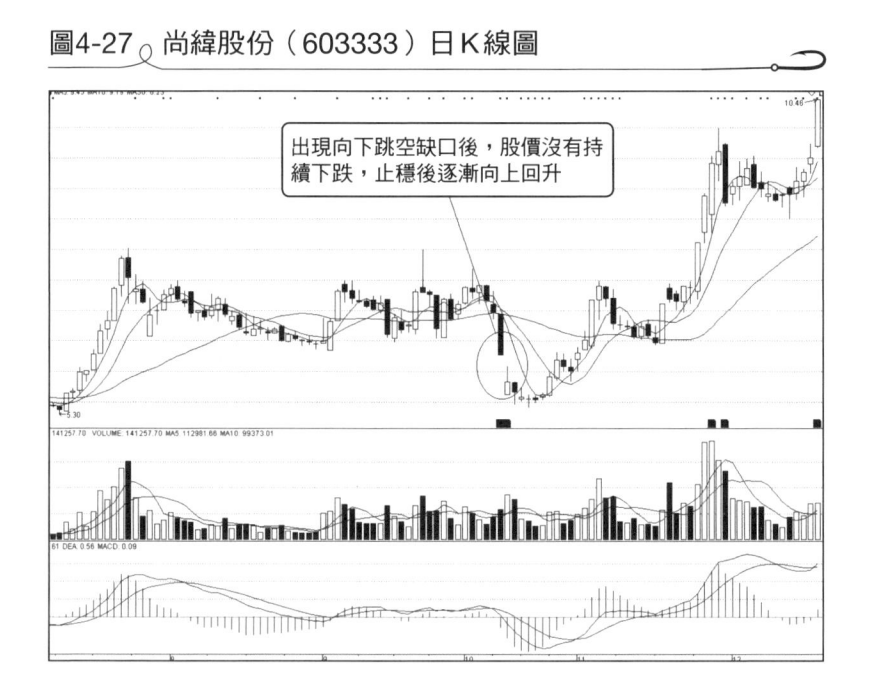

圖4-27 尚緯股份（603333）日K線圖

> 出現向下跳空缺口後，股價沒有持續下跌，止穩後逐漸向上回升

的常態波動。

確認跳空缺口的性質後，接下來的操作思路就比較清晰。普通缺口很快就會被回補，如果在此介入，至少會面臨短期回補風險。從趨勢來看，盤整過程中 30 日均線趨於水平狀態，對股價沒有助漲作用。因此，這樣的缺口需要謹慎對待，投資者應以觀望為宜。

⑦盤整平台向下假跳空缺口

在實盤操作中，也經常出現盤整平台向下假突破的情形，主力的意圖是讓投資者在恐慌中停損離場。

圖 4-27 的尚緯股份：股價經過充分調整後止穩反彈，到一定的高度後形成盤整平台，橫盤整理 2 個多月。2021 年 10 月 15 日，受利空消息影響，當日以跌停板收盤，次日慣性開低，留下一個向下跳空缺口，突破

盤整平台的低點,形成技術破位。

這時,有些投資者以為後市將出現下跌走勢,紛紛停損離場。可是,隨後股價並未大幅下跌,漸漸止穩後向上回升,股價逐波走高,從而使向下跳空缺口成為空頭陷阱。

技術解盤 ▶ 該股的跳空缺口屬於突破缺口,即向下突破盤整平台。那麼,突破缺口產生後,股價是不是一定會大幅下跌呢?那倒也未必,要結合股價的具體位置來分析。

若股價下跌幅度不深,形成中繼盤整平台的可能性較大,一旦股價向下突破,後市還會有較大跌幅。以缺口的方式向下突破平台,是一種強烈的空頭宣戰方式,投資者只能停損離場。若股價處於調整充分的底部,即使出現向下突破缺口,跌幅也不會很深,投資者不必恐慌。

從該股的走勢可以看出,股價經過長期下跌調整後,累計跌幅較大,下跌空間較小,而且股價離前期低點很近。一般來說,股價在前期低點附近,將遇到較強的技術支撐,因此該股的向下跳空缺口是主力借助利空消息,展開二次探底所致。

假突破缺口

突破缺口通常出現在大底部向上突破,和大頭部向下突破時,預示股價走出反轉行情。伴隨大成交量的突破缺口,通常不會在短期內被回補,因為帶量跳空缺口的技術意義,比一般帶量突破更強烈,不太可能發生缺口被回補的弱勢格局。

向上突破缺口應發生在長時間大幅下跌之後,且有扎實的底部為前提。突破時要有成交量放大的支持,且在政策面常會伴隨重大利多消息推出。向下突破缺口應發生在股價大幅上漲後的高位,而且頭部特徵非常明顯。

有效的向上突破缺口會產生有力的上升行情,帶來豐厚的短期獲利。有效的向下突破缺口會產生較深的下跌行情,帶來巨大的市場風險。然而,在實盤中經常出現假的缺口形態,假如按照常規操作,很容易落入主

主力操作的多空訊號

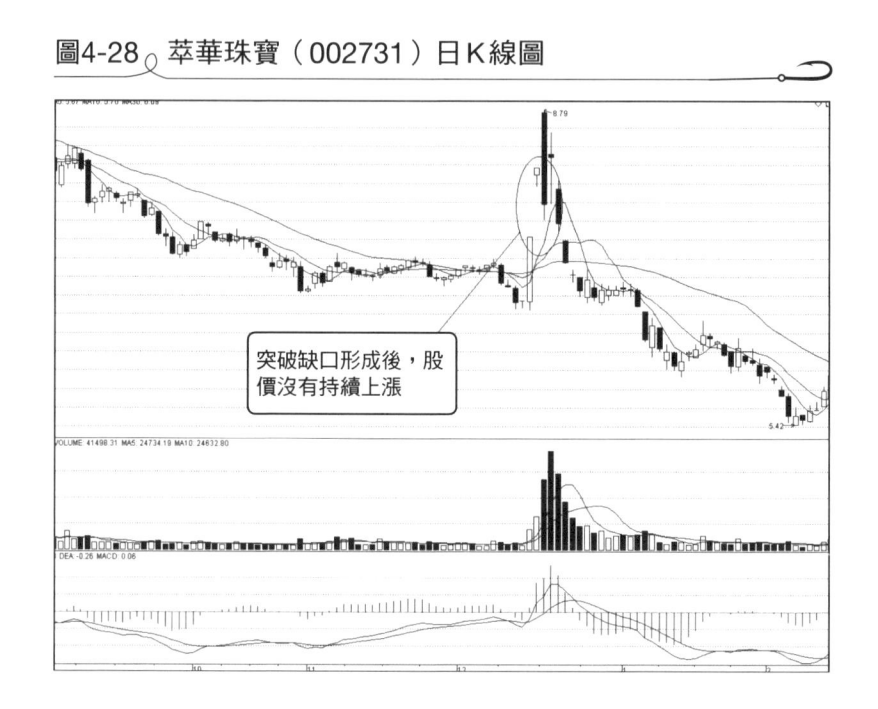

圖4-28 萃華珠寶（002731）日K線圖

突破缺口形成後，股價沒有持續上漲

力精心設置的陷阱。

①假向上突破缺口

經過長時間震盪盤整後，股價築起堅實的底部，且隨時有可能離開底部。某日，股價跳空開高形成向上突破缺口，在缺口上方運行3個交易日以上，說明跳空缺口有效，預示股價見底反轉，是進場操作的機會。可是，投資者介入後，股價並未持續上漲，反而很快止漲下跌，完全回補跳空缺口，形成新的下跌走勢，將進場者套牢。

圖4-28的萃華珠寶：股價經過長時間盤整後逐漸止穩，2020年12月15日放量漲停，次日大幅開高後隨即漲停，留下沒有回補的向上跳空缺口，屬於突破缺口。可是，12月18日股價大幅開高7.08%之後快速回落，回補部分跳空缺口，之後幾日震盪走低，回落到起漲點位置，該突破缺口

成為多頭陷阱。

技術解盤▶該股的向上跳空缺口，為什麼會變成多頭陷阱呢？出現突破缺口的邏輯是：在長時間的盤整過程中，形態頸線附近的價位不斷出現賣壓，同時多方持續消化賣壓。在某一時間點，形態頸線附近的賣壓終於被消化完畢，於是股價在買方力量的推動下，向上跳空形成缺口。

由於股價以跳空的方式突破頸線，該缺口具有重要技術意義，如果伴隨大成交量，就能確認是有效的突破缺口，為強烈的買進訊號。

從該股的技術圖形分析，股價經過前期的持續下跌後，多方信心大受打擊，一時很難恢復元氣。此時股價的每一次反彈都是離場良機，所以突破缺口很難吸引投資者興趣，容易成為失敗形態。

而且，跳空漲停出現得非常突然，未得到均線系統的支援，30日均線呈現平行，不但沒跟上股價的上漲步伐，還制約股價上漲。成交量也不正常，有主力對敲自救的可能。當股價在缺口上方得不到支撐時，選擇離場為上策。

②假向下突破缺口

股價經過一段時間的上漲行情，累積了一定的漲幅，獲利籌碼相繼兌現，股市進入盤頭階段。不久，股價向下突破留下明顯缺口，在此後的3個交易日裡，股價運行在缺口下方，說明向下突破有效，預示股價見頂反轉，投資者應及時離場。

可是，投資者紛紛賣出籌碼後，卻不見股價下跌，而是很快止跌回升，完全回補缺口，並形成新的上漲行情，使離場者踏空。

圖4-29（見236頁）的東方證券：股價經過一段時間的盤整後，於2021年3月31日跳空下跌，形成突破缺口。這令投資者恐慌，擔心後市出現新一輪下跌，因此紛紛選擇停損。可是，股價很快止穩盤整，不久後向上走強，形成強勢的盤升行情，使向下跳空缺口成為空頭陷阱。

技術解盤▶該股的向下跳空缺口，為什麼會成為空頭陷阱呢？從技術圖形分析，這個向下跳空缺口出現在底部盤整區，不符合突破缺口的特

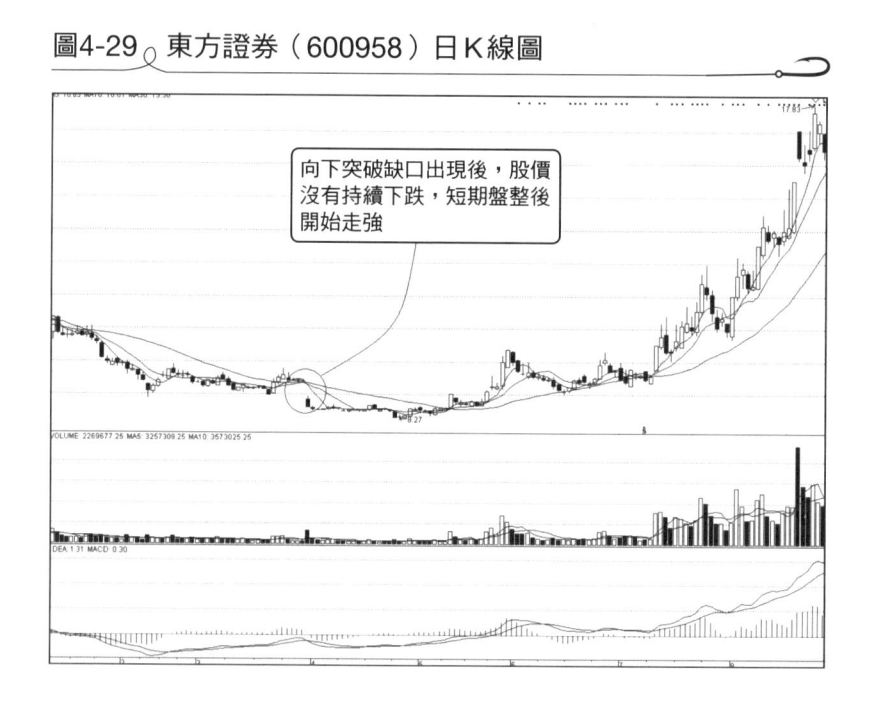

圖4-29 東方證券（600958）日K線圖

向下突破缺口出現後，股價沒有持續下跌，短期盤整後開始走強

徵，其實是屬於一般的普通缺口。從成交量分析，沒有出現恐慌賣盤，股價下跌動能不足，籌碼處於固定狀態。再說，股價離前期低點不遠，前低有較強的技術支撐，股價下跌空間不大。由此可見，這是一個空頭陷阱，是主力打壓建倉、洗盤所導致。

▌假逃逸缺口

　　一個有效的向上逃逸缺口，會帶來一波暴漲，短期有可能出現飆升行情。一個有效的向下逃逸缺口，會帶來一輪暴跌，短期風險巨大。實盤中出現的假缺口，大多為突破缺口和竭盡缺口，發生逃逸缺口的頻率較低，但如果出現突破失敗或假突破現象，仍按照常規操作追漲殺跌，很容易落入主力精心設置的陷阱中。

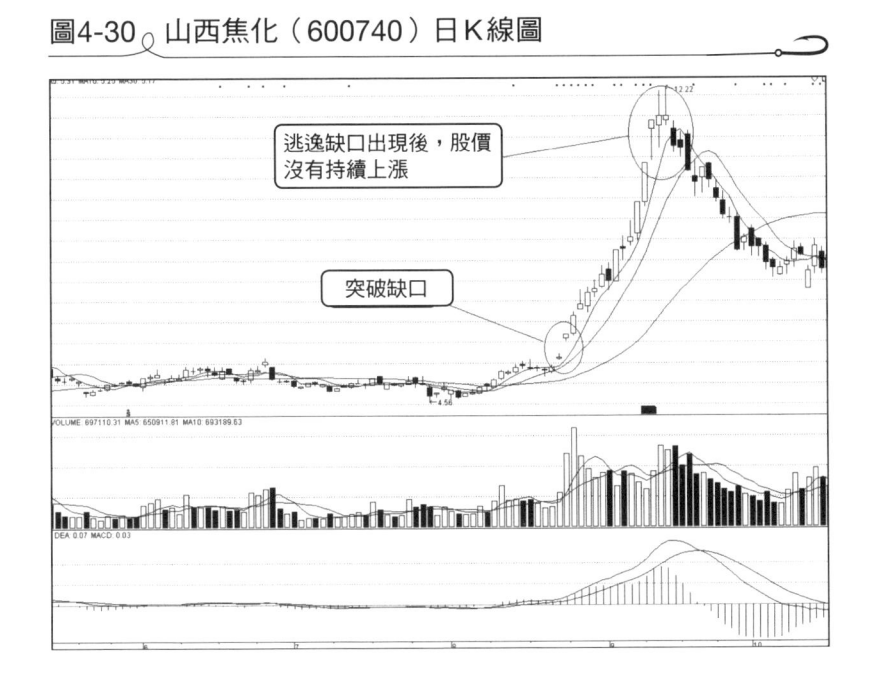

圖4-30 山西焦化（600740）日K線圖

（圖中標註：逃逸缺口出現後，股價沒有持續上漲；突破缺口）

①假向上逃逸缺口

股價向上突破之後，買盤不斷介入，市場一片看漲，股價繼續向上跳空，形成逃逸缺口，並伴隨大成交量。這個缺口確保主升段的持續走勢，就整體趨勢來看，透露市場對後市的看法，也就是維持既有的上漲趨勢，且漲幅與前期漲幅相當，因此吸引一批換手資金參加。

但是，逃逸缺口產生之後，沒有出現逃逸上漲走勢，反而止漲下跌，完全回補跳空缺口，並且盤面逐步走弱，將進場者套牢其中。

圖4-30的山西焦化：該股主力在長期築底過程中，吸收大量低價籌碼，完成低位建倉計畫。2021年8月24日，股價跳空開高後放量漲停，形成突破缺口，這個缺口有重要的技術意義。

之後，股價繼續強勢上漲。9月9日跳空開高漲停，形成逃逸缺口。一般而言，逃逸缺口出現在上漲行情的中段，後市上漲可期，是理想的買

進機會。然而，該股隨後的走勢出乎預料，股價連續 2 天衝高回落，之後持續下跌，使向上逃逸缺口成為假形態。

技術解盤 ▶ 如何解讀該股的走勢呢？從技術圖形來看存在以下疑慮：首先，從 K 線來看，雖然留下當天沒有回補的向上跳空缺口，但陽線實體部分較短，下影線較長，形成「吊頸線」。在高位出現這種 K 線形態，表明上攻力道減弱，股價難以持續上漲。

其次，上漲力道不強。如果在吊頸線出現後的幾天裡，股價能繼續強勢上漲或收出中陽線，就能消除吊頸線帶來的疑慮。可是，之後 2 天都收出「流星線」，逃逸缺口的作用已被否定，投資者應注意調整風險。

最後，股價短期漲幅較大，累計漲幅已超過 100%，技術上存在調整需求，這也是股價不能持續上漲的重要因素之一。投資者在實盤中遇到這樣的走勢，不要盲目追漲，應結合盤面情況做分析。

②低位假逃逸缺口

當股價出現向下突破缺口，市場情緒悲觀，對後市產生懷疑。然後，股價繼續跳空下跌，形成逃逸缺口，在此後的 3 個交易日中，股價運行在缺口下方，說明該缺口有效。據此，投資者預測股價仍將下跌，應及時離場觀望。可是，投資者賣出籌碼後，股價卻止跌止穩，很快就回升填補跳空缺口，並出現新的上漲行情，使該股的逃逸缺口成為假形態。

圖 4-31 的中光學：股價結束反彈後再次回落，2021 年 1 月 25 日跳空開低走低，跌破盤整區間，形成突破缺口。隨後繼續震盪走弱，2 月 4 日再次向下跳空，開低走低創出新低，形成逃逸缺口，預示股價仍將下跌，因此不少投資者選擇停損。可是，逃逸缺口產生後，股價沒有出現預期的跌幅，很快就止跌止穩，使賣出者賣在地板價。

技術解盤 ▶ 該股出現逃逸缺口之後，股價為什麼不跌呢？從技術圖形來看存在以下疑慮：

1. 從成交量分析，逃逸缺口產生後，沒有出現明顯的恐慌盤，下跌動能逐漸衰竭，說明該賣的人都賣出了，持股者會等待反彈，不會在

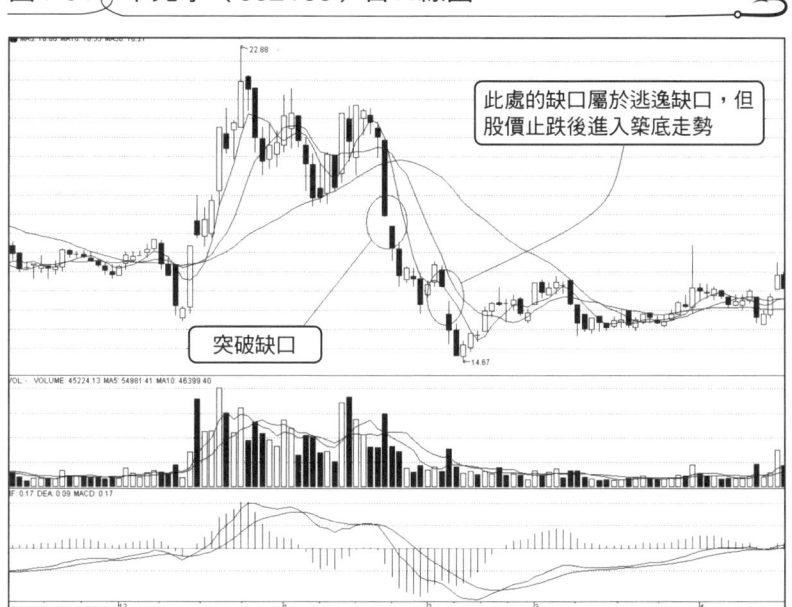

第 4 章　形態看跌和缺口出現時，你如何跟莊致勝？

圖4-31 中光學（002189）日K線圖

此處的缺口屬於逃逸缺口，但股價止跌後進入築底走勢

突破缺口

此時繼續殺跌。

2. 從形態分析，股價下跌遇到前期低點，此處具有較強的技術支撐，很難輕易被突破。
3. 從價位分析，股價經過長期下跌調整後，處於歷史底部，下跌空間不大。

可見，雖然第二個缺口具有逃逸缺口的特徵，但不一定會產生逃逸缺口的下跌走勢，應綜合其他技術方法進行研判。

■ 假竭盡缺口

竭盡缺口又稱消耗缺口，出現在長期上漲或下跌行情的末端，預示多頭或空頭已到強弩之末，股市將由盛轉衰。

主力操作的多空訊號

當股價經過連續上漲，做出最後衝刺，集中力量向上一跳，會使得多方能量消耗極大而後繼無力。向上竭盡缺口就是「一鼓作氣，再而衰，三而竭」，預示股價在短期內將反轉下跌。

同樣地，當股價經過連續跌勢，到後期加速下跌，會使得空方能量消耗極大，此時又出現利空消息，引發恐慌賣盤，形成一個向下跳空缺口。但是，當該賣的人都賣出後，再也沒有賣盤出現，這就是向下竭盡缺口，預示股市在短期內結束下跌，轉勢而上。

在一輪持續的趨勢行情中，可能出現多個跳空缺口，通常是突破缺口和逃逸缺口。連續多次衝刺造成大量的能量損耗，若此時再出現相同方向的缺口，帶來最後一波衝擊，就預示趨勢行情漸漸收尾，買賣時機出現。

然而，竭盡缺口的虛假現象也非常多，在竭盡缺口出現後，股價仍然朝著原來的方向運行。

①假向上竭盡缺口

在一輪持續的升勢行情中，股價節節走高，已經出現突破缺口和逃逸缺口，它們有力地推動股價大幅上漲。不久，股價又在高位出現第三次向上跳空，它通常是竭盡缺口，代表漲勢已竭盡全力，股價可能隨時調整，應逢高賣出為宜。

但在實盤操作中，這個缺口形成後，股價仍然持續上漲或者只是小幅下調，走出逐波上漲行情，讓離場者落入竭盡缺口的陷阱中。

圖4-32的九安醫療：該股主力完成低位建倉計畫後，借助利多消息開始向上突破。前期的跳空缺口性質非常清晰：2021年11月16日形成普通缺口，17日形成突破缺口，22日出現逃逸缺口，到了30日則出現竭盡缺口。在高位出現竭盡缺口，意味著股價將回落調整，投資者應當以賣出觀望為主。可是，調整6個交易日之後，再次出現強勢拉升行情，漲幅超過150%。

技術解盤▶從主力意圖分析，股價經過前面的快速上漲後，在高位出現震盪走勢，此時低位介入的投資者幾乎全部選擇獲利了結，完全符合一

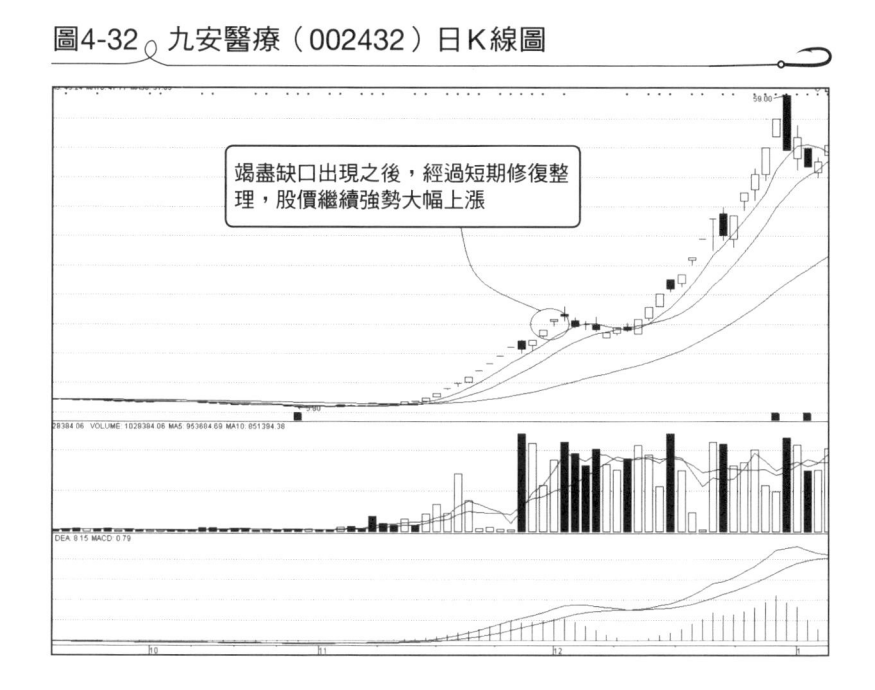

第 4 章　形態看跌和缺口出現時，你如何跟莊致勝？

圖4-32　九安醫療（002432）日K線圖

（圖中標註：竭盡缺口出現之後，經過短期修復整理，股價繼續強勢大幅上漲）

般投資者的操作思路，那麼主力能不能順利出場呢？肯定沒辦法。

主力無法選擇持續下跌出貨，只能繼續拉升股價，吸引新一批資金進場，至於股價能夠走多高，關鍵在於主力意圖，投資者要結合其他方法進行研判，才能找出破綻。

②假向下竭盡缺口

在持續的下跌行情中已經出現 2 個向下跳空缺口，下跌勢頭十分猛烈，技術高手紛紛逃離現場。不久，股價又在相對低位出現第三個向下跳空缺口，通常是竭盡缺口，表明下跌動能漸漸竭盡，該賣的人早已賣出，不想賣的人也持股不動，預示股價迎來止跌回升走勢，可以逢低介入。

但在實盤中並非這麼簡單，在這個缺口形成後，股價沒有出現上漲行情，或者只是小幅回測就再現跌勢。

主力操作的多空訊號

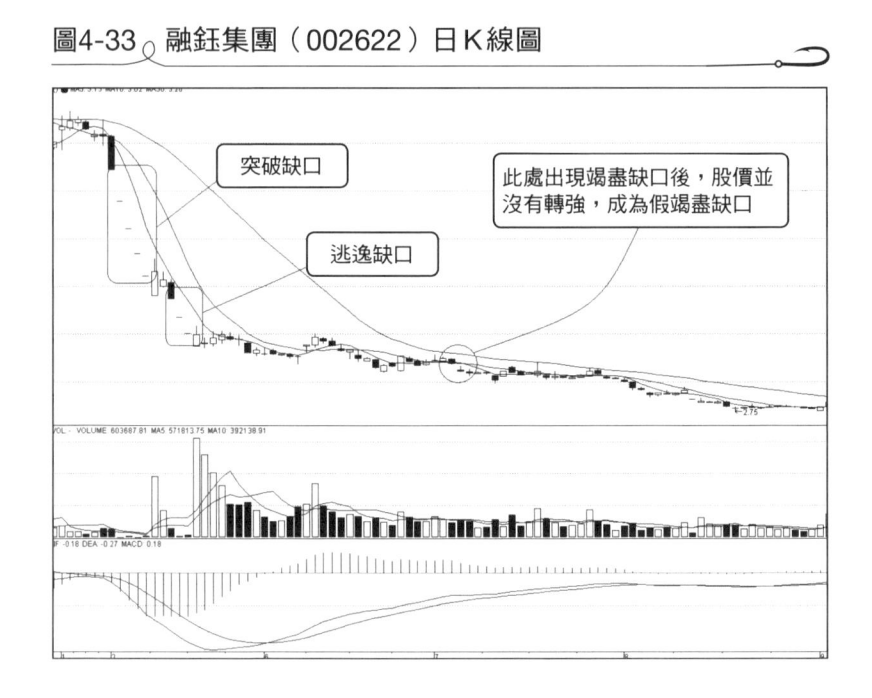

圖4-33 融鈺集團（002622）日K線圖

[突破缺口]

[逃逸缺口]

[此處出現竭盡缺口後，股價並沒有轉強，成為假竭盡缺口]

圖4-33的融鈺集團：主力在高位完成出貨後，股價向下跳水，連續出現5個跌停，形成突破缺口。接著，修復整理2個交易日後，再次收出3個跌停，構成逃逸缺口。此後出現一段下跌行情，不久股價又一次向下跳空，開低走低，形成一個竭盡缺口。

下跌竭盡缺口表明跌勢已近尾聲，股價將逐步止穩回升，可以逢低買進。可是，該竭盡缺口出現後，股價仍然繼續下跌，不斷創出新低，深深套牢在竭盡缺口附近買進的投資者。

技術解盤▶為什麼該股下跌無盡頭呢？首先，股價下跌力道較大，產生竭盡缺口後，股價無力回補，該缺口對後市形成一定的壓力。其次，通常出現竭盡缺口時，股價已經大幅下跌，成交量持續低迷，下跌動能逐漸衰竭，但同時也反映進場資金謹慎，做多意願不強。

可見，該股雖然出現3個向下跳空缺口，但不能就此認為第三個缺口是竭盡缺口，更不能貿然介入，應以觀望為宜。

辨別與操作方法

（一）**看股價位置高低**。在漲勢中出現第三個向上跳空缺口時，若股價已經大幅上漲，達一倍甚至數倍，後市繼續上漲的可能性較小。若股價整體漲幅不大，可以暫時不理會跳空缺口，持股不動等待主升段行情。

同理，在跌勢中出現第三個向下跳空缺口時，若股價已經大幅下跌，跌幅達到對折以下，表明空頭能量釋放殆盡，後市繼續下跌的可能性較小，可以輕倉介入試探行情。若股價跌幅不大，或剛剛脫離頭部不久，就不能斷定第三個跳空缺口為竭盡缺口，更不能貿然介入，理智的做法是離場觀望。

一般而言，在頭部出現的向下缺口和在底部出現的向上缺口，可靠性比較高，在牛皮盤整行情中出現的向上或向下缺口，可靠性都不高，要小心為上策。

（二）**觀察突破後的盤面狀態**。出現向上缺口後，若股價迅速離開缺口區域，盤面氣勢磅礡，走勢一鼓作氣，則趨勢發展會持續一段時間，此時可以持股待漲。出現向下缺口後，若股價不斷創出新低，盤面漸行漸弱，市場熊氣彌漫，則短期內難改跌勢，應保持空頭思維。如果缺口出現後，盤面拖泥帶水，就應當提高警惕。

（三）**得到其他技術支援**。觀察 MACD、DMI、MA 等中長期指標的發展趨勢，若指標正常運行，可以繼續持股，若指標有趨勢反轉的跡象，應立即採取行動。同時，觀察 RSI、KDJ、W%R 等中短期指標是否出現背離，因為在一輪較長的趨勢中後期，往往會出現頂背離或底背離，這時可以根據背離原則來操作。

（四）**結合波浪理論分析**。一般而言，發生在上升 5 浪以後的竭盡缺口，可靠性較高，發生在第一浪、第三浪的缺口，可靠性較低。同理，出現在第二浪、第四浪、B 浪以及 C 浪後期的向下竭盡缺口，可靠性較高，出現在 A 浪、C 浪前期的向下竭盡缺口，可靠性非常低。

（五）**觀察支撐和壓力作用**。真正的跳空缺口具有支撐和壓力作用，股價短期不會回補。假缺口的支撐和壓力作用不大，很快就會回補。

（六）**觀察成交量變化**。向上的缺口必須有成交量放大的支持，無量形成的缺口屬於故弄玄虛。向下的缺口可以不強調成交量大小，但無量下跌也應引起重視，若向下突破時有成交量配合，會加強突破的有效性。

（七）有市場軌跡可循的缺口，可靠性高；無緣無故出現的缺口，可靠性低。

（八）在明顯的趨勢行情中，突破缺口的短期攻擊力非常強，有強者恆強、弱者恆弱的現象，漲得令人難以置信，跌得使人無法接受。在盤整行情中，盤整時間越長，後市突破的力道越大，缺口的可靠性也越高。

（九）在行情上升或下降的過程中，出現跳空的次數越多，趨勢越接近尾聲，此時投資者應謹慎對待。一般而言，缺口大小與後市的漲跌力道成正比。

（十）**辨識竭盡缺口的方法**。在快速的漲勢或跌勢中，必須區分跳空屬於竭盡缺口或逃逸缺口。首先，快速走勢的第一個缺口一定是逃逸缺口，因此最簡單的方法，是以逃逸缺口的發生位置當作走勢中點，計算整個趨勢的長度，就能判斷後續的缺口是不是竭盡缺口。

另一個判斷方法是看成交量，如果當天爆出不尋常的巨量（相較於先前走勢），並且成交量K線的寬度更大時，就很可能是竭盡缺口。

最後，向上缺口如果發生在主升段行情以前，屬於竭盡缺口的可能性較低。在主升段行情之後形成的跳空缺口，應謹慎對待，小心是竭盡缺口。發生在暴跌行情之後的缺口，往往就是竭盡缺口，股價將迎來反彈。

（十一）**問題股不能按常理看待**。暴漲暴跌或經營狀況陷入危機的問題股，不能按照一般的缺口理論操作。在主力盛行的市場中，漲跌往往脫離市場規律，股價出現6、7個，甚至更多跳空缺口也屢見不鮮，因此這類個股不宜用缺口理論研判，應採用其他方法分析，以防落入陷阱。

NOTE   /   /   /

後 記
學會技巧累積經驗，
殺出技術陷阱的重圍

　　最初產生寫這本書的念頭，是在幾年前的一場證券技術論壇上，我與幾位股林聖賢切磋，他們囑我寫一寫股市中的虛假技術訊號及辨別方法，為廣大散戶解決實盤操作中的技術難題。當時我沒多加考慮便欣然接受，但如果換成現在，我會有些猶豫，因為寫好這本書實在有點艱難。

　　我花了很長一段時間絞盡腦汁，過濾自己掌握的技術，將最拿手的秘笈和盤托出。目前，這本書算是給散戶朋友一個完整的交代，幫助廣大散戶掌握清晰的操作思路和一套制勝方略，這是我身為證券技術分析者當盡的責任。

　　本書能夠完成，要感謝很多給予幫助的人，有太多人可以分享這本書出版的榮譽。沒有廣大讀者的普遍認可，就不會有這本書的生存市場，更不會使這些技術得以推廣，所以第一個要感謝的是讀者。此外還要感謝中國經濟出版社的大力支持，以及本書責任編輯在出版過程中付出的大量心血。

　　大家知道，技術分析的基礎來自三大假設，即市場訊息反映一切、價格沿趨勢變動、歷史往往會重演。但是，在目前主力肆虐的市場中，技術分析的基礎遭到考驗和破壞，或是出現失真現象，導致市場不能真實客觀地反映一切（假資訊），價格不一定會沿趨勢變化（假訊號），歷史不會簡單地重複（假經驗）。於是，這個市場複雜多變，投資風險逐步擴大。

　　有誰能說出現這個黃金交叉，後市一定會漲，出現那個死亡交叉，後市肯定下跌呢？又有誰能說晨星一定利多，而夜星肯定利空呢？需要提醒的是，技術訊號不是靈丹妙藥，有時用於這檔股票有神奇的效果，而用於

另一檔股票卻毫無作用，因此需要因人、因時、因股、因勢而異，對具體問題做具體分析。

最要緊的是，投資者應抱持學海無涯的態度，在學習各種技術分析方法的過程中，不斷結合實際，從實踐中一點一滴累積經驗和技巧，才會領略箇中樂趣，因為要達到技術分析的至高境界，實在需要時間累積經驗，才能把方法運用到極致。

當然，需要提醒的是，希望散戶將本書的「辨別與操作方法」靈活運用在實盤操作中，不斷總結經驗、吸取教訓，逐步形成一套適合自己個性的解盤判勢方法。不要一本通書看到底，一套方法用到老，而是要懂得靈活變通，活學活用，在瞬息萬變的市場裡，用敏捷的思維彈性應對市場，才能融會貫通，應變自如。

本人才疏學淺，時間倉促，書中差錯疏漏之處必然不少，期盼股林前輩、同仁不吝斧正，以便在日後再版時進一步改進。願本書為廣大投資者在實際操作中帶來一點啟示，創造一份財富。若真能如此，我將深感欣慰。

NOTE   /   /   /

NOTE   /   /   /

NOTE   /   /   /

國家圖書館出版品預行編目(CIP)資料

主力操作的多空訊號：用94張K線圖，辨別股市30個假形態，
輕鬆賺千萬/麻道明著
--初版. --新北市：大樂文化有限公司，2025.03
256面；17×23公分 . --（Money；065）
ISBN：978-626-7422-76-2（平裝）

1.股票投資　2.投資分析　3.投資技術
563.53　　　　　　　　　　　　　　　　　　113020292

Money 065

主力操作的多空訊號

用94張K線圖，辨別股市30個假形態，輕鬆賺千萬

作　　者／麻道明
封面設計／蕭壽佳
內頁排版／蔡育涵
責任編輯／林雅庭
主　　編／皮海屏
發行專員／張紜蓁
財務經理／陳碧蘭
發行經理／高世權
總編輯、總經理／蔡連壽
出　版　者／大樂文化有限公司（優渥誌）
　　　　　　地址：220新北市板橋區文化路一段268號18樓之1
　　　　　　電話：（02）2258-3656
　　　　　　傳真：（02）2258-3660
　　　　　　詢問購書相關資訊請洽：（02）2258-3656
　　　　　　郵政劃撥帳號／50211045　戶名／大樂文化有限公司

香港發行／豐達出版發行有限公司
地址：香港柴灣永泰道70號柴灣工業城2期1805室
電話：852-2172 6513 傳真：852-2172 4355

法律顧問／第一國際法律事務所余淑杏律師
印　　刷／韋懋實業有限公司

出版日期／2025年03月11日
定　　價／360元（缺頁或損毀的書，請寄回更換）
ＩＳＢＮ／978-626-7422-76-2

版權所有，侵害必究　All rights reserved.
本著作物，由中國經濟出版社獨家授權出版、發行中文繁體字版。
原著簡體字版書名為《圖解股市陷阱》。
非經書面同意，不得以任何形式，任意複製轉載。
繁體中文權利由大樂文化有限公司取得，翻印必究。

大樂文化

大樂文化